french verbs

marie-thérèse weston

series editor

paul coggle

For UK order queries: please contact Bookpoint Ltd, 130 Milton Park, Abingdon, Oxon OX14 4TD. Telephone: +44 (0) 1235 827720, Fax: +44 (0) 1235 400454. Lines are open 9.00–18.00, Monday to Saturday, with a 24-hour message answering service. You can also order through our website www.madaboutbooks.com

For U.S.A order queries: please contact McGraw-Hill Customer Services, P.O. Box 545, Blacklick, OH 43004-0545, U.S.A. Telephone: 1-800-722-4726. Fax: 1-614-755-5645.

For Canada order queries: please contact McGraw-Hill Ryerson Ltd, 300 Water St, Whitby, Ontario L1N 9B6, Canada. Telephone: 905 430 5000. Fax: 905 430 5020.

Long renowned as the authoritative source for self-guided learning – with more than 30 million copies sold worldwide – the Teach Yourself series includes over 300 titles in the fields of languages, crafts, hobbies, business, computing and education.

British Library Cataloguing in Publication Data
A catalogue record for this title is available from The British Library.

Library of Congress Catalog Card Number: *on file*

First published in UK 1994 by Hodder Headline Ltd., 338 Euston Road, London, NW1 3BH.

First published in US 1994 by Contemporary Books, A Division of The McGraw Hill Companies, 1 Prudential Plaza, 130 East Randolph Street, Chicago, Illinois 60601 U.S.A.

This edition published 2003.

Typeset by Transet Limited, Coventry, England.
Printed in Great Britain for Hodder & Stoughton Educational, a division of Hodder Headline Ltd., 338 Euston Road, London NW1 3BH by Cox & Wyman Ltd, Reading, Berkshire.

Impression number   10 9 8 7 6 5 4 3 2
Year   2007 2006 2005 2004 2003

contents

introduction

Aim of this book

The aim of this book is to offer you the opportunity to improve your command of French by focusing on one aspect of language learning that invariably causes difficulties – verbs and the way they behave. Whether you are a complete beginner or a relatively advanced learner, you can consult this book when you need to know the form of a certain verb, or you can increase your command of French by browsing through. Whatever your approach, you should find *Teach Yourself French Verbs* a valuable support to your language learning.

How to use this book

Read the section on verbs and how they work starting on page 1.

Look up the verb you want to use in the verb list at the back of the book. You will need what is known as the *infinitive*, the equivalent to the *to ...* form in English (e.g. **venir** *to come*).

The verbs have been allocated a number between 1 and 200. If the number is in **bold print**, the verb is one of the 200 presented in the verb tables. If it is not among the 200, the reference number (in ordinary print) will direct you to a verb that behaves in the same way as the verb you want to use.

Turn to the verb referred to for details of your verb. If you are not sure which verb form to use in a given context, turn to the relevant section of 'What are verbs and how do they work?'

1 What is a verb?

It is difficult to define precisely what a verb is. Definitions usually include the concepts of actions, states and sensations. For instance, *to play* expresses an action, *to exist* expresses a state and *to see* expresses a sensation. A verb may also be defined by its role in the sentence or clause. It is, in general, the key to the meaning of the sentence and the element that can least afford to be omitted. Examine the sentence:

My neighbour works excessively hard every day of the week.

The elements *excessively hard* and/or *every day of the week* can be omitted with no problem whatsoever. In an informal conversation even *My neighbour* could, with a nod in the direction of the neighbour in question, be omitted. It would, however, not be possible to omit the verb *work*. The same is true of the verb in French sentences – you could not take **travaille** out of the following sentence.

Mon voisin travaille
  extrêmement dur toute la
  semaine.

My neighbour works
  extremely hard all week.

2 I, you, he, she, it …: person

You will recall that the form of the verb given in dictionaries, the *to …* form in English, or the -er, -ir, or -re form in French, is called the infinitive. However, the verb is normally used in connection with a given person or persons (e.g. *I work, she works*). Traditionally, these persons are numbered as follows:

First person singular	**je, j'**	*I*
Second person singular	**tu**	*you*
Third person singular	**il/elle**	*he, she, it*
First person plural	**nous**	*we*
Second person plural	**vous**	*you*
Third person plural	**ils/elles**	*they*

You will notice that **vous** is normally used to address one person you do not know that well, or more than one person.

Tu is the informal form and is used when referring to a member of your family, a child, or somebody you are generally acquainted with.

Tu veux jouer avec moi? *Do you want to play with me?*

In spoken French, **on** with the third person singular form of the verb is often used to mean *we*.

On va en ville. *We're going into town.*

3 Past, present, future ...: tense

a What is tense?

Most languages use changes in the verb form to indicate an aspect of time. These changes in the verb are traditionally referred to as *tense*, and the tenses may be *present*, *past* or *future*. It is, of course, perfectly possible to convey a sense of time without applying the concept of tense to the verb. Nobody would, for instance, have any trouble understanding:

Yesterday I work all day.

Here the sense of time is indicated by the words *yesterday* rather than by a change to the verb *work*. But on the whole, we prefer to make changes to the verb (and thereby make use of *tense*) to convey a sense of time:

He works hard as a rule. = present tense
I worked for eight hours non-stop. = past tense

With most verbs, in most languages, including English, this involves adding different endings to what is called the *stem* of the verb. In the examples above, the stem is *work*. You add *-s* to make the third person singular present form of the verb; -ed to make the past tense, whatever the person. In French, with most verbs, the same principle applies. To form the stem of regular verbs, you take the -er, -ir, or -re off the infinitive, and then add the appropriate endings. For example, the stem of **parler** is **parl-**.

Here are two exceptions for you to look out for:

vouloir – je veux   **venir** – je viens

Many verbs in French are irregular and do not follow this pattern. Consult the verb tables for details.

Note, by the way, that English has both the *simple* (*I work, you work, she works...*) and the *continuous* (*I am working, you are working, she is working...*) forms of the present tense. French has only the simple form, **je travaille, tu travailles**, and so on.

b Auxiliary verbs

A verb used to support the main verb, for example, *I am working, you are working...,* is called an *auxiliary* verb. *Working* gives us the information as to what activity is going on; *am/are* tell us that it is continuous. The most important auxiliary verbs in English are *to be, to have* and *to do.* You use *do*, for example, to ask questions and to negate statements:

Do you work on Saturdays?
Yes, but I do not work on Sundays.

French does not use **faire** (*to do*) as an auxiliary for asking questions or for negating statements, except in certain dialects, but **être** (*to be*) and **avoir** (*to have*) are used to form compound tenses, as we shall see below.

c Simple and compound tenses

Tenses formed by adding endings to the verb stem are called *simple* tenses, for example, in the sentence:

I worked in a factory last summer.

The ending *-ed* has been added to the stem, *work*, to form the *imperfect* tense.

English and French also have *compound* tenses where an auxiliary verb is used as well as the main verb, for example:

I have worked in a factory every summer for five years.

The auxiliary verb *to have* has been introduced to form what is usually known as the *perfect tense*. For more specific details concerning these and other tenses and for guidance as to when to use each tense in French, see § 5 opposite.

d Participles

In the previous examples of compound tenses, the auxiliary verbs *to have* or *to be* are used with a form of the main verb known as a *participle*. The *past participle* is used to form the perfect tense in both French and English:

j'ai **fini**	*I have **finished***
j'ai **parlé**	*I have **spoken***

In English, the *present participle* is used to form the continuous tenses:

*I am **working, eating** and **sleeping.***
*I was **working, eating** and **sleeping.***
*I have been **working, eating** and **sleeping.***

4 Regular and irregular verbs

Unfortunately, all European languages have verbs which do not behave according to a set pattern and which are therefore commonly referred to as *irregular* verbs. In English, the verb *to work* is regular because it conforms to a certain pattern. The verb *to be*, however, does not. Fortunately, most French verbs are regular: the tenses of these verbs are formed according to a set pattern. There are three types of regular verb in French; all regular verbs are conjugated according to the model verb of their type. The three groups are identified by their endings. Here is an example of a verb within each type:

-er	aimer
-ir	finir
-re	vendre

Irregular verbs (i.e. ones which do not behave like those in the three groups listed above) have to be learned individually. But many of these, too, follow a pattern. For instance, **prendre** is the key to **comprendre** and **apprendre,** as is **mettre** to **commettre** and **permettre.**

5 Formation and use of tenses in French

a The present

To form the **present tense**, simply take off the -er, -ir, or -re ending of the infinitive to get the stem and add the endings explained below for each of the three types of verb:

j'aime	je fin**is**	je vend**s**
tu aim**es**	tu fin**is**	tu vend**s**
il/elle aime	il/elle fin**it**	il/elle vend
nous aim**ons**	nous fin**issons**	nous vend**ons**
vous aim**ez**	vous fin**issez**	vous vend**ez**
ils/elles aim**ent**	ils/elles fin**issent**	ils/elles vend**ent**

Here are some general rules to help you form the different types of verbs. Those verbs ending in -oir, such as **pouvoir**, are generally very irregular. Here are some useful, common verbs of this type:

pouvoir	je peux, tu peux, il peut
vouloir	je veux, tu veux, il veut
valoir	je vaux, tu vaux, il vaut

And uniquely:

avoir	j'ai, tu as, il a

Verbs ending in -tir, such as **partir** and **sentir**, lose the -t- in the **je** form.

partir	je pars
sentir	je sens

Verbs ending in -indre, -oindre and -soudre lose the -d- and end in -s, -s, -t.

joindre	je joins, tu joins, il joint
résoudre	je résous, tu résous, il résout

Verbs ending in -tre, such as **permettre** and **battre**, lose one -t-.

permettre	je permets, tu permets, il permet
battre	je bats, tu bats, il bat

Also –

disparaître	je disparais, tu disparais, il disparaît
accroître	j'accrois, tu accrois, il accroît

Note that the circumflex accent remains in the third person singular.

Some verbs change the e or é to è before a syllable with a mute (**muet**) or unstressed e:

acheter	j'achète
céder	je cède

Some verbs ending in -**eler** and -**eter** change their sound with a double **l** or **t**:

appeler	je m'appelle

Verbs ending in -**oyer** and -**uyer** change the -**y**- to -**i**- before a syllable with a mute or unstressed **e**. This change is optional with -**ayer** verbs:

nettoyer	je nettoie
payer	je paie *or* je paye

The **present tense** is used:

- to describe an action happening at the moment you speak.

Je prends un livre et je lis.	*I take a book and I read.*

- to express usual actions occurring regularly.

Je me lève tous les matins à 6 heures.	*I get up every morning at 6 o'clock.*
Il prend le train trois fois par semaine.	*He takes the train three times a week*

- with some expressions of time, when the present action is near another future or past action.

Ils arrivent demain.	*They are arriving tomorrow.*

b The imperfect

j'aim**ais**	je fin**issais**	je vend**ais**
tu aim**ais**	tu fin**issais**	tu vend**ais**
il/elle aim**ait**	il/elle fin**issait**	il/elle vend**ait**
nous aim**ions**	nous fin**issions**	nous vend**ions**
vous aim**iez**	vous fin**issiez**	vous vend**iez**
ils/elles aim**aient**	ils/elles fin**issaient**	ils/elles vend**aient**

The **imperfect tense** is used:

- to describe something that used to happen frequently or regularly in the past.

Quand j'étais jeune j'allais
souvent à la piscine.
*When I was young I often used
to go to the swimming pool.*

- to describe something that lasted for a long period, when there is no indication of when it started or finished.

Nous habitions dans une
petite maison.
*We used to live in a little
house.*

- in certain situations to describe a continuous action in relation to another action which is expressed in the perfect tense.

Que faisiez-vous quand
l'accident est arrivé?
*What were you doing when
the accident happened?*

- to express a wish or make a suggestion.

Si on allait en ville ce soir? *How about going into town
this evening?*

- with **pendant que**.

Pendant que je dormais il
faisait le ménage.
*While I was sleeping he was
doing the housework.*

- with **depuis** to describe how long an action had been going on.

Depuis deux heures je
l'attendais.
*I had been waiting for him/her
for two hours.*

c The perfect

The **perfect** is a compound tense formed by the relevant form of the present tense of the auxiliary verb with the past participle. **Avoir** is used to form the compound tenses of most verbs. **Être** is used to form the compound tenses of reflexive verbs (see § 9) and for verbs of motion such as **aller, arriver, descendre, devenir, entrer, monter, naître, partir, passer, rentrer, rester, retourner, sortir, tomber** and **venir**. All the verbs in the verb list that take **être** rather than **avoir** are marked with an *.

j'ai mang**é**	je suis descendu**(e)**
tu as mang**é**	tu es descendu**(e)**
il/elle a mang**é**	il/elle est descendu**(e)**
nous avons mang**é**	nous sommes descendu**(e)s**
vous avez mang**é**	vous êtes descendu**(e)s**
ils/elles ont mang**é**	ils/elles sont descenu**(e)s**

The **perfect tense** is used:

- to describe an action which is completed and which is no longer happening. It is the most commonly used of the past tenses.

J'ai acheté une voiture neuve. *I have bought a new car.*
Je suis allé(e) au cinéma.   *I went to the cinema.*

When used with the auxiliary **être**, past participles work in the same way as adjectives. They show gender (feminine or masculine) by adding -e if the subject is feminine; they show number (singular or plural) by adding -s if the subject is masculine plural, and -es for feminine plural:

Elles sont arrivées.   *They have arrived.*
(feminine, plural)

When used with the auxiliary **avoir**, the past participle agrees in number and gender with the direct object when the direct object comes before the participle and:

- in a clause introduced by the relative pronoun **que**.

  Les roses qu'elle a   *The roses (that) she has*
  achetées. (feminine,   *bought.*
  plural)

- in a clause introduced by **combien de…, quel, quelle, lequel** and so on.

  Combien de personnes   *How many people have you*
  avez-vous invitées?   *invited?*
  (feminine, plural)

- when the pronoun is the direct object.

  Je les ai vus hier soir. *I saw them yesterday.*
  (masculine, plural)

However, with the auxiliary **avoir** the past participle does not agree when the direct object is placed after the past participle.

Elle a acheté des roses.   *She bought some roses.*

If you are referring to the immediate past (i.e. to something you have just done) the past tense can be avoided by using **venir de** and the infinitive of the verb.

Je viens de finir mon travail. *I have just finished my work.*

d The past historic

The **past historic** is formed by adding the appropriate endings to the stem of the verb.

je parlai	j'agis	j'entendis
tu parlas	tu agis	tu entendis
il/elle parla	il/elle agit	il/elle entendit
nous parlâmes	nous agîmes	nous entendîmes
vous parlâtes	vous agîtes	vous entendîtes
ils/elles parlèrent	ils/elles agirent	ils/elles entendirent

Today, the **past historic** is never used in spoken French. It is used:

- in written works, often literary stories, paragraphs or articles. It is the narrative tense **par excellence** and therefore often marks a sequence of events. There is no concept of habit and no connection with the present time.

Marie ouvrit la fenêtre, regarda dehors, resta quelques instants immobile et referma la fenêtre.	*Marie opened the window, looked outside, stayed motionless a few moments, and closed the window again.*
Il avança vers elle et l'embrassa.	*He came towards her and kissed her.*

Take care with certain verbs, such as **courir, lire, mourir, valoir, recevoir, paraître, accroître** and **croire**, which end in **-us, -us, -ut, -ûmes, -ûtes, -urent**. Other verbs like **recevoir** take a cedilla under the **ç** before **a** and **u** to make the sound 'se'. The same rule applies for verbs ending in **-cer** where the cedilla is used before **a** or **o**, e.g. **commencer – commençai**.

Other verbs, such as **tenir** and **venir**, end in **-ins, -ins, -int, înmes, -întes, -inrent**.

e The pluperfect

This tense is formed in a similar way to the perfect tense, only the auxiliary verbs **être** or **avoir** are in the imperfect. The same rules apply for the agreement of the past participle.

j'avais acheté	j'etais parti(e)
tu avais acheté	tu étais parti(e)
il/elle avait acheté	il/elle était parti(e)
nous avions acheté	nous étions parti(e)s
vous aviez acheté	vous étiez parti(e)(s)
ils/elles avaient acheté	ils/elles étaient parti(e)s

The **pluperfect** is used:

* to describe a past action at an unspecified time before another past action, expressed most of the time in the imperfect, past historic or perfect.

Quand je l'ai rencontré en ville, il avait déjà déjeuné.	*When I met him in town he had already had lunch.*
L'enfant était tombé et appelait sa mère.	*The child had fallen and was calling out for his mother.*
Ils étaient déjà arrivés quand je suis parti(e).	*They had already arrived when I left.*

f The past anterior

This tense is formed with the past historic of the auxiliary **avoir** or **être** followed by the past participle of the verb in question.

j'eus acheté	je fus parti(e)
tu eus acheté	tu fus parti(e)
il/elle eut acheté	il/elle fut parti(e)
nous eûmes acheté	nous fûmes parti(e)s
vous eûtes acheté	vous fûtes parti(e)(s)
ils/elles eurent acheté	ils/elles furent parti(e)s

je fus parti(e)	*I was gone*
j'eus acheté	*I had bought* or *I had been buying*

The **past anterior** is used:

* to describe a past action at a definite time before another past action, generally expressed in the past historic. It can be compared with the pluperfect, but is used for more literary, journalistic and narrative purposes.

It is often used after a conjunction of time such as **quand**, **lorsque, dès que.**

> Quand ils eurent terminé *When they had finished their*
> leur travail, ils arrêtèrent. *work, they stopped.*

You should concentrate on the imperfect and perfect tenses for everyday puposes. You will, however, need to recognize the other tenses, and – depending on the level of command that you wish to achieve – eventually produce them too.

g The future tense

This tense is generally formed using the infinitive plus the endings.

je parler**ai**	nous parler**ons**
tu parler**as**	vous parler**ez**
il/elle parler**a**	ils/elles parler**ont**

The **future tense** has two main uses:

- to describe what will or will not take place at some future time: *in a moment, tomorrow, later.*

- after expressions of time, such as **quand, lorsque** (*when*), **dès que** (*the moment that*), **aussitôt que** (*as soon as*), if the action is going to take place in the future.

> Quand il téléphonera nous *When he rings we will go and*
> irons le chercher. *fetch him.*
> Aussitôt qu'elle arrivera *As soon as she arrives*
> nous mangerons. *we'll eat.*

Note that in French the verbs in both clauses are in the future tense, whereas in English the verb in the *when*-clause is in the present tense.

There are some oddities about how this tense is formed with certain verbs. With verbs ending in -**eler** or -**eter**, you double the l or the t, e.g. **j'appellerai**. And verbs such as **mourir, courir** and **acquérir**, double the r, e.g. **je courrai.**

The near future is expressed with the verb **aller** in the indicative present followed by the infinitive.

> Je vais téléphoner à Jacques. *I am going to ring Jacques.*

h The future perfect

This tense is formed with the future of the auxiliary verb (**avoir** or **être**) followed by the past participle of the verb.

j'aurai aidé	je serai parti(e)
tu auras aidé	tu seras parti(e)
il/elle aura aidé	il/elle sera parti(e)
nous aurons aidé	nous serons parti(e)s
vous aurez aidé	vous serez parti(e)(s)
ils/elles auront aidé	ils/elles seront parti(e)s

This is used to describe a future action which will be finished before another future action takes place.

Quand j'aurai terminé ce   *When I have finished this*
travail, je prendrai une tasse   *work I will have a cup of tea.*
de thé.

6 Indicative, subjunctive, imperative ...: mood

The term *mood* is used to group verb phrases into broad categories according to the general kind of meaning they convey.

a The indicative mood

This is used for making statements or asking questions of a factual kind.

We are not going today.
Does he work here?
Crime does not pay.

All the tenses you have looked at here so far are in the indicative mood.

b The conditional

This is sometimes regarded as a tense and sometimes as a mood in its own right. It is often closely linked with the subjunctive and is used to express conditions or possibilities.

I would accept her offer, if...

In French, the conditional present is formed by adding endings to the infinitive in the same way as the future.

je parler**ais**	nous parler**ions**
tu parler**ais**	vous parler**iez**
il/elle parler**ait**	ils/elles parler**aient**

The **conditional present** is used:

- when asking for something. It is more polite than the present tense.

Pourriez-vous me dire où se trouve la gare?	*Could you tell me where the station is?*

Note that it is often used in the second part of a sentence containing **si** (*if*):

Si nous avions le temps nous irions les voir.	*If we had time we would go to see them.*

- in indirect speech instead of the future.

Il m'a dit qu'il viendrait ce soir.	*He told me he would come tonight.*

- to mean 'it seems that…' or 'apparently…'. In media reports it is often used to mean 'allegedly…'.

Le camionneur roulerait à 100 kilomètres à l'heure.	*The lorry driver was apparently driving at a hundred kilometres an hour.*
L'homme serait coupable d'une aggression contre la caissière.	*The man is alleged to have attacked the check-out assistant.*

There is also a past conditional tense, the **conditional perfect**. It is formed with the conditional present of the auxiliary verbs followed by the past participle.

J'aurais regardé.	*I would have looked.*
Je serais parti(e).	*I would have gone.*

j'aurais regardé	je serais parti(e)
tu aurais regardé	tu serais parti(e)
il/elle aurait regardé	il/elle serait parti(e)
nous aurions regardé	nous serions parti(e)s
vous auriez regardé	vous seriez parti(e)(s)
ils/elles auraient regardé	ils/elles seraient parti(e)s

It is used to express what someone would have done, or what would have happened or what would have been possible. It is used most commonly in the following expressions::

On aurait dû...	*We should have...*
On aurait pu...	*We could have...*
Si j'avais su...	*If I had known...*
J'aurais voulu...	*I would have liked...*

c The subjunctive mood

This is used for expressing wishes, conditions and non-factual matters.

It is my wish that John be allowed to come.
If I were you...

The use of the subjunctive in English is nowadays rather rare, but it is still frequently used in French, to:

- express wishes, doubts, orders, regrets, necessity, advice or supposition. It is introduced by the conjunction **que**.

Il faut que nous allions en ville.	*We must go into town.* (lit. *It is necessary that we go into town.*)

In the subjunctive present all verbs take the same endings: **-e, -es, -e, -ions, -iez, -ent**. The main exceptions are **avoir** and **être** (see their tables).

There is a subjunctive form for all the tenses (see below) but in practice, only the present and perfect tenses are used regularly. The imperfect subjunctive (based on the past historic) and pluperfect subjunctive are hardly ever used in speech nowadays. Here are some examples of the subjunctive in use.

Il faut/il faudra que nous terminions.	*We must finish.*
Attends que nous terminions.	*Wait until we finish.*
Il faut/il faudra que nous ayons terminé.	*We must/we will have to have finished.*
Attends que nous ayons terminé.	*Wait until we have finished.*
Il fallait/il a fallu que nous terminions/terminassions (much rarer).	*We had to/we have had to finish.*

Where possible, the French will use a simpler construction to avoid using the subjunctive. **Il faut/il fallait/il a fallu terminer** is considerably easier and more elegant.

Present subjunctive	Imperfect subjunctive
je parl**e**	je parl**asse**
tu parl**es**	tu parl**asses**
il/elle parl**e**	il/elle parl**ât**
nous parl**ions**	nous parl**assions**
vous parl**iez**	vous parl**assiez**
ils/elles parl**ent**	ils/elles parl**assent**

Perfect subjunctive	
verb with avoir	**verb with être**
j'aie parlé	je sois parti(e)
tu aies parlé	tu sois parti(e)
il ait parlé	il/elle soit parti(e)
nous ayons parlé	nous soyons parti(e)s
vous ayez parlé	vous soyez parti(e)(s)
ils/elles aient parlé	ils/elles soient parti(e)s

Pluperfect subjunctive	
verb with avoir	**verb with être**
j'eusse parlé	je fusse parti(e)
tu eusses parlé	tu fusses parti(e)
il/elle eût parlé	il/elle fût parti(e)
nous eussions parlé	nous fussions parti(e)s
vous eussiez parlé	vous fussiez parti(e)(s)
ils/elles eussent parlé	ils/elles fussent parti(e)s

d The imperative mood

This is used to give directives or commands.

> *Give me a hand!*
> *Help Sharon with her homework.*

In English, there is only one version of the second person (*you*) and so there is only one form of the second person imperative. Because French has polite and informal forms of the second person, the imperative is slightly more complicated. Before you give a command in French you first have to think whether you are on familiar or polite terms and then whether you are addressing one or more persons.

The **imperative** is used to express an order, a wish, advice or a request. It is conjugated only in the second person singular and plural and the first person plural and always without a subject. All three forms are given in the verb tables.

You form the singular imperative of -er verbs such as **étudier** by adding -e to the stem:

Etudie! *Study!*

For -ir and -re verbs you add an -s to the stem:

Cours! *Run!*

Réponds!   *Answer!*

The object pronoun can be added, as follows:
  Finis-le!   *Finish it!*

Here are two exceptions:
  Va!   *Go!*
  Aie-le!   *Have it!*

Here are some examples of the plural imperative:

Allons! Non, restons encore   *Let's go! No, let's stay a bit*
  un peu.   *longer.*
Mangez-le!   *Eat it!*

7 The active and passive voice

Most actions can be viewed in one of two ways:

The dog bit the postman.
The postman was bitten by the dog.

In the first example the dog is clearly the initiator of the action
(the *subject* or *agent*) and the postman receives or suffers the
action; he is the *object*. This type of sentence is referred to as the
active voice.

In the second example, the postman occupies first position in
the sentence even though he is the object of the action. The
agent, the dog, has been relegated to third position (after the
verb) and could even be omitted. This type of sentence is
referred to as the **passive voice**.

Not every active sentence can be made passive. Needless to say
the passive voice can be found in various tenses and even in the
imperative mood:

I am being attacked (present continuous).
Don't be frightened! (present imperative).

In French, the passive is formed with the appropriate form of
être and the past participle of the main verb. Here are some
examples of the passive in use:

Je suis lavé.   *I am being washed* (by
                                     someone else).
J'ai été battu.   *I was beaten* (by someone).

The passive voice is used less in French than in English. An
active form with **on** (*one*) is preferred where you would use the
passive in English:

On dit...   *It is said...*
On m'a donné...   *I was given...*

8 Transitive and intransitive verbs

To a large extent the verb you choose determines what other elements can or must be used with it. With the verb *to occur*, for instance, we have to say what occurred:

> *The accident occurred...*

But you do not have to provide any further information. With a verb like *to give*, on the other hand, you have to state *who* or *what* did the giving and this time *who* or *what* was given:

> *Darren gave a compact disc to Tracey.*

or even better:

> *Darren gave Tracey a compact disc.*

In the above examples *a compact disc* is said to be the *direct object* of the verb *to give* because it is what is actually given. *To Tracey* or *Tracey* are said to be the *indirect object*, since this element indicates who the compact disc was given to.

Verbs which do not require a direct object are said to be **intransitive**, e.g.:

> to die   *The old man died.*
> to wait   *I waited.*

Verbs which do require a direct object are said to be **transitive**:

> to enjoy   *Noeline enjoys a swim.*
> to need   *Gary needs some help.*

Many verbs can be used either with or without a direct object, depending on the precise meaning of the verb, and therefore it is safer to talk of transitive and intransitive uses of verbs:

Intransitive	**Transitive**
He's sleeping.	He's sleeping a deep sleep.
I'm eating.	I'm eating my dinner.
She's writing.	She's writing an essay.

Like English, the French language has verbs with transitive and intransitive uses, or both. Verbs in the verb list are marked with tr. if they are used transitively and/or intr. if they are used intransitively.

9 Reflexive verbs

The term *reflexive* is used when the initiator of an action (or *subject*) and the sufferer of the action (or *object*) are one and the same:

> *She washed herself.*
> *He shaved himself.*

French has many more **reflexive verbs** than English, so it is important to understand the concept. For instance, French says: **la porte s'est ouverte.** (lit. *the door opened itself*) whereas English simply says: *the door opened.* French also uses reflexive verbs where English would use the passive.

> Ici se parle français.   *French is spoken here.*

The pronoun (**se**) in reflexive verbs can be either the direct or indirect object. In compound tenses the past participle agrees in gender and number with the direct object and is placed before the verb.

> Elle s'est habillée (agrees   *She got dressed.*
>   with direct object – **elle**).

When the pronoun is the indirect object there is no agreement.

> Elle s'est foulé la cheville.   *She sprained her ankle.*
> Je me suis brossé les dents.   lit. *I have cleaned to myself*
>   *the teeth.*

Note that some verbs, such as **se plaire, se parler, se ressembler, se rire** and **se succéder,** have *each other* as their object. These are known as *reciprocal verbs*. Their past participle is invariable.

> Elles se sont parlé.   *They talked to each other.*

10 Modal verbs

Verbs which are used to express concepts such as permission, obligation, possibility and so on (*can, must, may*) are referred to as **modal verbs**. Verbs in this category cannot in general stand on their own and therefore also fall under the general heading of auxiliary verbs.

Pouvoir and **devoir** are the most frequently used modal verbs in French. They are accompanied by an infinitive placed at the end of the sentence.

> Elle doit le savoir.   *She must know.*
> Je pouvais partir.   *I could / was able to leave.*

verb tables

On the following pages you will find the various tenses of 200 French verbs presented in full, with examples of how to use them.

Sometimes only the first person singular form is given. These tenses are given in full in the section on verbs and how they are used (pp. 1–19). You should also check back to this section if you are not sure when to use the different tenses.

Abbreviations used in this book

aux.	auxiliary	qn.	quelqu'un
imp.	impersonal	refl.	reflexive
inf.	infinitive	sb.	somebody
intr.	intransitive	sth.	something
qch.	quelquechose	tr.	transitive

If * appears next to the verb, it goes with être in compound tenses; if not, it goes with **avoir**.

---

1 abandonner *to give up* tr.

INDICATIVE

Present	Imperfect	Perfect
j'abandonne	j'abandonnais	j'ai abandonné
tu abandonnes	tu abandonnais	tu as abandonné
il/elle abandonne	il/elle abandonnait	il/elle a abandonné
nous abandonnons	nous abandonnions	nous avons abandonné
vous abandonnez	vous abandonniez	vous avez abandonné
ils/elles abandonnent	ils/elles abandonnaient	ils/elles ont abandonné

Future	Pluperfect	Past Historic
j'abandonnerai	j'avais abandonné	j'abandonnai
tu abandonneras	tu avais abandonné	tu abandonnas
il/elle abandonnera	il/elle avait abandonné	il/elle abandonna
nous abandonnerons	nous avions abandonné	nous abandonnâmes
vous abandonnerez	vous aviez abandonné	vous abandonnâtes
ils/elles abandonneront	ils/elles avaient abandonné	ils/elles abandonnèrent

Near Future	Future Perfect	Past Anterior
je vais abandonner	j'aurai abandonné	j'eus abandonné

CONDITIONAL   SUBJUNCTIVE

Present	Present	Perfect
j'abandonnerais	j'abandonne	j'aie abandonné
tu abandonnerais	tu abandonnes	tu aies abandonné
il/elle abandonnerait	il/elle abandonne	il/elle ait abandonné
nous abandonnerions	nous abandonnions	nous ayons abandonné
vous abandonneriez	vous abandonniez	vous ayez abandonné
ils/elles abandonneraient	ils/elles abandonnent	ils/elles aient abandonné

Perfect	Imperfect	Pluperfect
j'aurais abandonné	j'abandonnasse	j'eusse abandonné

PARTICIPLES   IMPERATIVE

abandonnant, abandonné   abandonne!, abandonnons!, abandonnez!

J'abandonne tout espoir. *I give up all hope.*
L'équipe de sauvetage a abandonné les recherches. *The rescue team gave up the search.*
Le président a abandonné le pouvoir. *The president has given up office.*
Il faut qu'ils abandonnent leurs maisons. *They have got to abandon their homes.*
J'abandonne. *I give up.* (in a game)
N'abandonne pas maintenant! *Don't give up now!*
Les poursuites ont été abandonnées. *The proceedings have been dropped.*

abandonné(e) *disused* **laisser quelquechose à l'abandon** *to neglect something*

accepter *to accept* tr. **2**

INDICATIVE

Present	Imperfect	Perfect
j'accepte	j'acceptais	j'ai accepté
tu acceptes	tu acceptais	tu as accepté
il/elle accepte	il/elle acceptait	il/elle a accepté
nous acceptons	nous acceptions	nous avons accepté
vous acceptez	vous acceptiez	vous avez accepté
ils/elles acceptent	ils/elles acceptaient	ils/elles ont accepté

Future	Pluperfect	Past Historic
j'accepterai	j'avais accepté	j'acceptai
tu accepteras	tu avais accepté	tu acceptas
il/elle acceptera	il/elle avait accepté	il/elle accepta
nous accepterons	nous avions accepté	nous acceptâmes
vous accepterez	vous aviez accepté	vous acceptâtes
ils/elles accepteront	ils/elles avaient accepté	ils/elles acceptèrent

Near Future	Future Perfect	Past Anterior
je vais accepter	j'aurai accepté	j'eus accepté

CONDITIONAL SUBJUNCTIVE

Present	Present	Perfect
j'accepterais	j'accepte	j'aie accepté
tu accepterais	tu acceptes	tu aies accepté
il/elle accepterait	il/elle accepte	il/elle ait accepté
nous accepterions	nous acceptions	nous ayons accepté
vous accepteriez	vous acceptiez	vous ayez accepté
ils/elles accepteraient	ils/elles acceptent	ils/elles aient accepté

Perfect	Imperfect	Pluperfect
j'aurais accepté	j'acceptasse	j'eusse accepté

PARTICIPLES IMPERATIVE

acceptant, accepté accepte!, acceptons!, acceptez!

J'accepte avec plaisir votre invitation. *I accept your invitation with pleasure.*
Elle n'acceptera jamais ces excuses. *She'll never accept these excuses.*
Acceptez-vous les cartes de crédit? *Do you accept credit cards?*
Nous avons accepté de partir avec eux. *We have agreed to go with them.*
Il n'a pas été accepté à l'université. *He hasn't been accepted by the university.*
Frédéric n'accepte pas qu'elle parte. *Frédéric can't accept that she is leaving.*
Comment pouvez-vous accepter de telles remarques? *How can you accept such remarks?*

une acceptation *an acceptance* **acceptable** *acceptable, reasonable*

3 accroître *to increase* intr./tr.

INDICATIVE

Present	Imperfect	Perfect
j'accrois	j'accroissais	j'ai accru
tu accrois	tu accroissais	tu as accru
il/elle accroît	il/elle accroissait	il/elle a accru
nous accroissons	nous accroissions	nous avons accru
vous accroissez	vous accroissiez	vous avez accru
ils/elles accroissent	ils/elles accroissaient	ils/elles ont accru

Future	Pluperfect	Past Historic
j'accroîtrai	j'avais accru	j'accrus
tu accroîtras	tu avais accru	tu accrus
il/elle accroîtra	il/elle avait accru	il/elle accrut
nous accroîtrons	nous avions accru	nous accrûmes
vous accroîtrez	vous aviez accru	vous accrûtes
ils/elles accroîtront	ils/elles avaient accru	ils/elles accruent

Near Future	Future Perfect	Past Anterior
je vais accroître	j'aurai accru	j'eus accru

CONDITIONAL   SUBJUNCTIVE

Present	Present	Perfect
j'accroîtrais	j'accroisse	j'aie accru
tu accroîtrais	tu accroisses	tu aies accru
il/elle accroîtrait	il/elle accroisse	il/elle ait accru
nous accroîtrions	nous accroissions	nous ayons accru
vous accroîtriez	vous accroissiez	vous ayez accru
ils/elles accroîtraient	ils/elles accroissent	ils/elles aient accru

Perfect	Imperfect	Pluperfect
j'aurais accru	j'accrusse	j'eusse accru

PARTICIPLES   IMPERATIVE

accroissant, accru   accrois!, accroissons!, accroissez!

L'argent placé à la Caisse d'Epargne accroît plus qu'à la banque. *Money placed in a National Savings Bank grows more (quickly) than in an ordinary bank.*
Le niveau de l'eau a accru pendant la nuit. *The water level has risen during the night.*
Il a accru sa fortune sur une période de quelques années. *He has increased his fortune over a period of years.*
Ses dettes se sont accrues. *His debts piled up.* (refl.)
L'accroissement démographique de cette région est en hausse. *The population growth of this region is on the increase.*
L'accroissement du chiffre d'affaires est de 50 pour cent cette année. *The increase in turnover is 50 per cent this year.*

l'accroissement naturel *difference between birth and death rate*

accueillir *to welcome* tr. 4

INDICATIVE

Present	Imperfect	Perfect
j'accueille	j'accueillais	j'ai accueilli
tu accueilles	tu accueillais	tu as accueilli
il/elle accueille	il/elle accueillait	il/elle a accueilli
nous accueillons	nous accueillions	nous avons accueilli
vous accueillez	vous accueilliez	vous avez accueilli
ils/elles accueillent	ils/elles accueillaient	ils/elles ont accueilli

Future	Pluperfect	Past Historic
j'accueillerai	j'avais accueilli	j'accueillis
tu accueilleras	tu avais accueilli	tu accueillis
il/elle accueillera	il/elle avait accueilli	il/elle accueillit
nous accueillerons	nous avions accueilli	nous accueillîmes
vous accueillerez	vous aviez accueilli	vous accueillîtes
ils/elles accueilleront	ils/elles avaient accueilli	ils/elles accueillirent

Near Future	Future Perfect	Past Anterior
je vais accueillir	j'aurai accueilli	j'eus accueilli

CONDITIONAL   SUBJUNCTIVE

Present	Present	Perfect
j'accueillerais	j'accueille	j'aie accueilli
tu accueillerais	tu accueilles	tu aies accueilli
il/elle accueillerait	il/elle accueille	il/elle ait accueilli
nous accueillerions	nous accueillions	nous ayons accueilli
vous accueilleriez	vous accueilliez	vous ayez accueilli
ils/elles accueilleraient	ils/elles accueillent	ils/elles aient accueilli

Perfect	Imperfect	Pluperfect
j'aurais accueilli	j'accueillisse	j'eusse accueilli

PARTICIPLES   IMPERATIVE

accueillant, accueilli   accueille!, accueillons!, accueillez!

Pierre va à l'aéroport accueillir un ami. *Pierre is going to the airport to meet (welcome) a friend.*
Nous avons été très bien accueillis chez eux. *We were made very welcome in their home.*
J'ai accueilli la nouvelle avec enthousiasme. *I received the news with enthusiasm.*
Ce théâtre peut accueillir 2000 personnes. *The theatre can accommodate 2000 people.*
Des huées les ont accueillis. *They were greeted by cat-calls.*
Le film a été mal accueilli. *The film was badly received.*

une famille d'accueil *a host family*   **une maison d'accueil** *a charity centre*
accueillant(e) *welcoming, friendly*   **l'accueil** *reception*
un accueil chaleureux *a warm welcome*

5 acheter *to buy* tr.

INDICATIVE

Present	Imperfect	Perfect
j'achète	j'achetais	j'ai acheté
tu achètes	tu achetais	tu as acheté
il/elle achète	il/elle achetait	il/elle a acheté
nous achetons	nous achetions	nous avons acheté
vous achetez	vous achetiez	vous avez acheté
ils/elles achètent	ils/elles achetaient	ils/elles ont acheté

Future	Pluperfect	Past Historic
j'achèterai	j'avais acheté	j'achetai
tu achèteras	tu avais acheté	tu achetas
il/elle achètera	il/elle avait acheté	il/elle acheta
nous achèterons	nous avions acheté	nous achetâmes
vous achèterez	vous aviez acheté	vous achetâtes
ils/elles achèteront	ils/elles avaient acheté	ils/elles achetèrent

Near Future	Future Perfect	Past Anterior
je vais acheter	j'aurai acheté	j'eus acheté

CONDITIONAL SUBJUNCTIVE

Present	Present	Perfect
j'achèterais	j'achète	j'aie acheté
tu achèterais	tu achètes	tu aies acheté
il/elle achèterait	il/elle achète	il/elle ait acheté
nous achèterions	nous achetions	nous ayons acheté
vous achèteriez	vous achetiez	vous ayez acheté
ils/elles achèteraient	ils/elles achètent	ils/elles aient acheté

Perfect	Imperfect	Pluperfect
j'aurais acheté	j'achetasse	j'eusse acheté

PARTICIPLES IMPERATIVE

achetant, acheté   achète!, achetons!, achetez!

J'achète le pain à la boulangerie du coin. *I buy bread from the local baker.*
Anne a acheté une voiture d'occasion. *Anne has bought a second-hand car.*
Qu'est-ce que vous avez acheté au marché? *What did you buy at the market?*
Avez-vous acheté les billets pour le concert? *Did you buy the tickets for the concert?*
Il faut que j'achète à manger. *I must buy some food.*
Je lui ai acheté du parfum pour son anniversaire. *I bought her some perfume for her birthday.*
Le policier s'est laissé acheter par la mafia. *The policeman let himself be bribed by the mafia.*
Ils se sont acheté un nouveau piano. *They bought themselves a new piano.* (refl.)
Les journaux et magazines s'achètent au bureau de tabac. *Newspapers and magazines can be bought at a tobacconist's.* (refl.)

un achat à crédit *a purchase on credit*
un acheteur/une acheteuse *a buyer, a purchaser*
un achat comptant *a cash purchase*
acheter en grosses quantités *to bulk-buy*

acquérir *to acquire* tr. 6

INDICATIVE

Present	Imperfect	Perfect
j'acquiers	j'acquérais	j'ai acquis
tu acquiers	tu acquérais	tu as acquis
il/elle acquiert	il/elle acquérait	il/elle a acquis
nous acquérons	nous acquérions	nous avons acquis
voius acquérez	vous acquériez	vous avez acquis
ils/elles acquièrent	ils/elles acquéraient	ils/elles ont acquis

Future	Pluperfect	Past Historic
j'acquerrai	j'avais acquis	j'acquis
tu acquerras	tu avais acquis	tu acquis
il/elle acquerra	il/elle avait acquis	il/elle acquit
nous acquerrons	nous avions acquis	nous acquîmes
vous acquerrez	vous aviez acquis	vous acquîtes
ils/elles acquerront	ils/elles avaient acquis	ils/elles acquirent

Near Future	Future Perfect	Past Anterior
je vais acquérir	j'aurai acquis	j'eus acquis

CONDITIONAL / SUBJUNCTIVE

Present	Present	Perfect
j'acquerrais	j'acquière	j'aie acquis
tu acquerrais	tu acquières	tu aies acquis
il/elle acquerrait	il/elle acquière	il/elle ait acquis
nous acquerrions	nous acquérions	nous ayons acquis
vous acquerriez	vous acquériez	vous ayez acquis
ils/elles acquerraient	ils/elles acquièrent	ils/elles aient acquis

Perfect	Imperfect	Pluperfect
j'aurais acquis	j'acquisse	j'eusse acquis

PARTICIPLES / IMPERATIVE

acquérant, acquis

acquiers!, acquérons!, acquérez!

On acquiert de l'expérience avec les années. *One gains experience over the years.*
Nous avons acquis cette propriété. *We acquired this property.*
Ces meubles anciens ont acquis beaucoup de valeur. *Those old pieces of furniture have gained a lot in value.*
Ceci est un fait acquis. *This is an established fact.*
Il ne faut pas le tenir pour acquis. *Do not take it for granted.*
Il sont acquis à ce nouveau projet. *They are very taken by this new plan.*

un acquéreur/une acquéreuse *a buyer*
une acquisition *an acquisition*

les acquis sociaux *entitlements to social welfare, paid holidays, etc.*

7 admettre *to admit* tr.

INDICATIVE

Present	Imperfect	Perfect
j'admets	j'admettais	j'ai admis
tu admets	tu admettais	tu as admis
il/elle admet	il/elle admettait	il/elle a admis
nous admettons	nous admettions	nous avons admis
vous admettez	vous admettiez	vous avez admis
ils/elles admettent	ils/elles admettaient	ils/elles ont admis

Future	Pluperfect	Past Historic
j'admettrai	j'avais admis	j'admis
tu admettras	tu avais admis	tu admis
il/elle admettra	il/elle avait admis	il/elle admit
nous admettrons	nous avions admis	nous admîmes
vous admettrez	vous aviez admis	vous admîtes
ils/elles admettront	ils/elles avaient admis	ils/elles admirent

Near Future	Future Perfect	Past Anterior
je vais admettre	j'aurai admis	j'eus admis

CONDITIONAL / SUBJUNCTIVE

Present	Present	Perfect
j'admettrais	j'admette	j'aie admis
tu admettrais	tu admettes	tu aies admis
il/elle admettrait	il/elle admette	il/elle ait admis
nous admettrions	nous admettions	nous ayons admis
vous admettriez	vous admettiez	vous ayez admis
ils/elles admettraient	ils/elles admettent	ils/elles aient admis

Perfect	Imperfect	Pluperfect
j'aurais admis	j'admisse	j'eusse admis

PARTICIPLES / IMPERATIVE

admettant, admis

admet!, admettons!, admettez!

Je n'admets pas qu'on me parle sur ce ton. *I won't let myself be talked to in this way.*

Admettez-vous vos torts? *Do you admit your mistakes?*

Elle n'a pas admis qu'il soit parti sans s'excuser. *She hasn't accepted that he left without apologizing.*

Olivier a été admis à ces examens. *Olivier has passed his exams.*

Les enfants de moins de dix ans ne sont pas admis. *Children under ten years of age are not admitted.*

En admettant qu'il dise la vérité. *Let's suppose (supposing) he is telling the truth.*

une admission *an admission*   **un/une admissible** *an eligible candidate*

admirer *to admire* tr.

INDICATIVE

Present	Imperfect	Perfect
j'admire	j'admirais	j'ai admiré
tu admires	tu admirais	tu as admiré
il/elle admire	il/elle admirait	il/elle a admiré
nous admirons	nous admirions	nous avons admiré
vous admirez	vous admiriez	vous avez admiré
ils/elles admirons	ils/elles admiraient	ils/elles ont admiré

Future	Pluperfect	Past Historic
j'admirerai	j'avais admiré	j'admirai
tu admireras	tu avais admiré	tu admiras
il/elle admirera	il/elle avait admiré	il/elle admira
nous admirerons	nous avions admiré	nous admirâmes
vous admirerez	vous aviez admiré	vous admirâtes
ils/elles admireront	ils/elles avaient admiré	ils/elles admirèrent

Near Future	Future Perfect	Past Anterior
je vais admirer	j'aurai admiré	j'eus admiré

CONDITIONAL   SUBJUNCTIVE

Present	Present	Perfect
j'admirerais	j'admire	j'aie admiré
tu admirerais	tu admires	tu aies admiré
il/elle admirerait	il/elle admire	il/elle ait admiré
nous admirerions	nous admirions	nous ayons admiré
vous admireriez	vous admiriez	vous ayez admiré
ils/elles admireraient	ils/elles admirent	ils/elles aient admiré

Perfect	Imperfect	Pluperfect
j'aurais admiré	j'admirasse	j'eusse admiré

PARTICIPLES   IMPERATIVE

admirant, admiré   admire!, admirons!, admirez!

Nous avons beaucaoup admiré son courage. *We greatly admired his/her courage.*
Vous admirerez son talent. *You will admire his/her talent.*
Ils auraient admiré ce tableau. *They would have admired this picture.*
Elle s'admire devant son miroir. *She admires herself in front of the mirror.* (refl.)
Je suis en admiration totale devant ton jardin. *I am filled with admiration for your garden.*
C'est une personne admirable. *She is a wonderful person.*
J'ai beaucoup d'admiration pour eux. *I have a lot of admiration for them.*
Il se débrouille admirablement. *He manages wonderfully.*

un admirateur/une admiratrice *admirer*   **admirable** *admirable*

9 adresser *to address* tr.

INDICATIVE

Present	Imperfect	Perfect
j'adresse	j'adressais	j'ai adressé
tu adresses	tu adressais	tu as adressé
il/elle adresse	il/elle adressait	il/elle a adressé
nous adressons	nous adressions	nous avons adressé
vous adressez	vous adressiez	vous avez adressé
ils/elles adressent	ils/elles adressaient	ils/elles ont adressé

Future	Pluperfect	Past Historic
j'adresserai	j'avais adressé	j'adressai
tu adresseras	tu avais adressé	tu adressas
il/elle adressera	il/elle avait adressé	il/elle adressa
nous adresserons	nous avions adressé	nous adressâmes
vous adresserez	vous aviez adressé	vous adressâtes
ils/elles adresseront	ils/elles avaient adressé	ils/elles adressèrent

Near Future	Future Perfect	Past Anterior
je vais adresser	j'aurai adressé	j'eus adressé

CONDITIONAL SUBJUNCTIVE

Present	Present	Perfect
j'adresserais	j'adresse	j'aie adressé
tu adresserais	tu adresses	tu aies adressé
il/elle adresserait	il/elle adresse	il/elle ait adressé
nous adresserions	nous adressions	nous ayons adressé
vous adresseriez	vous adressiez	vous ayez adressé
ils/elles adresseraient	ils/elles adressent	ils/elles aient adressé

Perfect	Imperfect	Pluperfect
j'aurais adressé	j'adressasse	j'eusse adressé

PARTICIPLES IMPERATIVE

adressant, adressé

adresse!, adressons!, adressez!

C'est à moi que tu adresses cette remarque? *Is that remark addressed to me?*
La lettre leur était personnellement adressée. *The letter was addressed to them personally.*
Il m'a adressé une accusation monstrueuse. *He levelled an outrageous accusation at me.*
Demain matin j'adresserai la parole à la classe. *Tomorrow morning I shall address the class.*
Ce livre s'adresse à un public anglophone. *This book is intended for an English-speaking readership.* (refl.)
Il faut que tu t'adresses au concierge. *You need to see the caretaker.* (refl.)
Prière de s'adresser à l'accueil. *Please go to reception.* (refl.)
Son médecin l'a adressée à un spécialiste. *Her doctor referred her to a speciliast.*

une adresse *address*   **l'adresse** (f) *dexterity, skill*

agir *to act* intr. 10

INDICATIVE

Present	Imperfect	Perfect
j'agis	j'agissais	j'ai agi
tu agis	tu agissais	tu as agi
il/elle agit	il/elle agissait	il/elle a agi
nous agissons	nous agissions	nous avons agi
vous agissez	vous agissiez	vous avez agi
ils/elles agissent	ils/elles agissaient	ils/elles ont agi

Future	Pluperfect	Past Historic
j'agirai	j'avais agi	j'agis
tu agiras	tu avais agi	tu agis
il/elle agira	il/elle avait agi	il/elle agit
nous agirons	nous avions agi	nous agîmes
vous agirez	vous aviez agi	vous agîtes
ils/elles agiront	ils/elles avaient agi	ils/elles agirent

Near Future	Future Perfect	Past Anterior
je vais agir	j'aurai agi	j'eus agi

CONDITIONAL   SUBJUNCTIVE

Present	Present	Perfect
j'agirais	j'agisse	j'aie agi
tu agirais	tu agisses	tu aies agi
il/elle agirait	il/elle agisse	il/elle ait agi
nous agirions	nous agissions	nous ayons agi
vous agiriez	vous agissiez	vous ayez agi
ils/elles agiraient	ils/elles agissent	ils/elles aient agi

Perfect	Imperfect	Pluperfect
j'aurais agi	j'agisse	j'eusse agi

PARTICIPLES   IMPERATIVE

agissant, agi   agis!, agissons!, agissez!

Pourquoi avez-vous agi de cette manière? *Why did you act in this manner?*
Je n'agirais pas de cette façon si j'étais à votre place. *I wouldn't act in this way if I were you.*
Il faut que tu agisses rapidement avant que ce soit trop tard. *You must act quickly before it's too late.*
Ils ont très mal agi. *They have acted badly.*
Agissons rapidement. *Let's act quickly.*
Le gouvernement a décidé d'agir. *The government has decided to act.*
De quoi s'agit-il? *What's it about?* (refl.)
Il s'agit d'arriver à l'heure. *It's a question of being on time.* (refl.)
Les médicaments qu'il prend n'agissent plus. *The medicines he is taking don't work any more.*

agissant(e) *active, effective*   **une minorité agissante** *an influential*
des agissements *schemes, intrigues*   *minority*

11 aider *to help* intr./tr.

INDICATIVE

Present	Imperfect	Perfect
j'aide	j'aidais	j'ai aidé
tu aides	tu aidais	tu as aidé
il/elle aide	il/elle aidait	il/elle a aidé
nous aidons	nous aidions	nous avons aidé
vous aidez	vous aidiez	vous avez aidé
ils/elles aident	ils/elles aidaient	ils/elles ont aidé

Future	Pluperfect	Past Historic
j'aiderai	j'avais aidé	j'aidai
tu aideras	tu avais aidé	tu aidas
il/elle aidera	il/elle avait aidé	il/elle aida
nous aiderons	nous avions aidé	nous aidâmes
vous aiderez	vous aviez aidé	vous aidâtes
ils/elles aideront	ils/elles avaient aidé	ils/elles aidèrent

Near Future	Future Perfect	Past Anterior
je vais aider	j'aurai aidé	j'eus aidé

CONDITIONAL / SUBJUNCTIVE

Present	Present	Perfect
j'aiderais	j'aide	j'aie aidé
tu aiderais	tu aides	tu aies aidé
il/elle aiderait	il/elle aide	il/elle ait aidé
nous aiderions	nous aidions	nous ayons aidé
vous aideriez	vous aidiez	vous ayez aidé
ils/elles aideraient	ils/elles aident	ils/elles aient aidé

Perfect	Imperfect	Pluperfect
j'aurais aidé	j'aidasse	j'eusse aidé

PARTICIPLES / IMPERATIVE

aidant, aidé

aide!, aidons!, aidez!

Luc aide sa mère à porter les sacs de provisions. *Luc helps his mother carry the shopping bags.*
Il m'a aidé à réparer ma voiture. *He helped me repair my car.*
Il faut que vous m'aidiez à faire ce travail. *You must help me do this work.*
Aidez-moi, s'il vous plaît! *Help me, please!*
Puis-je vous aider? *Can I help you?*
Ça aide à passer le temps. *It helps to pass the time.*
J'ai ouvert la lucarne en m'aidant d'un balai. *I opened the skylight by using a broom.* (refl.)
Avez-vous besoin d'aide? *Do you need some help?*
A l'aide! *Help!*

un(e) aide social(e) *a social helper*   **un(e) aide comptable** *a bookkeeper*
un(e) aide soignant(e) *an assistant nurse*

aimer *to like, love* tr. 12

INDICATIVE

Present	Imperfect	Perfect
j'aime	j'aimais	j'ai aimé
tu aimes	tu aimais	tu as aimé
il/elle aime	il/elle aimait	il/elle a aimé
nous aimons	nous aimions	nous avons aimé
vous aimez	vous aimiez	vous avez aimé
ils/elles aiment	ils/elles aimaient	ils/elles ont aimé

Future	Pluperfect	Past Historic
j'aimerai	j'avais aimé	j'aimai
tu aimeras	tu avais aimé	tu aimas
il/elle aimera	il/elle avait aimé	il/elle aima
nous aimerons	nous avions aimé	nous aimâmes
vous aimerez	vous aviez aimé	vous aimâtes
ils/elles aimeront	ils/elles avaient aimé	ils/elles aimèrent

Near Future	Future Perfect	Past Anterior
je vais aimer	j'aurai aimé	j'eus aimé

CONDITIONAL   SUBJUNCTIVE

Present	Present	Perfect
j'aimerais	j'aime	j'aie aimé
tu aimerais	tu aimes	tu aies aimé
il/elle aimerait	il/elle aime	il/elle ait aimé
nous aimerions	nous aimions	nous ayons aimé
vous aimeriez	vous aimiez	vous ayez aimé
ils/elles aimeraient	ils/elles aiment	ils/elles aient aimé

Perfect	Imperfect	Pluperfect
j'aurais aimé	j'aimasse	j'eusse aimé

PARTICIPLES   IMPERATIVE

aimant, aimé   aime!, aimons!, aimez!

Elle aime ses enfants. *She loves her children.*
J'aime bien ta coiffure. *I like your hairstyle very much.*
Elle aurait aimé te rencontrer. *She would have liked to meet you.*
Aimez-vous les escargots? *Do you like snails?*
Martine n'aime pas qu'on arrive en retard. *Martine doesn't like us to arrive late.*
Nous aimerions mieux rester ici. *We would rather stay here.*
J'aime autant l'acheter maintenant. *I'd just as soon buy it now.*
Ils s'aiment. *They love each other.* (refl.)
La musique ska – tu aimes? *Ska – do you like it?*

l'amour (m) *love*   **aimable** *kind, nice*
aimant(e) *loving*

13 *aller *to go* intr.

INDICATIVE

Present	Imperfect	Perfect
je vais	j'allais	je suis allé(e)
tu vas	tu allais	tu es allé(e)
il/elle va	il/elle allait	il/elle est allé(e)
nous allons	nous allions	nous sommes allé(e)s
vous allez	vous alliez	vous êtes allé(e)(s)
ils/elles vont	ils/elles allaient	ils/elles sont allé(e)s

Future	Pluperfect	Past Historic
j'irai	j'étais allé(e)	j'allai
tu iras	tu étais allé(e)	tu allas
il/elle ira	il/elle était allé(e)	il/elle alla
nous irons	nous étions allé(e)s	nous allâmes
vous irez	vous étiez allé(e)(s)	vous allâtes
ils/elles iront	ils/elles étaient allé(e)s	ils/elles allèrent

Near Future	Future Perfect	Past Anterior
je vais aller	je serai allé(e)	je fus allé(e)

CONDITIONAL / SUBJUNCTIVE

Present	Present	Perfect
j'irais	j'aille	je sois allé(e)
tu irais	tu ailles	tu sois allé(e)
il/elle irait	il/elle aille	il/elle soit allé(e)
nous irions	nous allions	nous soyons allé(e)s
vous iriez	vous alliez	vous soyez allé(e)(s)
ils/elles iraient	ils/elles aillent	ils/elles soient allé(e)s

Perfect	Imperfect	Pluperfect
je serais allé(e)	j'allasse	je fusse allé(e)

PARTICIPLES / IMPERATIVE

allant, allé

va!, allons!, allez!

Nous allons en ville en voiture. *We're going into town by car.*
Allez-y sans moi! *Go without me!*
Je ne suis jamais allé(e) à Moscou. *I've never been to Moscow.*
On ira demain au bord de la mer. *We will go to the seaside tomorrow.*
On y va! *Let's go!*
Vas-y! C'est ton tour. *Go on! It's your go.*
Comment allez-vous? *How are you?*
Allons, taisez-vous! *Come on, be quiet!*
Il y va de votre vie. *Your life is at stake.*
Je passerai vous chercher vers 18 heures, ça vous va? *I'll come to pick you up around 6 o'clock, does that suit you?*
Je vais chercher les enfants à l'école. *I'm going to pick up the children from school.*
Cette couleur te va bien. *That colour suits you.*

un aller simple *a single ticket*   **un aller-retour** *a return ticket*

*s'en aller *to go away* refl. **14**

INDICATIVE

Present	Imperfect	Perfect
je m'en vais	je m'en allais	je m'en suis allé(e)
tu t'en vas	tu t'en allais	tu t'en es allé(e)
il/elle s'en va	il/elle s'en allait	il/elle s'en est allé(e)
nous nous en allons	nous nous en allions	nous nous en sommes allé(e)s
vous vous en allez	vous vous en alliez	vous vous en êtes allé(e)(s)
ils/elles s'en vont	ils/elles s'en allaient	ils/elles s'en sont allé(e)s

Future	Pluperfect	Past Historic
je m'en irai	je m'en étais allé(e)	je m'en allai
tu t'en iras	tu t'en étais allé(e)	tu t'en allas
il/elle s'en ira	il/elle s'en étais allé(e)	il/elle s'en alla
nous nous en irons	nous nous en étions allé(e)s	nous nous en allâmes
vous vous en irez	vous vous en étiez allé(e)(s)	vous vous en allâtes
ils/elles s'en iront	ils/elles s'en étaient allé(e)s	ils/elles s'en allèrent

Near Future	Future Perfect	Past Anterior
je vais m'en aller	je m'en serai allé(e)	je m'en fus allé(e)

CONDITIONAL   SUBJUNCTIVE

Present	Present	Perfect
je m'en irais	je m'en aille	je m'en sois allé(e)
tu t'en irais	tu t'en ailles	tu t'en sois allé(e)
il/elle s'en irait	il/elle s'en aille	il/elle s'en soit allé(e)
nous nous en irions	nous nous en allions	nous nous en soyons allé(e)s
vous vous en iriez	vous vous en alliez	vous vous en soyez allé(e)(s)
ils/elles s'en iraient	ils/elles s'en aillent	ils/elles s'en soient allé(e)s

Perfect	Imperfect	Pluperfect
je m'en serais allé(e)	je m'en allasse	je m'en fusse allé(e)

PARTICIPLES   IMPERATIVE

s'en allant, en allé

va-t'en!, allons-nous-en!, allez-vous-en!
ne t'en va pas!, ne nous en allons pas!, ne vous en allez pas!

Elles s'en vont ce soir. *They're leaving this evening.*
Bon, je m'en vais. *Right, I'm off.*
Il s'en ira lorsqu'il sera prêt. *He will leave when he is ready.*
Il faut que tu t'en ailles, il est tard. *You must leave, it's late.*
Ne vous en allez pas tout de suite! *Don't go away yet!*
Allez-vous-en! *Go away!*
Elle s'en est allée à l'âge de 92. *She died at the age of 92.*
Est-ce que la tache va s'en aller? *Will the stain wash off?*
Une histoire que je m'en vais vous raconter... *A story which I am about to tell you...*

15 amener *to bring* tr.

INDICATIVE

Present	Imperfect	Perfect
j'amène	j'amenais	j'ai amené
tu amènes	tu amenais	tu as amené
il/elle amène	il/elle amenait	il/elle a amené
nous amenons	nous amenions	nous avons amené
vous amenez	vous ameniez	vous avez amené
ils/elles amènent	ils/elles amenaient	ils/elles ont amené

Future	Pluperfect	Past Historic
j'amènerai	j'avais amené	j'amenai
tu amèneras	tu avais amené	tu amenas
il/elle amènera	il/elle avait amené	il/elle amena
nous amènerons	nous avions amené	nous amenâmes
vous amènerez	vous aviez amené	vous amenâtes
ils/elles amèneront	ils/elles avaient amené	ils/elles amenèrent

Near Future	Future Perfect	Past Anterior
je vais amener	j'aurai amené	j'eus amené

CONDITIONAL SUBJUNCTIVE

Present	Present	Perfect
j'amènerais	j'amène	j'aie amené
tu amènerais	tu amènes	tu aies amené
il/elle amènerait	il/elle amène	il/elle ait amené
nous amènerions	nous amenions	nous ayons amené
vous amèneriez	vous ameniez	vous ayez amené
ils/elles amèneraient	ils/elles amènent	ils/elles aient amené

Perfect	Imperfect	Pluperfect
j'aurais amené	j'amenasse	j'eusse amené

PARTICIPLES IMPERATIVE

amenant, amené   amène!, amenons!, amenez!

Puis-je amener une amie? *Can I bring a friend?*
Bien sûr, amène ta copine. *Of course, bring your girlfriend.*
Ils n'amèneront pas leurs enfants. *They won't bring their children.*
Il faut que vous ameniez votre mère. *You must bring your mother with you.*
La conversation nous a amenés à parler de lui. *The conversation came round to talking about him.*
Cela m'amène à croire qu'ils n'ont rien écouté. *That leads me to believe they haven't listened to anything.*
Qu'est-ce que qui vous amène ici? *What brings you here?*

apercevoir *to see, glimpse* tr. **16**

INDICATIVE

Present	Imperfect	Perfect
j'aperçois	j'apercevais	j'ai aperçu
tu aperçois	tu apercevais	tu as aperçu
il/elle aperçoit	il/elle apercevait	il/elle a aperçu
nous apercevons	nous apercevions	nous avons aperçu
vous apercevez	vous aperceviez	vous avez aperçu
ils/elles aperçoivent	ils/elles apercevaient	ils/elles ont aperçu

Future	Pluperfect	Past Historic
j'apercevrai	j'avais aperçu	j'aperçus
tu apercevras	tu avais aperçu	tu aperçus
il/elle apercevra	il/elle avait aperçu	il/elle aperçut
nous apercevrons	nous avions aperçu	nous aperçûmes
vous apercevrez	vous aviez aperçu	vous aperçûtes
ils/elles apercevront	ils/elles avaient aperçu	ils/elles aperçurent

Near Future	Future Perfect	Past Anterior
je vais apercevoir	j'aurai aperçu	j'eus aperçu

CONDITIONAL · SUBJUNCTIVE

Present	Present	Perfect
j'apercevrais	j'aperçoive	j'aie aperçu
tu apercevrais	tu aperçoives	tu aies aperçu
il/elle apercevrait	il/elle aperçoive	il/elle ait aperçu
nous apercevrions	nous apercevions	nous ayons aperçu
vous apercevriez	vous aperceviez	vous ayez aperçu
ils/elles apercevraient	ils/elles aperçoivent	ils/elles aient aperçu

Perfect	Imperfect	Pluperfect
j'aurais aperçu	j'aperçusse	j'eusse aperçu

PARTICIPLES · IMPERATIVE

apercevant, aperçu

aperçois!, apercevons!, apercevez!

Nous n'avons rien aperçu. *We didn't see anything.*
Apercevez-vous quelque chose? *Can you see something?*
Du premier étage on apercevait la mer. *From the first floor one could see the sea.*
Si elle s'obstine à venir, j'aperçois des difficultés. *If she insists on coming, I can foresee difficulties.*
Je ne me suis aperçu de rien. *I didn't notice anything.* (refl.)
Il s'est aperçu qu'il avait fait une erreur. *He noticed he had made a mistake.* (refl.)
Nous nous sommes aperçus qu'il n'était plus avec nous. *We noticed that he was not with us any more.* (refl.)
Ne m'apercevant de rien, j'ai continué mon chemin. *Without noticing anything I continued on my way.* (refl.)
Elle l'avait blessé sans s'en apercevoir. *She had hurt him without realizing it.* (refl.)

avoir un aperçu de la question *to have an idea of the question*
donner un aperçu de la situation *to give an idea of the situation*

17 appartenir *to belong to* tr.

INDICATIVE

Present	Imperfect	Perfect
j'appartiens	j'appartenais	j'ai appartenu
tu appartiens	tu appartenais	tu as appartenu
il/elle appartient	il/elle appartenait	il/elle a appartenu
nous appartenons	nous appartenions	nous avons appartenu
vous appartenez	vous apparteniez	vous avez appartenu
ils/elles appartiennent	ils/elles appartenaient	ils/elles ont appartenu

Future	Pluperfect	Past Historic
j'appartiendrai	j'avais appartenu	j'appartins
tu appartiendras	tu avais appartenu	tu appartins
il/elle appartiendra	il/elle avait appartenu	il/elle appartint
nous appartiendrons	nous avions appartenu	nous appartînmes
vous appartiendrez	vous aviez appartenu	vous appartîntes
ils/elles appartiendront	ils/elles avaient appartenu	ils/elles appartinrent

Near Future	Future Perfect	Past Anterior
je vais appartenir	j'aurai appartenu	j'eus appartenu

CONDITIONAL   SUBJUNCTIVE

Present	Present	Perfect
j'appartiendrais	j'appartienne	j'aie appartenu
tu appartiendrais	tu appartiennes	tu aies appartenu
il/elle appartiendrait	il/elle appartienne	il/elle ait appartenu
nous appartiendrions	nous appartenions	nous ayons appartenu
vous appartiendriez	vous apparteniez	vous ayez appartenu
ils/elles appartiendraient	ils/elles appartiennent	ils/elles aient appartenu

Perfect	Imperfect	Pluperfect
j'aurais appartenu	j'appartinsse	j'eusse appartenu

PARTICIPLES   IMPERATIVE

appartenant, appartenu   appartiens!, appartenons!, appartenez!

Ce livre m'appartient. *This book belongs to me.*
A qui appartiennent ces clés? *Who do those keys belong to?*
Autrefois j'appartenais à un groupe d'écologistes. *Once I used to belong to an ecological group.*
Cette maison a appartenu à l'écrivain Victor Hugo. *This house once belonged to the writer Victor Hugo.*
Appartenez-vous à un club sportif? *Do you belong to a sports club?*
Il m'appartient de prendre cette décision. *It's up to me to take this decision.*
Pour des raisons qui m'appartiennent je resterai silencieuse. *For personal reasons I will remain silent.*

appartenance à *membership of*

appeler *to call* intr./tr. **18**

INDICATIVE

Present	Imperfect	Perfect
j'appelle	j'appelais	j'ai appelé
tu appelles	tu appelais	tu as appelé
il/elle appelle	il/elle appelait	il/elle a appelé
nous appelons	nous appelions	nous avons appelé
vous appelez	vous appeliez	vous avez appelé
ils/elles appellent	ils/elles appelaient	ils/elles ont appelé

Future	Pluperfect	Past Historic
j'appellerai	j'avais appelé	j'appelai
tu appelleras	tu avais appelé	tu appelas
il/elle appellera	il/elle avait appelé	il/elle appela
nous appellerons	nous avions appelé	nous appelâmes
vous appellerez	vous aviez appelé	vous appelâtes
ils/elles appelleront	ils/elles avaient appelé	ils/elles appelèrent

Near Future	Future Perfect	Past Anterior
je vais appeler	j'aurai appelé	j'eus appelé

CONDITIONAL · SUBJUNCTIVE

Present	Present	Perfect
j'appellerais	j'appelle	j'aie appelé
tu appellerais	tu appelles	tu aies appelé
il/elle appellerait	il/elle appelle	il/elle ait appelé
nous appellerions	nous appelons	nous ayons appelé
vous appelleriez	vous appelez	vous ayez appelé
ils/elles appelleraient	ils/elles appellent	ils/elles aient appelé

Perfect	Imperfect	Pluperfect
j'aurais appelé	j'appelasse	j'eusse appelé

PARTICIPLES · IMPERATIVE

appelant, appelé

appelle!, appelons!, appelez!

Je vous appelle par votre prénom. *I am going to call you by your first name.*
Lucie vous a appelé au téléphone, il y a une demi-heure. *Lucie called you on the phone half an hour ago.*
Appelons les enfants! *Let's call the children!*
Il faut que j'appelle du secours. *I must call for help.*
Comment vous appelez-vous? Je m'appelle Sylvie. *What is your name? My name is Sylvie.* (refl.)
J'en appelle à ton bon sens. *I appeal to your common sense.*
Il a été appelé à ce poste. *He has been appointed to this post.*
Il a été appelé sous les drapeaux. *He has been called up.*

un appel téléphonique *a phone call*
faire un appel de phare *to flash one's lights*
une appellation contrôlée *label on bottle of wine indicating quality*
un produit d'appel *a loss-leader*

19 apporter *to bring, to provide* tr.

INDICATIVE

Present	Imperfect	Perfect
j'apporte	j'apportais	j'ai apporté
tu apportes	tu apportais	tu as apporté
il/elle apporte	il/elle apportait	il/elle a apporté
nous apportons	nous apportions	nous avons apporté
vous apportez	vous apportiez	vous avez apporté
ils/elles apportent	ils/elles apportaient	ils/elles ont apporté

Future	Pluperfect	Past Historic
j'apporterai	j'avais apporté	j'apportai
tu apporteras	tu avais apporté	tu apportas
il/elle apportera	il/elle avait apporté	il/elle apporta
nous apporterons	nous avions apporté	nous apportâmes
vous apporterez	vous aviez apporté	vous apportâtes
ils/elles apporteront	ils/elles avaient apporté	ils/elles apportèrent

Near Future	Future Perfect	Past Anterior
je vais apporter	j'aurai apporté	j'eus apporté

CONDITIONAL SUBJUNCTIVE

Present	Present	Perfect
j'apporterais	j'apporte	j'aie apporté
tu apporterais	tu apportes	tu aies apporté
il/elle apporterait	il/elle apporte	il/elle ait apporté
nous apporterions	nous apportions	nous ayons apporté
vous apporteriez	vous apportiez	vous ayez apporté
ils/elles apporteraient	ils/elles apportent	ils/elles aient apporté

Perfect	Imperfect	Pluperfect
j'aurais apporté	j'apportasse	j'eusse apporté

PARTICIPLES IMPERATIVE

apportant, apporté   apporte!, apportons!, apportez!

Apporte ton maillot de bain. *Bring your swimsuit.*
Qu'est-ce que je dois apporter? *What do I have to bring?*
N'apportez rien, ce n'est pas nécessaire. *Don't bring anything, it's not necessary.*
Je vous ai apporté des fleurs de mon jardin. *I've brought you flowers from my garden.*
Il faut que nous apportions des vêtements de rechange. *We must bring a change of clothes.*

un apport d'argent *a contribution* **un apport d'eau** *water supply*
l'apport calorique *calorie content*

apprendre *to learn, teach* tr. **20**

INDICATIVE

Present	Imperfect	Perfect
j'apprends	j'apprenais	j'ai appris
tu apprends	tu apprenais	tu as appris
il/elle apprend	il/elle apprenait	il/elle a appris
nous apprenons	nous apprenions	nous avons appris
vous apprenez	vous appreniez	vous avez appris
ils/elles apprennent	ils/elles apprenaient	ils/elles ont appris

Future	Pluperfect	Past Historic
j'apprendrai	j'avais apris	j'appris
tu apprendras	tu avais appris	tu appris
il/elle apprendra	il/elle avait appris	il/elle apprit
nous apprendrons	nous avions appris	nous apprîmes
vous apprendrez	vous aviez appris	vous apprîtes
ils/elles apprendront	ils/elles avaient appris	ils/elles apprirent

Near Future	Future Perfect	Past Anterior
je vais apprendre	j'aurai appris	j'eus appris

CONDITIONAL SUBJUNCTIVE

Present	Present	Perfect
j'apprendrais	j'apprenne	j'aie appris
tu apprendrais	tu apprennes	tu aies appris
il/elle apprendrait	il/elle apprenne	il/elle ait appris
nous apprendrions	nous apprenions	nous ayons appris
vous apprendriez	vous appreniez	vous ayez appris
ils/elles apprendraient	ils/elles apprennent	ils/elles aient appris

Perfect	Imperfect	Pluperfect
j'aurais appris	j'apprisse	j'eusse appris

PARTICIPLES IMPERATIVE

apprenant, appris   apprends!, apprenons!, apprenez!

J'apprends à parler français. *I'm learning to speak French.*
Pierre apprend à marcher. *Pierre is learning to walk.*
Je l'ai appris par cœur. *I learned it by heart.*
Il faut que j'apprenne à conduire. *I must learn to drive.*
Il m'apprend à faire du ski. *He is teaching me to ski.*
Je vais apprendre la nouvelle à mes amis. *I'm going to tell my friends the news.*
Nous avons appris par Tara qu'il ne viendra pas. *We have heard from Tara that he won't be coming.*
Ce jeu s'apprend vite. *This game is quick to learn.* (refl.)

un(e) apprenti(e) *an apprentice*   **un apprentissage** *an apprenticeship*

21 approcher *to approach, bring near* intr./tr.

INDICATIVE

Present	Imperfect	Perfect
j'approche	j'approchais	j'ai approché
tu approches	tu approchais	tu as approché
il/elle approche	il/elle approchait	il/elle a approché
nous approchons	nous approchions	nous avons approché
vous approchez	vous approchiez	vous avez approché
ils/elles approchent	ils/elles approchaient	ils/elles ont approché

Future	Pluperfect	Past Historic
j'approcherai	j'avais approché	j'approchai
tu approcheras	tu avais approché	tu approchas
il/elle approchera	il/elle avait approché	il/elle approcha
nous approcherons	nous avions approché	nous approchâmes
vous approcherez	vous aviez approché	vous approchâtes
ils/elles approcheront	ils/elles avaient approché	ils/elles approchèrent

Near Future	Future Perfect	Past Anterior
je vais approcher	j'aurai approché	j'eus approché

CONDITIONAL / SUBJUNCTIVE

Present	Present	Perfect
j'approcherais	j'approche	j'aie approché
tu approcherais	tu approches	tu aies approché
il/elle approcherait	il/elle approche	il/elle ait approché
nous approcherions	nous approchions	nous ayons approché
vous approcheriez	vous approchiez	vous ayez approché
ils/elles approcheraient	ils/elles approchent	ils/elles aient approché

Perfect	Imperfect	Pluperfect
j'aurais approché	j'approchasse	j'eusse approché

PARTICIPLES / IMPERATIVE

approchant, approché

approche!, approchons!, approchez!

N'approche pas trop près du feu. *Don't come too near the fire.*
Nous approchions de la maison. *We were approaching the house.*
Il a approché la chaise à côté de la fenêtre. *He took the chair near to the window.*
Nous sommes à l'approche des fêtes. *We are approaching the time of celebrations.*
Il approche de la trentaine. *He is coming up for thirty.*
Approche-toi! *Come here!* (refl.)

approchable *accessible*
rien d'approchant *nothing like that*
une approche sommaire *a brief introduction*

quelque chose d'approchant *something like that*

appuyer *to press, lean* intr./tr. **22**

INDICATIVE

Present	Imperfect	Perfect
j'appuie	j'appuyais	j'ai appuyé
tu appuies	tu appuyais	tu as appuyé
il/elle appuie	il/elle appuyait	il/elle a appuyé
nous appuyons	nous appuyions	nous avons appuyé
vous appuyez	vous appuyiez	vous avez appuyé
ils/elles appuient	ils/elles appuyaient	ils/elles ont appuyé

Future	Pluperfect	Past Historic
j'appuierai	j'avais appuyé	j'appuyai
tu appuieras	tu avais appuyé	tu appuyas
il/elle appuiera	il/elle avait appuyé	il/elle appuya
nous appuierons	nous avions appuyé	nous appuyâmes
vous appuierez	vous aviez appuyé	vous appuyâtes
ils/elles appuieront	ils/elles avaient appuyé	ils/elles appuyèrent

Near Future	Future Perfect	Past Anterior
je vais appuyer	j'aurai appuyé	j'eus appuyé

CONDITIONAL   SUBJUNCTIVE

Present	Present	Perfect
j'appuierais	j'appuie	j'aie appuyé
tu appuierais	tu appuies	tu aies appuyé
il/elle appuierait	il/elle appuie	il/elle ait appuyé
nous appuierions	nous appuyions	nous ayons appuyé
vous appuieriez	vous appuyiez	vous ayez appuyé
ils/elles appuieraient	ils/elles appuient	ils/elles aient appuyé

Perfect	Imperfect	Pluperfect
j'aurais appuyé	j'appuyasse	j'eusse appuyé

PARTICIPLES   IMPERATIVE

appuyant, appuyé   appuie!, appuyons!, appuyez!

J'ai appuyé les skis contre le mur. *I leant the skis against the wall.*
Appuyez-vous contre mon épaule. *Lean on my shoulder.* (refl.)
Appuie sur le bouton. *Press the button.*
Il a appuyé sur le champignon. *He put his foot on the gas (accelerator).*
Elle a été appuyée par son père. *She has been backed up by her father.*
Nous avons appuyé sur le fait qu'il était hautement qualifié. *We emphasized the fact that he was highly qualified.*
Appuyez sur la droite. *Bear to the right.*

un appui-tête *a head-rest*   **l'appui de la fenêtre** *window ledge*
un appui-bras *an arm-rest*   **à l'appui** *in support of*
donner son appui *to give support*

23 **arranger** *to arrange* tr.

INDICATIVE

Present	Imperfect	Perfect
j'arrange	j'arrangeais	j'ai arrangé
tu arranges	tu arrangeais	tu as arrangé
il/elle arrange	il/elle arrangeait	il/elle a arrangé
nous arrangeons	nous arrangions	nous avons arrangé
vous arrangez	vous arrangiez	vous avez arrangé
ils/elles arrangent	ils/elles arrangeaient	ils/elles ont arrangé

Future	Pluperfect	Past Historic
j'arrangerai	j'avais arrangé	j'arrangeai
tu arrangeras	tu avais arrangé	tu arrangeas
il/elle arrangera	il/elle avait arrangé	il/elle arrangea
nous arrangerons	nous avions arrangé	nous arrangeâmes
vous arrangerez	vous aviez arrangé	vous arrangeâtes
ils/elles arrangeront	ils/elles avaient arrangé	ils/elles arrangèrent

Near Future	Future Perfect	Past Anterior
je vais arranger	j'aurai arrangé	j'eus arrangé

CONDITIONAL / SUBJUNCTIVE

Present	Present	Perfect
j'arrangerais	j'arrange	j'aie arrangé
tu arrangerais	tu arranges	tu aies arrangé
il/elle arrangerait	il/elle arrange	il/elle ait arrangé
nous arrangerions	nous arrangions	nous ayons arrangé
vous arrangeriez	vous arrangiez	vous ayez arrangé
ils/elles arrangeraient	ils/elles arrangent	ils/elles aient arrangé

Perfect	Imperfect	Pluperfect
j'aurais arrangé	j'arrangeasse	j'eusse arrangé

PARTICIPLES / IMPERATIVE

arrangeant, arrangé

arrange!, arrangeons!, arrangez!

Elle arrange ses cheveux. *She is tidying her hair.*
Tout est arrangé pour le voyage. *Everything is organized for the journey.*
Il a arrangé sa bicyclette. *He has fixed his bicycle.*
Je m'arrangerai de façon à ce qu'il lise ce document. *I'll see to it that he reads this document.* (refl.)
Arrangez-vous pour être là à l'heure. *Make sure you are there on time.* (refl.)
Tout est arrangé. *It's all sorted out.*
Nous viendrons vous chercher à 20 heures. Cela vous arrange? *We'll come to get you at 8 o'clock. Does that suit you?*
Cela ne m'arrange pas du tout qu'il vienne ce soir. *It doesn't suit me at all that he is coming tonight.*
Pour la facture on s'arrangera plus tard. *We'll sort out the bill later.*

arrangeant(e) *accommodating*　　　　**un arrangement** *an agreement*
un arrangeur/une arrangeuse
　an arranger (musical)

INDICATIVE

Present	Imperfect	Perfect
j'arrête	j'arrêtais	jai arrêté
tu arrêtes	tu arrêtais	tu as arrêté
il/elle arrête	il/elle arrêtait	il/elle a arrêté
nous arrêtons	nous arrêtions	nous avons arrêté
vous arrêtez	vous arrêtiez	vous avez arrêté
ils/elles arrêtent	ils/elles arrêtaient	ils/elles ont arrêté

Future	Pluperfect	Past Historic
j'arrêterai	j'avais arrêté	j'arrêtai
tu arrêteras	tu avais arrêté	tu arrêtas
il/elle arrêtera	il/elle avait arrêté	il/elle arrêta
nous arrêterons	nous avions arrêté	nous arrêtâmes
vous arrêterez	vous aviez arrêté	vous arrêtâtes
ils/elles arrêteront	ils/elles avaient arrêté	ils/elles arrêtèrent

Near Future	Future Perfect	Past Anterior
je vais arrêter	j'aurai arrêté	j'eus arrêté

CONDITIONAL   SUBJUNCTIVE

Present	Present	Perfect
j'arrêterais	j'arrête	j'aie arrêté
tu arrêterais	tu arrêtes	tu aies arrêté
il/elle arrêterait	il/elle arrête	il/elle ait arrêté
nous arrêterions	nous arrêtions	nous ayons arrêté
vous arrêteriez	vous arrêtiez	vous ayez arrêté
ils/elles arrêteraient	ils/elles arrêtent	ils/elles aient arrêté

Perfect	Imperfect	Pluperfect
j'aurais arrêté	j'arrêtasse	j'eusse arrêté

PARTICIPLES   IMPERATIVE

arrêtant, arrêté   arrête!, arrêtons!, arrêtez!

J'arrête de travailler à 18h. *I stop working at 6 o'clock.*
Ils n'ont pas arrêté de discuter toute la soirée. *They haven't stopped talking all evening.*
On a arrêté le meurtrier à la gare. *They caught the murderer at the station.*
Nous nous arrêterons chez vous. *We will stop at your place.* (refl.)
Arrêtez-vous ici! *Stop here!* (refl.)
On s'arrête au café faire une pause de dix minutes. *We'll stop at the café for a ten-minute break.* (refl.)
Le bus pour Lille ne s'arrête pas à cet arrêt d'autobus. *The bus for Lille doesn't stop at this bus stop.* (refl.)
Il a des idées bien arrêtées. *He has very fixed ideas.*

---

un arrêt *a stop, break*
un arrêt de compte *a bank statement*
être en arrêt de maladie *to be on sick leave*

une maison d'arrêt *a prison*
un arrêté municipal *a bye-law*
sans arrêt *without stopping*

25 *arriver *to arrive, manage* intr.

INDICATIVE

Present	Imperfect	Perfect
j'arrive	j'arrivais	je suis arrivé(e)
tu arrives	tu arrivais	tu es arrivé(e)
il/elle arrive	il/elle arrivait	il/elle est arrivé(e)
nous arrivons	nous arrivions	nous sommes arrivé(e)s
vous arrivez	vous arriviez	vous êtes arrivé(e)(s)
ils/elles arrivent	ils/elles arrivaient	ils/elles sont arrivé(e)s

Future	Pluperfect	Past Historic
j'arriverai	j'étais arrivé(e)	j'arrivai
tu arriveras	tu étais arrivé(e)	tu arrivas
il/elle arrivera	il/elle était arrivé(e)	il/elle arriva
nous arriverons	nous étions arrivé(e)s	nous arrivâmes
vous arriverez	vous étiez arrivé(e)(s)	vous arrivâtes
ils/elles arriveront	ils/elles étaient arrivé(e)s	ils/elles arrivèrent

Near Future	Future Perfect	Past Anterior
je vais arriver	je serai arrivé(e)	je fus arrivé(e)

CONDITIONAL   SUBJUNCTIVE

Present	Present	Perfect
j'arriverais	j'arrive	je sois arrivé(e)
tu arriverais	tu arrives	tu sois arrivé(e)
il/elle arriverait	il/elle arrive	il/elle soit arrivé(e)
nous arriverions	nous arrivions	nous soyons arrivé(e)s
vous arriveriez	vous arriviez	vous soyez arrivé(e)(s)
ils/elles arriveraient	ils/elles arrivent	ils/elles soient arrivé(e)s

Perfect	Imperfect	Pluperfect
je serais arrivé(e)	j'arrivasse	je fusse arrivé(e)

PARTICIPLES   IMPERATIVE

arrivant, arrivé   arrive!, arrivons!, arrivez!

Attends! J'arrive! *Wait! I'm coming!*
J'arrive à la maison à 18 heures 30. *I arrive home at 6.30 p.m.*
Il n'est pas encore arrivé chez lui. *He hasn't arrived home yet.*
Nous arriverons dans la soirée. *We will arrive in the evening.*
Il faut que vous arriviez à l'heure. *You must arrive on time.*
Thibault n'arrive pas à dormir. *Thibault can't get to sleep.*
Est-ce que tu arrives à le faire? *Are you managing to do it?*
On n'en est encore arrivé là! *We've not come to that yet!*
Qu'est-ce qui vous est arrivé? *Whatever happened to you?*
Il vient de m'arriver un accident. *I have just had an accident.*
Il arrive que je me trompe. *Sometimes I make a mistake.*

---

une arrivée *an arrival*
un arrivage de marchandises *a goods arrival*

la gare d'arrivée *station of arrival*
l'arrivisme (m) *ambitiousness*
un(e) arriviste *a social climber*

*s'asseoir *to sit down* refl.

INDICATIVE

Present	Imperfect	Perfect
je m'assieds	je m'asseyais	je me suis assis(e)
tu t'assieds	tu t'asseyais	tu t'es assis(e)
il/elle s'assied	il/elle s'asseyait	il/elle s'est assis(e)
nous nous asseyons	nous nous asseyions	nous nous sommes assis(es)
vous vous asseyez	vous vous asseyiez	vous vous êtes assis(e)/(es)
ils/elles s'asseyent	ils/elles s'asseyaient	ils/elles se sont assis(es)

Future	Pluperfect	Past Historic
je m'assiérai	je m'étais assis(e)	je m'assis
tu t'assiéras	tu t'étais assis(e)	tu t'assis
il/elle s'assiéra	il/elle s'était assis(e)	il/elle s'assit
nous nous assiérons	nous nous étions assis(es)	nous nous assîmes
vous vous assiérez	vous vous étiez assis(e)/(es)	vous vous assîtes
ils/elles s'assiéront	ils/elles s'étaient assis(es)	ils/elles s'assirent

Near Future	Future Perfect	Past Anterior
je vais m'asseoir	je me serai assis(e)	je me fus assis(e)

CONDITIONAL / SUBJUNCTIVE

Present	Present	Perfect
je m'assiérais	je m'asseye	je me sois assis(e)
tu t'assiérais	tu t'asseyes	tu te sois assis(e)
il/elle s'assiérait	il/elle s'asseye	il/elle se soit assis(e)
nous nous assiérions	nous nous asseyions	nous nous soyons assis(es)
vous vous assiériez	vous vous asseyiez	vous vous soyez assis(e)/(es)
ils/elles s'assiéraient	ils/elles s'asseyent	ils/elles se soient assis(es)

Perfect	Imperfect	Pluperfect
je me serais assis(e)	je m'assisse	je me fusse assis(e)

PARTICIPLES / IMPERATIVE

s'asseyant, assis

assieds-toi!, asseyons-nous!, asseyez-vous!
ne t'assieds pas!, ne nous asseyons pas!, ne vous asseyez pas!

Puis-je m'asseoir? *Can I sit down?*
Je suis très fatigué(e), il faut que je m'asseois[1]. *I am very tired, I must sit down.*
Ils se sont assis l'un à côté de l'autre. *They sat next to one another.*
Elle s'était assise près de la cheminée. *She had sat down near the fireplace.*
Il assied sa théorie pédagogique sur ses expériences de prof. *He bases his teaching theory on his experience as a teacher.*
Reste assis! *Don't get up!*

une cour d'assises *a court of assizes*
s'asseoir à califourchon *to sit astride*
s'asseoir en tailleur *to sit cross-legged*

[1]There are two patterns of conjugation for **s'asseoir, je m'assieds**, etc. as given above, and **je m'ass(e)ois**, etc. The latter pattern gives the frequently heard present subjunctive form **(que) je m'assoie**, etc.

27 assister (à) *to attend, assist* tr.

INDICATIVE

Present	Imperfect	Perfect
j'assiste	j'assistais	j'ai assisté
tu assistes	tu assistais	tu as assisté
il/elle assiste	il/elle assistait	il/elle a assisté
nous assistons	nous assistions	nous avons assisté
vous assistez	vous assistiez	vous avez assisté
ils/elles assistent	ils/elles assistaient	ils/elles ont assisté

Future	Pluperfect	Past Historic
j'assisterai	j'avais assisté	j'assistai
tu assisteras	tu avais assisté	tu assistas
il/elle assistera	il/elle avait assisté	il/elle assista
nous assisterons	nous avions assisté	nous assistâmes
vous assisterez	vous aviez assisté	vous assistâtes
ils/elles assisteront	ils/elles avaient assisté	ils/elles assistèrent

Near Future	Future Perfect	Past Anterior
je vais assister	j'aurai assisté	j'eus assisté

CONDITIONAL   SUBJUNCTIVE

Present	Present	Perfect
j'assisterais	j'assiste	j'aie assisté
tu assisterais	tu assistes	tu aies assisté
il/elle assisterait	il/elle assiste	il/elle ait assisté
nous assisterions	nous assistions	nous ayons assisté
vous assisteriez	vous assistiez	vous ayez assisté
ils/elles assisteraient	ils/elles assistent	ils/elles aient assisté

Perfect	Imperfect	Pluperfect
j'aurais assisté	j'assistasse	j'eusse assisté

PARTICIPLES   IMPERATIVE

assistant, assisté

assiste!, assistons!, assistez

J'ai assisté au match de football de dimanche soir. *I attended Sunday evening's football match.*

Elle avait assisté à l'inauguration des Jeux Olympiques. *She had attended the inauguration of the Olympic Games.*

Assisterez-vous à la conférence? *Will you attend the conference?*

Il n'a pas assisté à la naissance de son fils. *He did not witness the birth of his son.*

On assiste à une montée de racisme. *We are witnessing a rise in racism.*

On peut assister en directe au concours. *You can see the competition live.*

Elle est assistée par ses collègues. *She is assisted by her colleagues.*

Cette fondation assiste les démunis. *This foundation helps the destitute.*

---

une direction assistée *power steering*   **l'assistance** (f) *audience*
un(e) assistant(e) social(e) *a social worker*   **l'assistance judiciaire** *legal aid*
l'assistance publique *health and social security services*

attendre *to wait (for), expect* tr. **28**

INDICATIVE

Present	Imperfect	Perfect
j'attends	j'attendais	j'ai attendu
tu attends	tu attendais	tu as attendu
il/elle attend	il/elle attendait	il/elle a attendu
nous attendons	nous attendions	nous avons attendu
vous attendez	vous attendiez	vous avez attendu
ils/elles attendent	ils/elles attendaient	ils/elles ont attendu

Future	Pluperfect	Past Historic
j'attendrai	j'avais attendu	j'attendis
tu attendras	tu avais attendu	tu attendis
il/elle attendra	il/elle avait attendu	il/elle attendit
nous attendrons	nous avions attendu	nous attendîmes
vous attendrez	vous aviez attendu	vous attendîtes
ils/elles attendront	ils/elles avaient attendu	ils/elles attendirent

Near Future	Future Perfect	Past Anterior
je vais attendre	j'aurai attendu	j'eus attendu

CONDITIONAL   SUBJUNCTIVE

Present	Present	Perfect
j'attendrais	j'attende	j'aie attendu
tu attendrais	tu attendes	tu aies attendu
il/elle attendrait	il/elle attende	il/elle ait attendu
nous attendrions	nous attendions	nous ayons attendu
vous attendriez	vous attendiez	vous ayez attendu
ils/elles attendraient	ils/elles attendent	ils/elles aient attendu

Perfect	Imperfect	Pluperfect
j'aurais attendu	j'attendisse	j'eusse attendu

PARTICIPLES   IMPERATIVE

attendant, attendu   attends!, attendons!, attendez!

J'attends l'autobus depuis 20 minutes. *I've been waiting for the bus for 20 minutes.*
Il est resté l'attendre toute la soirée. *He stayed waiting for her all evening.*
Attnendez-moi! *Wait for me!*
Attends! Je vais tout expliquer. *Wait! I'm going to explain everything.*
Elle nous a fait attendre longtemps. *She kept us waiting a long time.*
Elle attend son premier enfant. *She is expecting her first child.*
On attend beaucoup de ce sommet européen. *A lot is expected of this European summit.*
Le jour attendu est arrivé. *The long-awaited day has come.*
Je m'attends à ce qu'il fasse beau. *I am expecting good weather. (refl.)*
Ils ne s'attendaient pas à gagner. *They weren't expecting to win.*
Il peut toujours attendre! *He will be lucky! He can always hope!*
Préparons la table en attendant qu'ils arrivent. *Let's lay the table while we are waiting for them to come.*

une liste d'attente *a waiting list*   **une salle d'attente** *a waiting room*

29 attraper *to catch* tr.

INDICATIVE

Present	Imperfect	Perfect
j'attrape	j'attrapais	j'ai attrapé
tu attrapes	tu attrapais	tu as attrapé
il/elle attrape	il/elle attrapait	il/elle a attrapé
nous attrapons	nous attrapions	nous avons attrapé
vous attrapez	vous attrapiez	vous avez attrapé
ils/elles attrapent	ils/elles attrapaient	ils/elles ont attrapé

Future	Pluperfect	Past Historic
j'attraperai	j'avais attrappé	j'attrapai
tu attraperas	tu avais attrapé	tu attrapas
il/elle attrapera	il/elle avait attrapé	il/elle attrapa
nous attraperons	nous avions attrapé	nous attrapâmes
vous attraperez	vous aviez attrapé	vous attrapâtes
ils/elles attraperont	ils/elles avaient attrapé	ils/elles attrapèrent

Near Future	Future Perfect	Past Anterior
je vais attraper	j'aurai attrapé	j'eus attrapé

CONDITIONAL / SUBJUNCTIVE

Present	Present	Perfect
j'attraperais	j'attrape	j'aie attrapé
tu attraperais	tu attrapes	tu aies attrapé
il/elle attraperait	il/elle attrape	il/elle ait attrapé
nous attraperions	nous attrapions	nous ayons attrapé
vous attraperiez	vous attrapiez	vous ayez attrapé
ils/elles attraperaient	ils/elles attrapent	ils/elles aient attrapé

Perfect	Imperfect	Pluperfect
j'aurais attrapé	j'attrapasse	j'eusse attrapé

PARTICIPLES / IMPERATIVE

PARTICIPLES	IMPERATIVE
attrapant, attrapé	attrape!, attrapons!, attrapez!

Ce matin j'ai attrapé le bus de justesse. *This morning I only just caught the bus.*
Le chasseur a attrapé un lièvre. *The hunter caught a hare.*
J'étais enrhumé parce que j'avais attrapé froid au pique-nique. *I had a cold because I'd caught cold at the picnic.*
Le voleur n'a pas encore été attrapé par la police. *The thief has not yet been caught by the police.*
Attention! Tu vas attraper un coup de soleil. *Watch out! You'll catch the sun.*
Je me suis laissé attraper! *I've been done!*
Est-ce que cette maladie s'attrape? *Is this disease contagious?* (refl.)
En attrapant le voleur je me suis foulé la cheville. *While catching the thief I sprained my ankle.*

un attrape-nigaud *a con*   **une attrape** *a trick*
un attrape-touristes *a tourist trap*

INDICATIVE

Present	Imperfect	Perfect
j'avance	j'avançais	j'ai avancé
tu avances	tu avançais	tu as avancé
il/elle avance	il/elle avançait	il/elle a avancé
nous avançons	nous avancions	nous avons avancé
vous avancez	vous avanciez	vous avez avancé
ils/elles avancent	ils/elles avançaient	ils/elles ont avancé

Future	Pluperfect	Past Historic
j'avancerai	j'avais avancé	j'avançai
tu avanceras	tu avais avancé	tu avanças
il/elle avancera	il/elle avait avancé	il/elle avança
nous avancerons	nous avions avancé	nous avançâmes
vous avancerez	vous aviez avancé	vous avançâtes
ils/elles avanceront	ils/elles avaient avancé	ils/elles avancèrent

Near Future	Future Perfect	Past Anterior
je vais avancer	j'aurai avancé	j'eus avancé

CONDITIONAL   SUBJUNCTIVE

Present	Present	Perfect
j'avancerais	j'avance	j'aie avancé
tu avancerais	tu avances	tu aies avancé
il/elle avancerait	il/elle avance	il/elle ait avancé
nous avancerions	nous avancions	nous ayons avancé
vous avanceriez	vous avanciez	vous ayez avancé
ils/elles avanceraient	ils/elles avancent	ils/elles aient avancé

Perfect	Imperfect	Pluperfect
j'aurais avancé	j'avançasse	j'eusse avancé

PARTICIPLES   IMPERATIVE

avançant, avancé   avance!, avançons!, avancez!

Avancez, s'il vous plaît! *Move forward, please!*
La pendule avance de 15 minutes. *The clock is 15 minutes fast.*
Nous avons beaucoup avancé dans notre travail. *We progressed a lot in our work.*
Je lui ai avancé une somme d'argent. *I advanced him a (substantial) sum of money.*
Il m'avança un siège. *He drew up a seat for me.*
Il s'est avancé vers nous. *He moved towards us.* (refl.)
Tout cela n'avance à rien. *All this doesn't get us anywhere.*
Te voilà bien avancé(e)! *A long way that's got you!*

être en avance *to be early*
à l'avance *in advance, beforehand*
l'avancement *promotion*

faire des avances *to make a pass*
des idées avancées *advanced ideas*
une avancée *an overhang* (above a door)

31 avoir *to have* tr./aux.

INDICATIVE

Present	Imperfect	Perfect
j'ai	j'avais	j'ai eu
tu as	tu avais	tu as eu
il/elle a	il/elle avait	il/elle a eu
nous avons	nous avions	nous avons eu
vous avez	vous aviez	vous avez eu
ils/elles ont	ils/elles avaient	ils/elles ont eu

Future	Pluperfect	Past Historic
j'aurai	j'avais eu	j'eus
tu auras	tu avais eu	tu eus
il/elle aura	il/elle avait eu	il/elle eut
nous aurons	nous avions eu	nous eûmes
vous aurez	vous aviez eu	vous eûtes
ils/elles auront	ils/elles avaient eu	ils/elles eurent

Near Future	Future Perfect	Past Anterior
je vais avoir	j'aurai eu	j'eus eu

CONDITIONAL   SUBJUNCTIVE

Present	Present	Perfect
j'aurais	j'aie	j'aie eu
tu aurais	tu aies	tu aies eu
il/elle aurait	il/elle ait	il/elle ait eu
nous aurions	nous ayons	nous ayons eu
vous auriez	vous ayez	vous ayez eu
ils/elles auraient	ils/elles aient	ils/elles aient eu

Perfect	Imperfect	Pluperfect
j'aurais eu	j'eusse	j'eusse eu

PARTICIPLES   IMPERATIVE

ayent, eu   aie!, ayons!, ayez!

Je n'ai pas de sœurs. *I haven't got any sisters.*
Quel âge a Julie? Elle a vingt ans. *How old is Julie? She is twenty.*
Avez-vous faim et soif? *Are you hungry and thirsty?*
Vous avez besoin de moi? *Do you need me?*
Elle avait mal au ventre. *She had stomachache.*
Le salon a huit mètres de large. *The living room is eight metres wide.*
Qu'est-ce qu'il y a? *What's the matter?*
Il n'y a pas de quoi! *Don't mention it!*
Il n'y a que toi pour faire une chose pareille. *Only you would do such a thing.*
Je me suis fait avoir. *I have been done.*

avoir envie de *to fancy, feel like*   **en avoir assez** *to be fed up*

balayer *to sweep (aside)* tr.

INDICATIVE

Present	Imperfect	Perfect
je balaye	je balayais	j'ai balayé
tu balayes	tu balayais	tu as balayé
il/elle balaye	il/elle balayait	il/elle a balayé
nous balayons	nous balayions	nous avons balayé
vous balayez	vous balayiez	vous avez balayé
ils/elles balayent	ils/elles balayaient	ils/elles ont balayé

Future	Pluperfect	Past Historic
je balayerai	j'avais balayé	je balayai
tu balayeras	tu avais balayé	tu balayas
il/elle balayera	il/elle avait balayé	il/elle balaya
nous balayerons	nous avions balayé	nous balayâmes
vous balayerez	vous aviez balayé	vous balayâtes
ils/elles balayeront	ils/elles avaient balayé	ils/elles balayèrent

Near Future	Future Perfect	Past Anterior
je vais balayer	j'aurai balayé	j'eus balayé

CONDITIONAL · SUBJUNCTIVE

Present	Present	Perfect
je balayerais	je balaye	j'aie balayé
tu balayerais	tu balayes	tu aies balayé
il/elle balayerait	il/elle balaye	il/elle ait balayé
nous balayerions	nous balayions	nous ayons balayé
vous balayeriez	vous balayiez	vous ayez balayé
ils/elles balayeraient	ils/elles balayent	ils/elles aient balayé

Perfect	Imperfect	Pluperfect
j'aurais balayé	je balayasse	j'eusse balayé

PARTICIPLES · IMPERATIVE

PARTICIPLES	IMPERATIVE
balayent, balayé	balaye!, balayons!, balayez!

Il balaye tous nos soucis. *He sweeps aside all our concerns.*
L'enfant a été balayé par les vagues. *The child was swept over by the waves.*
Ce gouvernement va tout balayer. *This government is going to make sweeping changes.*
En se sauvant il a tout balayé. *He knocked everything aside in his escape.*
Il faut que je balaye les feuilles sur la terrasse. *I must sweep up the leaves on the terrace.*

un balai *a broom*
une balayette *a small hand brush*
le balayage *sweeping, scanning, highlighting (hair)*

une balayeuse *a mechanical roadsweeper*

33 battre *to beat, hit* intr./tr.

INDICATIVE

Present	Imperfect	Perfect
je bats	je battais	j'ai battu
tu bats	tu battais	tu as battu
il/elle bat	il/elle battait	il/elle a battu
nous battons	nous battions	nous avons battu
vous battez	vous battiez	vous avez battu
ils/elles battent	ils/elles battaient	ils/elles ont battu

Future	Pluperfect	Past Historic
je battrai	j'avais battu	je battis
tu battras	tu avais battu	tu battis
il/elle battra	il/elle avait battu	il/elle battit
nous battrons	nous avions battu	nous battîmes
vous battrez	vous aviez battu	vous battîtes
ils/elles battront	ils/elles avaient battu	ils/elles battirent

Near Future	Future Perfect	Past Anterior
je vais battre	j'aurai battu	j'eus battu

CONDITIONAL · SUBJUNCTIVE

Present	Present	Perfect
je battrais	je batte	j'aie battu
tu battrais	tu battes	tu aies battu
il/elle battrait	il/elle batte	il/elle ait battu
nous battrions	nous battions	nous ayons battu
vous battriez	vous battiez	vous ayez battu
ils/elles battraient	ils/elles battent	ils/elles aient battu

Perfect	Imperfect	Pluperfect
j'aurais battu	je battisse	j'eusse battu

PARTICIPLES · IMPERATIVE

battant, battu	bats!, battons!, battez!

Ne vous battez pas! *Don't fight!* (refl.)
Nous les avons battus au football deux à un. *We beat them two to one at football.*
Il ne faut pas te tenir pour battu. *You must not consider yourself defeated.*
Incorporez les œufs battus en neige ferme. *Fold in the stiffly-beaten egg whites.*
Les volets battaient sans cesse. *The shutters were banging continuously.*
Je me suis battu pour obtenir un résultat positif. *I fought to obtain a positive result.* (refl.)
Je battrai la mesure. *I'll beat time.*
Il a un regard de chien battu. *He has a cowering look.*
Battons le fer pendant qu'il est encore chaud. *Let's strike while the iron is hot.*

un battement *banging, fluttering*
une femme battue *a battered woman*

un batteur *a whisk*
une batterie *a drum kit*

boire _to drink_ tr. **34**

INDICATIVE

Present	**Imperfect**	**Perfect**
je bois	je buvais	j'ai bu
tu bois	tu buvais	tu as bu
il/ele boit	il/elle buvait	il/elle a bu
nous buvons	nous buvions	nous avons bu
vous buvez	vous buviez	vous avez bu
ils/elles boivent	ils/elles buvaient	ils/elles ont bu

Future	**Pluperfect**	**Past Historic**
je boirai	j'avais bu	je bus
tu boiras	tu avais bu	tu bus
il/elle boira	il/elle avait bu	il/elle but
nous boirons	nous avions bu	nous bûmes
vous boirez	vous aviez bu	vous bûtes
ils/elles boiront	ils/elles avaient bu	ils/elles burent

Near Future	**Future Perfect**	**Past Anterior**
je vais boire	j'aurai bu	j'eus bu

CONDITIONAL   SUBJUNCTIVE

Present	**Present**	**Perfect**
je boirais	je boive	j'aie bu
tu boirais	tu boives	tu aies bu
il/elle boirait	il/elle boive	il/elle ait bu
nous boirions	nous buvions	nous ayons bu
vous boiriez	vous buviez	vous ayez bu
ils/elles boiraient	ils/elles boivent	ils/elles aient bu

Perfect	**Imperfect**	**Pluperfect**
j'aurais bu	je busse	j'eusse bu

PARTICIPLES   IMPERATIVE

buvant, bu   bois!, buvons!, buvez!

Qu'est-ce qu'il y a à boire? _What is there to drink?_
On va boire un pot? _Shall we go and have a drink?_
Puis-je vous offrir à boire? _Can I offer you a drink?_
Ils ne boivent pas d'alcool. _They don't drink alcohol._
Buvons à notre santé _Let's drink to our health._
On a tout bu. _We've drunk the lot._
Ce n'est pas la mer à boire. _It is not that difficult._
Le vin rouge se boit chambré. _Red wine should be drunk at room temperature._ (refl.)
Il boit comme un trou. _He drinks like a fish._

une boisson _a drink_   **boire à petites gorgées** _to sip_
boire d'un trait _to drink in a gulp_   **buvable** _drinkable_
une buvette _a drinks stall_

35 bouillir *to boil* intr./tr.

INDICATIVE

Present	Imperfect	Perfect
je bous	je bouillais	j'ai bouilli
tu bous	tu bouillais	tu as bouilli
il/elle bout	il/elle bouillait	il/elle a bouilli
nous bouillons	nous bouillions	nous avons bouilli
vous bouillez	vous bouilliez	vous avez bouilli
ils/elles bouillent	ils/elles bouillaient	ils/elles ont bouilli

Future	Pluperfect	Past Historic
je bouillirai	j'avais bouilli	je bouillis
tu bouilliras	tu avais bouilli	tu bouillis
il/elle bouillira	il/elle avait bouilli	il/elle bouillit
nous bouillirons	nous avions bouilli	nous bouillîmes
vous bouillirez	vous aviez bouilli	vous bouillîtes
ils/elles bouilliront	ils/elles avaient bouilli	ils/elles bouillirent

Near Future	Future Perfect	Past Anterior
je vais bouillir	j'aurai bouilli	j'eus bouilli

CONDITIONAL / SUBJUNCTIVE

Present	Present	Perfect
je bouillirais	je bouille	j'aie bouilli
tu bouillirais	tu bouilles	tu aies bouilli
il/elle bouillirait	il/elle bouille	il/elle ait bouilli
nous bouillirions	nous bouillions	nous ayons bouilli
vous bouilliriez	vous bouilliez	vous ayez bouilli
ils/elles bouilliraient	ils/elles bouillent	ils/elles aient bouilli

Perfect	Imperfect	Pluperfect
j'aurais bouilli	je bouillisse	j'eusse bouilli

PARTICIPLES / IMPERATIVE

PARTICIPLES	IMPERATIVE
bouillant, bouilli	bous!, bouillons!, bouillez!

Faites bouillir l'eau. *Boil the water.*
Lorsque l'eau bout mettez les pâtes. *When the water boils put the pasta in.*
J'ai laissé la casserole sur le feu et le lait a bouilli. *I left the pan on the stove and the milk boiled over.*
Surtout ne faites pas bouillir le café. *Whatever you do don't boil the coffee.*
Il bouillait d'impatience. *He was seething with impatience.*
Cette injustice me fait bouillir de colère. *This injustice makes my blood boil with anger.*
La foule des manifestants était en ébullition. *The crowd of demonstrators was agitated.*
Portez à ébullition ce liquide. *Bring this liquid to the boil.*

bouillant(e) *boiling hot*
une bouillote *a hot-water bottle*
le bouillon *stock*

une bouilloire *a kettle*
la bouillie *baby's cereal*
bouillonner *to bubble, seethe*

briller *to shine* intr.

INDICATIVE

Present	Imperfect	Perfect
je brille	je brillais	j'ai brillé
tu brilles	tu brillais	tu as brillé
il/elle brille	il/elle brillait	il/elle a brillé
nous brillons	nous brillions	nous avons brillé
vous brillez	vous brilliez	vous avez brillé
ils/elles brillent	ils/elles brillaient	ils/elles ont brillé

Future	Pluperfect	Past Historic
je brillerai	j'avais brillé	je brillai
tu brilleras	tu avais brillé	tu brillas
il/elle brillera	il/elle avait brillé	il/elle brilla
nous brillerons	nous avions brillé	nous brillâmes
vous brillerez	vous aviez brillé	vous brillâtes
ils/elles brilleront	ils/elles avaient brillé	ils/elles brillèrent

Near Future	Future Perfect	Past Anterior
je vais briller	j'aurai brillé	j'eus brillé

CONDITIONAL   SUBJUNCTIVE

Present	Present	Perfect
je brillerais	je brille	j'aie brillé
tu brillerais	tu brilles	tu aies brillé
il/elle brillerait	il/elle brille	il/elle ait brillé
nous brillerions	nous brillions	nous ayons brillé
vous brilleriez	vous brilliez	vous ayez brillé
ils/elles brilleraient	ils/elles brillent	ils/elles aient brillé

Perfect	Imperfect	Pluperfect
j'aurais brillé	je brillasse	j'eusse brillé

PARTICIPLES   IMPERATIVE

brillant, brillé   brille!, brillons!, brillez!

Cette table brille comme un miroir. *This table shines like a mirror.*
Ses yeux brillaient de malice. *His/her eyes were sparkling with mischief.*
Dans le lointain on voit les voitures qui brillent au soleil. *In the distance you can see the cars glinting in the sunshine.*
Cire bien les chaussures et elles brilleront. *Polish your shoes and they will shine.*
Le soleil brilla toute la journée. *The sun shone all day.*
Faites briller les meubles avec ce produit. *Polish the furniture wih this product.*
Elle a brillé à ses examens. *She did brilliantly in her exams.*
Il ne brille pas par sa générosité. *Generosity is not his strong point.*

brillant(e) *sparkling*   **la brillance** *brilliance*
ce n'est pas brillant *it is not brilliant*   **brillamment** *brilliantly*

37 cacher *to hide, conceal* tr.

INDICATIVE

Present	Imperfect	Perfect
je cache	je cachais	j'ai caché
tu caches	tu cachais	tu as caché
il/elle cache	il/elle cachait	il/elle a caché
nous cachons	nous cachions	nous avons caché
vous cachez	vous cachiez	vous avez caché
ils/elles cachent	ils/elles cachaient	ils/elles ont caché

Future	Pluperfect	Past Historic
je cacherai	j'avais caché	je cachai
tu cacheras	tu avais caché	tu cachas
il/elle cachera	il/elle avait caché	il/elle cacha
nous cacherons	nous avions caché	nous cachâmes
vous cacherez	vous aviez caché	vous cachâtes
ils/elles cacheront	ils/elles avaient caché	ils/elles cachèrent

Near Future	Future Perfect	Past Anterior
je vais cacher	j'aurai caché	j'eus caché

CONDITIONAL   SUBJUNCTIVE

Present	Present	Perfect
je cacherais	je cache	j'aie caché
tu cacherais	tu caches	tu aies caché
il/elle cacherait	il/elle cache	il/elle ait caché
nous cacherions	nous cachions	nous ayons caché
vous cacheriez	vous cachiez	vous ayez caché
ils/elles cacheraient	ils/elles cachent	ils/elles aient caché

Perfect	Imperfect	Pluperfect
j'aurais caché	je cachasse	j'eusse caché

PARTICIPLES   IMPERATIVE

cachant, caché   cache!, cachons!, cachez!

Ils ont une belle vue, mais ces toits cachent la mer. *They have a beautiful view, but those roofs hide the sea.*
Où as-tu caché mes clefs? *Where have you hidden my keys?*
Elle cachait ses soucis à son fils. *She hid her worries from her son.*
On ne peut plus lui cacher la vérité. *We can't keep the truth from him any longer.*
Selon la police, l'évadé se cacherait dans le quartier. *According to the police, it seems that the escaped prisoner is hiding in this part of town.*
Attention! Une voiture peut en cacher une autre. *Watch out! Another car may be hidden behind the first one.*
Nous nous sommes cachés pour qu'elle ne nous embête pas. *We hid so she couldn't bother us.* (refl.)
Voilà le sucre qui se cache derrière la confiture! *There's the sugar, hiding behind the jam!* (refl.)

le cache-cache *hide and seek*   **un cache-pot** *a flowerpot holder*

casser _to break_ intr./tr. **38**

INDICATIVE

Present	Imperfect	Perfect
je casse	je cassais	j'ai cassé
tu casses	tu cassais	tu as cassé
il/elle casse	il/elle cassait	il/elle a cassé
nous cassons	nous cassions	nous avons cassé
vous cassez	vous cassiez	vous avez cassé
ils/elles cassent	ils/elles cassaient	ils/elles ont cassé

Future	Pluperfect	Past Historic
je casserai	j'avais cassé	je cassai
tu casseras	tu avais cassé	tu cassas
il/elle cassera	il/elle avait cassé	il/elle cassa
nous casserons	nous avions cassé	nous cassâmes
vous casserez	vous aviez cassé	vous cassâtes
ils/elles casseront	ils/elles avaient cassé	ils/elles cassèrent

Near Future	Future Perfect	Past Anterior
je vais casser	j'aurai cassé	j'eus cassé

CONDITIONAL　　SUBJUNCTIVE

Present	Present	Perfect
je casserais	je casse	j'aie cassé
tu casserais	tu casses	tu aies cassé
il/elle casserait	il/elle casse	il/elle ait cassé
nous casserions	nous cassions	nous ayons cassé
vous casseriez	vous cassiez	vous ayez cassé
ils/elles casseraient	ils/elles cassent	ils/elles aient cassé

Perfect	Imperfect	Pluperfect
j'aurais cassé	je cassasse	j'eusse cassé

PARTICIPLES　　IMPERATIVE

cassant, cassé　　casse!, cassons!, cassez!

Cassez les œufs dans un bol. _Break the eggs into a bowl._
Qui a cassé la fenêtre de la cuisine? _Who broke the kitchen window?_
Ce n'est pas moi qui ai cassé le verre. _It wasn't me who broke the glass._
Il cassa son bras en jouant au football. _He broke his arm playing football._
Ça casse facilement. _It breaks easily._
Elle s'est cassé le bras. _She broke her arm._ (refl.)
Je me suis cassé la figure en prenant un télésiège. _I fell when I took a ski-lift._ (refl.)
Ne te casse pas la tête. _Don't worry about it._ (refl.)
Ça ne casse rien. _It's nothing special._
Cassons la croûte. _Let's have a bite to eat._

un casse-croûte _a snack_　　**un casse-noisettes** _nutcracker_
une casse de voitures _a car crash_　　**cassable** _breakable_
être casse-pieds _to be a pain_　　**un casse-cou** _a daredevil_

39 céder *to give up* intr./tr

INDICATIVE

Present	Imperfect	Perfect
je cède	je cédais	j'ai cédé
tu cèdes	tu cédais	tu as cédé
il/elle cède	il/elle cédait	il/elle a cédé
nous cédons	nous cédions	nous avons cédé
vous cédez	vous cédiez	vous avez cédé
ils/elles cèdent	ils/elles cédaient	ils/elles ont cédé

Future	Pluperfect	Past Historic
je céderai	j'avais cédé	je cédai
tu céderas	tu avais cédé	tu cédas
il/elle cédera	il/elle avait cédé	il/elle céda
nous céderons	nous avions cédé	nous cédâmes
vous céderez	vous aviez cédé	vous cédâtes
ils/elles céderont	ils/elles avaient cédé	ils/elles cédèrent

Near Future	Future Perfect	Past Anterior
je vais céder	j'aurai cédé	j'eus cédé

CONDITIONAL   SUBJUNCTIVE

Present	Present	Perfect
je céderais	je cède	j'aie cédé
tu céderais	tu cèdes	tu aies cédé
il/elle céderait	il/elle cède	il/elle ait cédé
nous céderions	nous cédions	nous ayons cédé
vous céderiez	vous cédiez	vous avez cédé
ils/elles céderaient	ils/elles cèdent	ils/elles aient cédé

Perfect	Imperfect	Pluperfect
j'aurais cédé	je cédasse	j'eusse cédé

PARTICIPLES   IMPERATIVE

cédant, cédé   cède!, cédons!, cédez!

Dans le bus ou le métro je cède toujours ma place aux personnes âgées. *In the bus or the tube I always let old people have my seat.*

Ils ont cédé quelques terres à la municipalité. *They surrendered some of their land to the council.*

Les soldats ont cédé du terrain devant l'ennemi. *The soldiers lost ground to the enemy.*

Je cède l'antenne à notre envoyé spécial à New York. *I'll hand you over to our special correspondent in New York.*

Le patron a cédé aux revendications des grévistes. *The owner gave in to the strikers' demands.*

Ne cédez pas à son chantage. *Don't give in to his/her blackmail.*

La planche de bois a cédé sous mes pieds. *The wooden plank gave way under my feet.*

Le barrage céda sous la force des eaux. *The dam gave way under the force of the water.*

accéder à *to comply with*   **Cédez le passage** *Give way* (on signs)

INDICATIVE

Present	Imperfect	Perfect
je change	je changeais	j'ai changé
tu changes	tu changeais	tu as changé
il/elle change	il/elle changeait	il/elle a changé
nous changeons	nous changions	nous avons changé
vous changez	vous changiez	vous avez changé
ils/elles changent	ils/elles changent	ils/elles ont changé

Future	Pluperfect	Past Historic
je changerai	j'avais changé	je changeai
tu changeras	tu avais changé	tu changeas
il/elle changera	il/elle avait changé	il/elle changea
nous changerons	nous avions changé	nous changeâmes
vous changerez	vous aviez changé	vous changeâtes
ils/elles changeront	ils/elles avaient changé	ils/elles changèrent

Near Future	Future Perfect	Past Anterior
je vais changer	j'aurai changé	j'eus changé

CONDITIONAL SUBJUNCTIVE

Present	Present	Perfect
je changerais	je change	j'aie changé
tu changerais	tu changes	tu aies changé
il/elle changerait	il/elle change	il/elle ait changé
nous changerions	nous changions	nous ayons changé
vous changeriez	vous changiez	vous ayez changé
ils/elles changeraient	ils/elles changent	ils/elles aient changé

Perfect	Imperfect	Pluperfect
j'aurais changé	je changeasse	j'eusse changé

PARTICIPLES IMPERATIVE

changeant, changé   change!, changeons!, changez!

J'ai changé les draps. *I changed the sheets.*
Nous changerons nos livres sterling en euros. *We'll change our pounds into euros.*
Je pars en vacances; cela me changera les idées. *I'm going on holiday; it will make a change.*
Il faut que vous changiez d'attitude. *You must change your attitude.*
Ils ont changé de voiture. *They have changed their car.*
Lorsque je l'ai revu il avait beaucoup changé. *When I saw him again he had changed a lot.*
Elle est en retard pour ne pas changer. *She's late, which is nothing new.*
Je me suis changé(e). *I have changed (clothes).*
Il fait beau temps pour changer. *It's beautiful weather for a change.*
Avez-vous changé d'avis? *Did you change your mind?*

changeant *changeable*   **un changement** *a change*

41 chauffer *to heat, warm up* intr./tr.

INDICATIVE

Present	Imperfect	Perfect
je chauffe	je chauffais	j'ai chauffé
tu chauffes	tu chauffais	tu as chauffé
il/elle chauffe	il/elle chauffait	il/elle a chauffé
nous chauffons	nous chauffions	nous avons chauffé
vous chauffez	vous chauffiez	vous avez chauffé
ils/elles chauffent	ils/elles chauffaient	ils/elles ont chauffé

Future	Pluperfect	Past Historic
je chaufferai	j'avais chauffé	je chauffai
tu chaufferas	tu avais chauffé	tu chauffas
il/elle chauffera	il/elle avait chauffé	il/elle chauffa
nous chaufferons	nous avions chauffé	nous chauffâmes
vous chaufferez	vous aviez chauffé	vous chauffâtes
ils/elles chaufferont	ils/elles avaient chauffé	ils/elles chauffèrent

Near Future	Future Perfect	Past Anterior
je vais chauffer	j'aurai chauffé	j'eus chauffé

CONDITIONAL / SUBJUNCTIVE

Present	Present	Perfect
je chaufferais	je chauffe	j'aie chauffé
tu chaufferais	tu chauffes	tu aies chauffé
il/elle chaufferait	il/elle chauffe	il/elle ait chauffé
nous chaufferions	nous chauffions	nous ayons chauffé
vous chaufferiez	vous chauffiez	vous ayez chauffé
ils/elles chaufferaient	ils/elles chauffent	ils/elles aient chauffé

Perfect	Imperfect	Pluperfect
j'aurais chauffé	je chauffasse	j'eusse chauffé

PARTICIPLES / IMPERATIVE

chauffant, chauffé

chauffe!, chauffons!, chauffez!

Il fait froid; je dois chauffer la maison. *It's cold; I must heat the house.*
L'eau est en train de chauffer sur le feu. *The water is heating up on the stove.*
As-tu fait chauffer le lait? *Did you warm the milk?*
Je chaufferai la chambre avant d'aller me coucher. *I will warm up the bedroom before going to bed.*
A quoi vous chauffez-vous? Je me chauffe au gaz. *What sort of heating do you use? I use gas heating.* (refl.)
Il faut que le moteur chauffe. *The engine has to heat up.*
Il s'est fait chauffer les oreilles. *He was told off.*
Ça va chauffer! *Sparks will fly!*

le chauffage central *central heating*
un chauffe-eau *an immersion heater*
Quelle chaleur! *It's so hot!*

chaud(e) *hot*
une chaudière *a boiler*
un chauffe-plats *a plate warmer*

chercher *to look for* tr. **42**

INDICATIVE

Present	Imperfect	Perfect
je cherche	je cherchais	j'ai cherché
tu cherches	tu cherchais	tu as cherché
il/elle cherche	il/elle cherchait	il/elle a cherché
nous cherchons	nous cherchions	nous avons cherché
vous cherchez	vous cherchiez	vous avez cherché
ils/elles cherchent	ils/elles cherchaient	ils/elles ont cherché

Future	Pluperfect	Past Historic
je chercherai	j'avais cherché	je cherchai
tu chercheras	tu avais cherché	tu cherchas
il/elle cherchera	il/elle avait cherché	il/elle chercha
nous chercherons	nous avions cherché	nous cherchâmes
vous chercherez	vous aviez cherché	vous cherchâtes
ils/elles chercheront	ils/elles avaient cherché	ils/elles cherchèrent

Near Future	Future Perfect	Past Anterior
je vais chercher	j'aurai cherché	j'eus cherché

CONDITIONAL / SUBJUNCTIVE

Present	Present	Perfect
je chercherais	je cherche	j'aie cherché
tu chercherais	tu cherches	tu aies cherché
il/elle chercherait	il/elle cherche	il/elle ait cherché
nous chercherions	nous cherchions	nous ayons cherché
vous chercheriez	vous cherchiez	vous ayez cherché
ils/elles chercheraient	ils/elles cherchent	ils/elles aient cherché

Perfect	Imperfect	Pluperfect
j'aurais cherché	je cherchasse	j'eusse cherché

PARTICIPLES / IMPERATIVE

cherchant, cherché

cherche!, cherchons!, cherchez

Qu'est-ce que tu cherches? *What are you looking for?*
Je le chercherai dans le dictionnaire. *I'll look it up in the dictionary.*
Cherche dans ton sac, ou dans ta poche. *Look in your bag or in your pocket.*
Il cherche à comprendre. *He is trying to understand.*
Va me chercher mes lunettes. *Fetch my glasses.*
Nous sommes allés le chercher à l'aéroport. *We went to pick him up at the airport.*
Ça va chercher dans les cent euros. *That will come to something like 100 euros.*

chercher des histoires *to try to make trouble*
chercher fortune *to seek one's fortune*
un chercheur/une chercheuse *a researcher*
un chercheur d'or *a gold-digger*
des recherches *research*

43 choisir *to choose* tr.

INDICATIVE

Present	Imperfect	Perfect
je choisis	je choisissais	j'ai choisi
tu choisis	tu choisissais	tu as choisi
il/elle choisit	il/elle choisissait	il/elle a choisi
nous choisissons	nous choisissions	nous avons choisi
vous choisissez	vous choisissiez	vous avez choisi
ils/elles choisissent	ils/elles choisissaient	ils/elles ont choisi

Future	Pluperfect	Past Historic
je choisirai	j'avais choisi	je choisis
tu choisiras	tu avais choisi	tu choisis
il/elle choisira	il/elle avait choisi	il/elle choisit
nous choisirons	nous avions choisi	nous choisîmes
vous choisirez	vous aviez choisi	vous choisîtes
ils/elles choisiront	ils/elles avaient choisi	ils/elles choisirent

Near Future	Future Perfect	Past Anterior
je vais choisir	j'aurai choisi	j'eus choisi

CONDITIONAL   SUBJUNCTIVE

Present	Present	Perfect
je choisirais	je choisisse	j'aie choisi
tu choisirais	tu choisisses	tu aies choisi
il/elle choisirait	il/elle choisisse	il/elle ait choisi
nous choisirions	nous choisissions	nous ayons choisi
vous choisiriez	vous choisissiez	vous ayez choisi
ils/elles choisiraient	ils/elles choisissent	ils/elles aient choisi

Perfect	Imperfect	Pluperfect
j'aurais choisi	je choisisse	j'eusse choisi

PARTICIPLES   IMPERATIVE

choisissant, choisi   choisis!, choisissons!, choisissez!

Qu'est-ce que vous choisissez comme entrée? *What have you chosen for a starter?*
Je n'ai pas encore choisi. *I still haven't decided.*
Il choisira plus tard ce qu'il veut faire. *He will choose later what he wants to do.*
Il faut que je choisisse entre ce travail et l'autre. *I have to choose between this job and the other.*
Elle a été choisie. *She has been selected.*
Tu as bien choisi. *You've chosen well.*
Nous n'avons pas le choix. *We don't have any choice.*
Mon choix est fait – je reste. *I have made my choice – I'm going to stay.*
Il y a du choix dans ce magasin. *There is a wide selection in this shop.*
Vous avez un bon choix de musique. *You have a good selection of music.*

un choix *a choice*   **dessert au choix** *a choice of desserts*

commencer *to start, begin* **44**
intr./tr.

INDICATIVE

Present	Imperfect	Perfect
je commence	je commençais	j'ai commencé
tu commences	tu commençais	tu as commencé
il/elle commence	il/elle commençait	il/elle a commencé
nous commençons	nous commencions	nous avons commencé
vous commencez	vous commenciez	vous avez commencé
ils/elles commencent	ils/elles commençaient	ils/elles ont commencé

Future	Pluperfect	Past Historic
je commencerai	j'avais commencé	je commençai
tu commenceras	tu avais commencé	tu commenças
il/elle commencera	il/elle avait commencé	il/elle commença
nous commencerons	nous avions commencé	nous commençâmes
vous commencerez	vous aviez commencé	vous commençâtes
ils/elles commenceront	ils/elles avaient commencé	ils/elles commencèrent

Near Future	Future Perfect	Past Anterior
je vais commencer	j'aurai commencé	j'eus commencé

CONDITIONAL   SUBJUNCTIVE

Present	Present	Perfect
je commencerais	je commence	j'aie commencé
tu commencerais	tu commences	tu aies commencé
il/elle commencerait	il/elle commence	il/elle ait commencé
nous commencerions	nous commencions	nous ayons commencé
vous commenceriez	vous commenciez	vous ayez commencé
ils/elles commenceraient	ils/elles commencent	ils/elles aient commencé

Perfect	Imperfect	Pluperfect
j'aurais commencé	je commençasse	j'eusse commencé

PARTICIPLES   IMPERATIVE

commençant, commencé   commence!, commençons!, commencez!

Mon travail commence à neuf heures. *My work starts at nine o'clock.*
Je commence à travailler à neuf heures tous les jours. *I start work at nine o'clock every day.*
Nous avons commencé à discuter de politique. *We started to talk about politics.*
Avez-vous commencé votre livre? *Have you started your book?*
Commencez à manger sans moi. *Start eating without me.*
Je commençais à m'inquiéter. *I was beginning to worry.*
Il commençait à neiger lorsque nous sommes arrivés. *It was starting to snow when we arrived.*
Il faut commencer! *We must start!*
Ça commence bien! *That's a good start!*

le commencement *the beginning*
du commencement à la fin *from beginning to end*

45 comprendre *to understand* tr.

INDICATIVE

Present	Imperfect	Perfect
je comprends	je comprenais	j'ai compris
tu comprends	tu comprenais	tu as compris
il/elle comprend	il/elle comprenait	il/elle a compris
nous comprenons	nous comprenions	nous avons compris
vous comprenez	vous compreniez	vous avez compris
ils/elles comprennent	ils/elles comprenaient	ils/elles ont compris

Future	Pluperfect	Past Historic
je comprendrai	j'avais compris	je compris
tu comprendras	tu avais compris	tu compris
il/elle comprendra	il/elle avait compris	il/elle comprit
nous comprendrons	nous avions compris	nous comprîmes
vous comprendrez	vous aviez compris	vous comprîtes
ils/elles comprendront	ils/elles avaient compris	ils/elles comprirent

Near Future	Future Perfect	Past Anterior
je vais comprendre	j'aurai compris	j'eus compris

CONDITIONAL / SUBJUNCTIVE

Present	Present	Perfect
je comprendrais	je comprenne	j'aie compris
tu comprendrais	tu comprennes	tu aies compris
il/elle comprendrait	il/elle comprenne	il/elle ait compris
nous comprendrions	nous comprenions	nous ayons compris
vous comprendriez	vous compreniez	vous ayez compris
ils/elles comprendraient	ils/elles comprennent	ils/elles aient compris

Perfect	Imperfect	Pluperfect
j'aurais compris	je comprisse	j'eusse compris

PARTICIPLES / IMPERATIVE

comprenant, compris

comprends!, comprenons!, comprenez!

Je ne comprends pas votre argument. *I don't understand your argument.*
Ils ont compris ce que vous leur avez dit. *They understood what you told them.*
Même si je te disais, tu ne comprendrais pas. *Even if I told you, you wouldn't understand.*
Il faut que vous compreniez le fonctionnement de cette machine. *You must understand how this machine works.*
Le loyer comprend le chauffage. *The rent includes heating.*
Me suis-je fait bien comprendre? *Did I make myself clear?*
Cela se comprend. *It's quite understandable.* (refl.)
Tu m'as mal compris. *You misunderstood me.*

compréhensible *understandable*
la compréhension *understanding*
service non compris *service not included*

compréhensif(-ive) *understanding*
y compris *including*

compter *to count, allow, rely* intr./tr. **46**

INDICATIVE

Present	Imperfect	Perfect
je compte	je comptais	j'ai compté
tu comptes	tu comptais	tu as compté
il/elle compte	il/elle comptait	il/elle a compté
nous comptons	nous comptions	nous avons compté
vous comptez	vous comptiez	vous avez compté
ils/elles comptent	ils/elles comptaient	ils/elles ont compté

Future	Pluperfect	Past Historic
je compterai	j'avais compté	je comptai
tu compteras	tu avais compté	tu comptas
il/elle comptera	il/elle avait compté	il/elle compta
nous compterons	nous avions compté	nous comptâmes
vous compterez	vous aviez compté	vous comptâtes
ils/elles compteront	ils/elles avaient compté	ils/elles comptèrent

Near Future	Future Perfect	Past Anterior
je vais compter	j'aurai compté	j'eus compté

CONDITIONAL   SUBJUNCTIVE

Present	Present	Perfect
je compterais	je compte	j'aie compté
tu compterais	tu comptes	tu aies compté
il/elle compterait	il/elle compte	il/elle ait compté
nous compterions	nous comptions	nous ayons compté
vous compteriez	vous comptiez	vous ayez compté
ils/elles compteraient	ils/elles comptent	ils/elles aient compté

Perfect	Imperfect	Pluperfect
j'aurais compté	je comptasse	j'eusse compté

PARTICIPLES   IMPERATIVE

comptant, compté   compte!, comptons!, comptez!

As-tu compté combien il y a de chaises? *Did you count how many chairs there are?*
Il faut compter 20 minutes de cuisson. *You must allow 20 minutes for cooking.*
C'est l'ambiance qui compte. *It's the atmosphere that matters.*
Ne comptez pas sur nous ce soir. *Don't expect us this evening.*
Vous pouvez compter sur moi. *You can rely on me.*
On compte ce film parmi les meilleurs de l'année. *This film is considered one of the best of the year.*
Tout compte fait. *Everything considered.*
Pour mon compte. *For my own use.*
Je compte sur vous. *I am relying on you.*

un compteur *a meter*
(payer) comptant *(to pay) cash*
un compte en banque *a bank account*

un comptoir *a counter*
un comptable *an accountant*
la comptabilité *accountancy*

47 conclure *to conclude* tr.

INDICATIVE

Present	Imperfect	Perfect
je conclus	je concluais	j'ai conclu
tu conclus	tu concluais	tu as conclu
il/elle conclut	il/elle concluait	il/elle a conclu
nous concluons	nous concluions	nous avons conclu
vous concluez	vous concluiez	vous avez conclu
ils/elles concluent	ils/elles concluaient	ils/elles ont conclu

Future	Pluperfect	Past Historic
je conclurai	j'avais conclu	je conclus
tu concluras	tu avais conclu	tu conclus
il/elle conclura	il/elle avait conclu	il/elle conclut
nous conclurons	nous avions conclu	nous conclûmes
vous conclurez	vous aviez conclu	vous conclûtes
ils/elles concluront	ils/elles avaient conclu	ils/elles conclurent

Near Future	Future Perfect	Past Anterior
je vais conclure	j'aurai conclu	j'eus conclu

CONDITIONAL / SUBJUNCTIVE

Present	Present	Perfect
je conclurais	je conclue	j'aie conclu
tu conclurais	tu conclues	tu aies conclu
il/elle conclurait	il/elle conclue	il/elle ait conclu
nous conclurions	nous concluions	nous ayons conclu
vous concluriez	vous concluiez	vous ayez conclu
ils/ells concluraient	ils/elles concluent	ils/elles aient conclu

Perfect	Imperfect	Pluperfect
j'aurais conclu	je conclusse	j'eusse conclu

PARTICIPLES / IMPERATIVE

PARTICIPLES	IMPERATIVE
concluant, conclu	conclus!, concluons!, concluez!

Le juge conclut à l'acquittement. *The judge decided on an acquittal.*
J'en conclus que vous n'avez pas écouté. *I conclude that you didn't listen.*
Il faut conclure cette affaire de suite. *We must conclude this matter straight away.*
Nous conclurons plus tard le débat. *We will conclude the debate later.*
J'ai conclu un marché avec un ami. *I made a deal with a friend.*
On vous demande de conclure. *Will you please bring your discussion to a close.*
Marché conclu. *It's a deal.*

la conclusion *conclusion, close*   **concluant(e)** *conclusive*
déposer de conclusions *to file submissions*
   (with a court)

conduire *to drive* tr. **48**

INDICATIVE

Present	Imperfect	Perfect
je conduis	je conduisais	j'ai conduit
tu conduis	tu conduisais	tu as conduit
il/elle conduit	il/elle conduisait	il/elle a conduit
nous conduisons	nous conduisions	nous avons conduit
vous conduisez	vous conduisiez	vous avez conduit
ils/elles conduisent	ils/elles conduisaient	ils/elles ont conduit

Future	Pluperfect	Past Historic
je conduirai	j'avais conduit	je conduisis
tu conduiras	tu avais conduit	tu conduisis
il/elle conduira	il/elle avait conduit	il/elle conduisit
nous conduirons	nous avions conduit	nous conduisîmes
vous conduirez	vous aviez conduit	vous conduisîtes
ils/elles conduiront	ils/elles avaient conduit	ils/elles conduisirent

Near Future	Future Perfect	Past Anterior
je vais conduire	j'aurai conduit	j'eus conduit

CONDITIONAL / SUBJUNCTIVE

Present	Present	Perfect
je conduirais	je conduise	j'aie conduit
tu conduirais	to conduises	tu aies conduit
il/elle conduirait	il/elle conduise	il/elle ait conduit
nous conduirions	nous conduisions	nous ayons conduit
vous conduiriez	vous conduisiez	vous ayez conduit
ils/elles conduiraient	ils/elles conduisent	ils/elles aient conduit

Perfect	Imperfect	Pluperfect
j'aurais conduit	je conduisisse	j'eusse conduit

PARTICIPLES / IMPERATIVE

conduisant, conduit

conduis!, conduisons!, conduisez!

Je conduis depuis plusieurs années. *I have been driving for many years.*
Il m'a conduit à la gare. *He drove me to the station.*
Conduisez bien sur le côté de la route. *Drive properly on the edge of the road.*
Qui conduisait la voiture? *Who was driving the car?*
Conduisez-vous bien! *Behave yourself!* (refl.)
Cela pourrait nous conduire loin. *This could take us far.*
Où cela va nous conduire? *Where will this lead us?*

un permis de conduire *a driving licence*
une conduite d'eau *a water pipe*
la conduite accompagnée *driving as a learner (with another driver)*
un conducteur (de bus, de train) *a (bus, train) driver*

49 connaître *to know, recognize* tr.

INDICATIVE

Present	Imperfect	Perfect
je connais	je connaissais	j'ai connu
tu connais	tu connaissais	tu as connu
il/elle connaît	il/elle connaissait	il/elle a connu
nous connaissons	nous connaissions	nous avons connu
vous connaissez	vous connaissiez	vous avez connu
ils/elles connaissent	ils/elles connaissaient	ils/elles ont connu

Future	Pluperfect	Past Historic
je connaîtrai	j'avais connu	je connus
tu connaîtras	tu avais connu	tu connus
il/elle connaîtra	il/elle avait connu	il/elle connut
nous connaîtrons	nous avions connu	nous connûmes
vous connaîtrez	vous aviez connu	vous connûtes
ils/elles connaîtront	ils/elles avaient connu	ils/elles connurent

Near Future	Future Perfect	Past Anterior
je vais connaître	j'aurai connu	j'eus connu

CONDITIONAL

SUBJUNCTIVE

Present	Present	Perfect
je connaîtrais	je connaisse	j'aie connu
tu connaîtrais	tu connaisses	tu aies connu
il/elle connaîtrait	il/elle connaisse	il/elle ait connu
nous connaîtrions	nous connaissions	nous ayons connu
vous connaîtriez	vous connaissiez	vous ayez connu
ils/elles connaîtraient	ils/elles connaissent	ils/elles aient connu

Perfect	Imperfect	Pluperfect
j'aurais connu	je connusse	j'eusse connu

PARTICIPLES

IMPERATIVE

connaissant, connu

connais!, connaissons!, connaissez!

Connaissez-vous Aline et Sébastien? *Do you know Aline and Sébastien?*
Ils ont connu les privations de la guerre. *They have known the privations of war.*
Elle connaissait très bien la région. *She knew the area very well.*
Vous vous connaissez? *Do you know each other?* (refl.)
Vous connaissez la dernière? *Have you heard the latest news?*
Ils s'y connaissent en affaires. *They know a lot about business.* (refl.)
C'est bien connu. *It is well known.*
Ni vu ni connu. *What the eye does not see, the heart does not grieve for.*

la connaissance *knowledge*
avoir des connaissances en *to be knowledgeable in*
faire la connaissance de *to become acquainted with*
perdre connaissance *to lose consciousness*

conseiller *to advise* tr. **50**

INDICATIVE

Present	Imperfect	Perfect
je conseille	je conseillais	j'ai conseillé
tu conseilles	tu conseillais	tu as conseillé
il/elle conseille	il/elle conseillait	il/elle a conseillé
nous conseillons	nous conseillions	nous avons conseillé
vous conseillez	vous conseilliez	vous avez conseillé
ils/elles conseillent	ils/elles conseillaient	ils/elles ont conseillé

Future	Pluperfect	Past Historic
je conseillerai	j'avais conseillé	je conseillai
tu conseilleras	tu avais conseillé	tu conseillas
il/elle conseillera	il/elle avait conseillé	il/elle conseilla
nous conseillerons	nous avions conseillé	nous conseillâmes
vous conseillerez	vous aviez conseillé	vous conseillâtes
ils/elles conseilleront	ils/elles avaient conseillé	ils/elles conseillèrent

Near Future	Future Perfect	Past Anterior
je vais conseiller	j'aurai conseillé	j'eus conseillé

CONDITIONAL

SUBJUNCTIVE

Present	Present	Perfect
je conseillerais	je conseille	j'aie conseillé
tu conseillerais	tu conseilles	tu aies conseillé
il/elle conseillerait	il/elle conseille	il/elle ait conseillé
nous conseillerions	nous conseillions	nous ayons conseillé
vous conseilleriez	vous conseilliez	vous ayez conseillé
ils/elles conseilleraient	ils/elles conseillent	ils/elles aient conseillé

Perfect	Imperfect	Pluperfect
j'aurais conseillé	je conseillasse	j'eusse conseillé

PARTICIPLES

IMPERATIVE

conseillant, conseillé

conseille!, conseillons!, conseillez!

Je vous conseille de rouler prudemment. *I advise you to drive carefully.*
Il lui a conseillé de ne pas y aller. *He advised her/him not to go.*
Voici le numéro de téléphone de mon notaire; il vous conseillera. *Here is my solicitor's phone number; he will advise you.*
Si vous m'aviez conseillé plus tôt je n'aurais pas fait cette erreur. *If you had advised me earlier I wouldn't have made that mistake.*
Elle a été très mal conseillée. *She was badly advised.*
Je vous donne un conseil. *I'll give you a piece of advice.*
On dit la nuit porte conseil. *Sleep on it before making a decision.*
Il m'a donné un bon conseil. *He gave me good advice.*

un conseil d'administration *a board of directors*
un conseil municipal *a town council*
un conseiller/une conseillère *a councillor, consultant, counsellor*

51 construire *to build* tr.

INDICATIVE

Present	Imperfect	Perfect
je construis	je construisais	j'ai construit
tu construis	tu construisais	tu as construit
il/elle construit	il/elle construisait	il/elle a construit
nous construisons	nous construisions	nous avons construit
vous construisez	vous construisiez	vous avez construit
ils/elles construisent	ils/elles construisaient	ils/elles ont construit

Future	Pluperfect	Past Historic
je construirai	j'avais construit	je construisis
tu construiras	tu avais construit	tu construisis
il/elle construira	il/elle avait construit	il/elle construisit
nous construirons	nous avions construit	nous construisîmes
vous construirez	vous aviez construit	vous construisîtes
ils/elles construiront	ils/elles avaient construit	ils/elles construisirent

Near Future	Future Perfect	Past Anterior
je vais construire	j'aurai construit	j'eus construit

CONDITIONAL / SUBJUNCTIVE

Present	Present	Perfect
je construirais	je construise	j'aie construit
tu construirais	tu construises	tu aies construit
il/elle construirait	il/elle construise	il/elle ait construit
nous construirions	nous construisions	nous ayons construit
vous construiriez	vous construisiez	vous ayez construit
ils/elles construiraient	ils/elles construisent	ils/elles aient construit

Perfect	Imperfect	Pluperfect
j'aurais construit	je construisisse	j'eusse construit

PARTICIPLES / IMPERATIVE

construisant, construit

construis!, construisons!, construisez!

Nous avons acheté un terrain pour y construire un maison. *We have bought a plot of land to build a house.*
Ils sont en train de construire un pont sur cette rivière. *They're building a bridge on this river.*
Construisez une phrase! *Construct a sentence!*
Ça se construit avec le subjonctif. *It takes the subjunctive.* (refl.)
Cette cathédrale a été construite au seizième siècle. *This cathedral was built in the sixteenth century.*

un chantier de construction *a building site*
constructif(-ive) *constructive*
la construction *the building trade*
un constructeur *a builder*
en construction *under construction*

continuer (de, à) *to continue* **52**

intr./tr

INDICATIVE

Present	Imperfect	Perfect
je continue	je continuais	j'ai continué
tu continues	tu continuais	tu as continué
il/elle continue	il/elle continuait	il/elle a continué
nous continuons	nous continuions	nous avons continué
vous continuez	vous continuiez	vous avez continué
ils/elles continuent	ils/elles continuaient	ils/elles ont continué

Future	Pluperfect	Past Historic
je continuerai	j'avais continué	je continuai
tu continueras	tu avais continué	tu continuas
il/elle continuera	il/elle avait continué	il/elle continua
nous continuerons	nous avions continué	nous continuâmes
vous continuerez	vous aviez continué	vous continuâtes
ils/elles continueront	ils/elles avaient continué	ils/elles continuèrent

Near Future	Future Perfect	Past Anterior
je vais continuer	j'aurai continué	j'eus continué

CONDITIONAL · SUBJUNCTIVE

Present	Present	Perfect
je continuerais	je continue	j'aie continué
tu continuerais	tu continues	tu aies continué
il/elle continuerait	il/elle continue	il/elle ait continué
nous continuerions	nous continuions	nous ayons continué
vous continueriez	vous continuiez	vous ayez continué
ils/elles continueraient	ils/elles continuent	ils/elles aient continué

Perfect	Imperfect	Pluperfect
j'aurais continué	je continuasse	j'eusse continué

PARTICIPLES · IMPERATIVE

continuant, continué

continue!, continuons!, continuez!

On continue de marcher encore un peu. *We'll carry on walking for a bit longer.*
Nous avons continué de parler jusqu'à 2h du matin. *We carried on talking until 2 o'clock in the morning.*
Je continuerai mes études. *I will continue my studies.*
Continuez de manger sans moi. *Carry on eating without me.*
Je fais la journée continue. *I work continuously all day.*
Tracer une ligne continue. *To trace an unbroken line.*
Bonne continuation! *I hope it continues to go well.*
Le robinet d'eau a une fuite; l'eau coule continûment. *The tap is leaking; water is running all the time.*

continuellement *continually*   **la continuité** *continuity*
le contrôle continu *continuous assessment*

53 contrôler *to check, control* tr.

INDICATIVE

Present	Imperfect	Perfect
je contrôle	je contrôlais	j'ai contrôlé
tu contrôles	tu contrôlais	tu as contrôlé
il/elle contrôle	il/elle contrôlait	il/elle a contrôlé
nous contrôlons	nous contrôlions	nous avons contrôlé
vous contrôlez	vous contrôliez	vous avez contrôlé
ils/elles contrôlent	ils/elles contrôlaient	ils/elles ont contrôlé

Future	Pluperfect	Past Historic
je contrôlerai	j'avais contrôlé	je contrôlai
tu contrôleras	tu avais contrôlé	tu contrôlas
il/elle contrôlera	il/elle avait contrôlé	il/elle contrôla
nous contrôlerons	nous avions contrôlé	nous contrôlâmes
vous contrôlerez	vous aviez contrôlé	vous contrôlâtes
ils/elles contrôleront	ils/elles avaient contrôlé	ils/elles contrôlèrent

Near Future	Future Perfect	Past Anterior
je vais contrôler	j'aurai contrôlé	j'eus contrôlé

CONDITIONAL SUBJUNCTIVE

Present	Present	Perfect
je contrôlerais	je contrôle	j'aie contrôlé
tu contrôlerais	tu contrôles	tu aies contrôlé
il/elle contrôlerait	il/elle contrôle	il/elle ait contrôlé
nous contrôlerions	nous contrôlions	nous ayons contrôlé
vous contrôleriez	vous contrôliez	vous ayez contrôlé
ils/elles contrôleraient	ils/elles contrôlent	ils/elles aient contrôlé

Perfect	Imperfect	Pluperfect
j'aurais contrôlé	je contrôlasse	j'eus contrôlé

PARTICIPLES IMPERATIVE

contrôlant, contrôlé contrôle!, contrôlons!, contrôlez!

Les douaniers contrôlent les passeports. *The customs officers check the passports.*
Le contrôleur a contrôlé les billets de train. *The inspector checked the train tickets.*
Avez-vous été contrôlé? *Have you been checked?*
Il faut que je contrôle toutes les marchandises. *I must check all the goods.*
J'ai perdu le contrôle de ma voiture. *I lost control of my car.*
Ils n'ont aucun contrôle sur lui. *They have no control over him.*
Être en contrôle de soi-même. *To be in control of oneself.*

une tour de contrôle *control tower*
contrôle de qualité *quality control*
le contrôle des naissances *birth control*
un contrôle de connaissances *a school test*
sous contrôle judiciaire *on probation*

un contrôleur *an inspector*
incontrôlable *uncontrollable*
un contrôle d'identité *an identity check*
un contrôle antidopage *a drugs test*

convaincre *to convince, persuade* tr. **54**

INDICATIVE

Present	Imperfect	Perfect
je convaincs	je convainquais	j'ai convaincu
tu convaincs	tu convainquais	tu as convaincu
il/elle convainc	il/elle convainquait	il/elle a convaincu
nous convainquons	nous convainquions	nous avons convaincu
vous convainquez	vous convainquiez	vous avez convaincu
ils/elles convainquent	ils/elles convainquaient	ils/elles ont convaincu

Future	Pluperfect	Past Historic
je convaincrai	j'avais convaincu	je convainquis
tu convaincras	tu avais convaincu	tu convainquis
il/elle convaincra	il/elle avait convaincu	il/elle convainquit
nous convaincrons	nous avions convaincu	nous convainquîmes
vous convaincrez	vous aviez convaincu	vous convainquîtes
ils/elles convaincront	ils/elles avaient convaincu	ils/elles convainquirent

Near Future	Future Perfect	Past Anterior
je vais convaincre	j'aurai convaincu	j'eus convaincu

CONDITIONAL SUBJUNCTIVE

Present	Present	Perfect
je convaincrais	je convainque	j'aie convaincu
tu convaincrais	tu convainques	tu aies convaincu
il/elle convaincrait	il/elle convainque	il/elle ait convaincu
nous convaincrions	nous convainquions	nous ayons convaincu
vous convaincriez	vous convainquiez	vous ayez convaincu
ils/elles convaincraient	ils/elles convainquent	ils/elles aient convaincu

Perfect	Imperfect	Pluperfect
j'aurais convaincu	je convainquisse	j'eusse convaincu

PARTICIPLES IMPERATIVE

convainquant, convaincu   convaincs!, convainquons!, convainquez!

Il m'a convaincu d'aller voir ce film. *He persuaded me to go and see this film.*
Vous ne me convaincrez pas. *You won't convince me.*
Nous allons convaincre Mathieu d'y aller. *We are going to persuade Mathieu to go.*
Il faut que tu convainques ta sœur de venir. *You must persuade your sister to come.*
Êtes-vous convaincu de son travail? *Do you have faith in his/her work?*
Je ne suis pas du tout convaincu. *I'm not at all convinced.*
Laissez-vous convaincre. *Let yourself be persuaded.*
Ce n'est pas très convaincant. *It's not very convincing.*
Il a été convaincu de meurtre. *He was convicted of murder.*

une preuve convainquante *convincing proof*

55 *se coucher *to go to bed* refl.

INDICATIVE

Present	Imperfect	Perfect
je me couche	je me couchais	je me suis couché(e)
tu te couches	tu te couchais	tu t'es couché(e)
il/elle se couche	il/elle se couchait	il/elle s'est couché(e)
nous nous couchons	nous nous couchions	nous nous sommes couché(e)s
vous vous couchez	vous vous couchiez	vous vous êtes couché(e)(s)
ils/elles se couchent	ils/elles se couchaient	ils/elles se sont couché(e)s

Future	Pluperfect	Past Historic
je me coucherai	je m'étais couché(e)	je me couchai
tu te coucheras	tu t'étais couché(e)	tu te couchas
il/elle se couchera	il/elle s'était couché(e)	il/ells se coucha
nous nous coucherons	nous nous étions couché(e)s	nous nous couchâmes
vous vous coucherez	vous vous étiez couché(e)(s)	vous vous couchâtes
ils/elles se coucheront	ils/elles s'étaient couché(e)s	ils/elles se couchèrent

Near Future	Future Perfect	Past Anterior
je vais me coucher	je me serai couché(e)	je me fus couché(e)

CONDITIONAL / SUBJUNCTIVE

Present	Present	Perfect
je me coucherais	je me couche	je me sois couché(e)
tu te coucherais	tu te couches	tu te sois couché(e)
il/elle se coucherait	il/elle se couche	il/elle se soit couché(e)
nous nous coucherions	nous nous couchions	nous nous soyons couché(e)s
vous vous coucheriez	vous vous couchiez	vous vous soyez couché(e)(s)
ils/elles se coucheraient	ils/elles se couchent	ils/elles se soient couché(e)s

Perfect	Imperfect	Pluperfect
je me serais couché(e)	je me couchasse	je me fusse couché(e)

PARTICIPLES / IMPERATIVE

se couchant, couché

couche-toi!, couchons-nous!, couchez-vous!
ne te couche pas!, ne nous couchons pas!,
ne vous couchez pas!

À quelle heure vous couchez-vous? *What time do you go to bed?*
Je ne me couche pas avant 23h. *I don't go to bed before 11 o'clock.*
J'ai sommeil, je vais me coucher. *I feel sleepy, I am going to bed.*
Cette nuit nous nous coucherons à la belle étoile. *Tonight we will sleep under the stars.*
On s'est couché tôt hier soir. *We went to bed early yesterday evening.*
La pluie a couché les blés. *The rain has flattened the corn. (tr.)*
Tous ceci nous fera coucher tard ce soir. *All this will keep us up late tonight. (intr.)*

---

va te coucher! *clear off!*
au soleil couchant *at sundown, at sunset*
un matériel de couchage *sleeping equipment*
découcher *to spend the night away from home*

un coucher de soleil *a sunset*
un couche-tard *a night owl*
un couche-tôt *a person who goes to bed early*

INDICATIVE

Present	Imperfect	Perfect
je couds	je cousais	j'ai cousu
tu couds	tu cousais	tu as cousu
il/elle coud	il/elle cousait	il/elle a cousu
nous cousons	nous cousions	nous avons cousu
vous cousez	vous cousiez	vous avez cousu
ils/elles cousent	ils/elles cousaient	ils/elles ont cousu

Future	Pluperfect	Past Historic
je coudrai	j'avais cousu	je cousis
tu coudras	tu avais cousu	tu cousis
il/elle coudra	il/elle avait cousu	il/elle cousit
nous coudrons	nous avions cousu	nous cousîmes
vous coudrez	vous aviez cousu	vous cousîtes
ils/elles coudront	ils/elles avaient cousu	ils/elles cousirent

Near Future	Future Perfect	Past Anterior
je vais coudre	j'aurai cousu	j'eus cousu

CONDITIONAL | SUBJUNCTIVE

Present	Present	Perfect
je coudrais	je couse	j'aie cousu
tu coudrais	tu couses	tu aies cousu
il/elle coudrait	il/elle couse	il/elle ait cousu
nous coudrions	nous cousions	nous ayons cousu
vous coudriez	vous cousiez	vous ayez cousu
ils/elles coudraient	ils/elles cousent	ils/elles aient cousu

Perfect	Imperfect	Pluperfect
j'aurais cousu	je cousisse	j'eusse cousu

PARTICIPLES | IMPERATIVE

cousant, cousu

couds!, cousons!, cousez!

Je dois coudre un bouton à ma veste. *I need to sew a button on my jacket.*
As-tu cousu l'ourlet de ta robe? *Did you sew up the hem of your dress?*
Elle coud tous les vêtements de ses enfants. *She makes all her children's clothes.*
Il faut que je couse cette étoffe à la main. *I must stitch this material by hand.*
Sa plaie a été cousue avec cinq points de suture. *(S)he had five stitches in her/his wound.*
Je lui apprend à coudre. *I am teaching him/her to sew.*
Nous sommes restés bouche cousue. *Our lips remained sealed.*
Il est cousu d'or. *He is rolling (in money).*

cousu main *handstitched*
sans couture *seamless*
la couture *sewing*
la haute couture *designer fashion, high fashion*

le fil à coudre *sewing thread*
un couturier/une couturière *a fashion designer/dressmaker*

57 couper *to cut* tr.

INDICATIVE

Present	Imperfect	Perfect
je coupe	je coupais	j'ai coupé
tu coupes	tu coupais	tu as coupé
il/elle coupe	il/elle coupait	il/elle a coupé
nous coupons	nous coupions	nous avons coupé
vous coupez	vous coupiez	vous avez coupé
ils/elles coupent	ils/elles coupaient	ils/elles ont coupé

Future	Pluperfect	Past Historic
je couperai	j'avais coupé	je coupai
tu couperas	tu avais coupé	tu coupas
il/elle coupera	il/elle avait coupé	il/elle coupa
nous couperons	nous avions coupé	nous coupâmes
vous couperez	vous aviez coupé	vous coupâtes
ils/elles couperont	ils/elles avaient coupé	ils/elles coupèrent

Near Future	Future Perfect	Past Anterior
je vais couper	j'aurai coupé	j'eus coupé

CONDITIONAL   SUBJUNCTIVE

Present	Present	Perfect
je couperais	je coupe	j'aie coupé
tu couperais	tu coupes	tu aies coupé
il/elle couperait	il/elle coupe	il/elle ait coupé
nous couperions	nous coupions	nous ayons coupé
vous couperiez	vous coupiez	vous avez coupé
ils/elles couperaient	ils/elles coupent	ils/elles aient coupé

Perfect	Imperfect	Pluperfect
j'aurais coupé	je coupasse	j'eusse coupé

PARTICIPLES   IMPERATIVE

coupant, coupé   coupe!, coupons!, coupez!

Coupe-moi un bout de gruyère. *Cut me a bit of gruyère.*
As-tu coupé le pain? *Did you cut the bread?*
Il faut que vous coupiez ce paragraphe. Il est trop long. *You must cut this paragraph. It's too long.*
Elle s'est fait couper les cheveux. *She had her hair cut.*
On nous a coupé le gaz. *They've cut our gas off.*
Je me suis coupé le doigt. *I've cut my finger.* (refl.)
Dehors il y a un brouillard à couper au couteau. *Outside there is a fog so thick you could cut it with a knife.*
Il nous a coupé de l'herbe sous les pieds. *He cut the ground from under our feet.*
Nous allons couper la poire en deux. *We are going to meet halfway/compromise.*

une coupure *a cut*
une coupure de courant *a power cut*
couper le cheveux en quatre *to split hairs*

une coupe de cheveux *a haircut*
coupant(e) *sharp*

courir *to run* intr./tr.

INDICATIVE

Present	Imperfect	Perfect
je cours	je courais	j'ai couru
tu cours	tu courais	tu as couru
il/elle court	il/elle courait	il/elle a couru
nous courons	nous courions	nous avons couru
vous courez	vous couriez	vous avez couru
ils/elles courent	ils/elles couraient	ils/elles ont couru

Future	Pluperfect	Past Historic
je courrai	j'avais couru	je courus
tu courras	tu avais couru	tu courus
il/elle courra	il/elle avait couru	il/elle courut
nous courrons	nous avions couru	nous courûmes
vous courrez	vous aviez couru	vous courûtes
ils/elles courront	ils/elles avaient couru	ils/elles coururent

Near Future	Future Perfect	Past Anterior
je vais courir	j'aurai couru	j'eus couru

CONDITIONAL · SUBJUNCTIVE

Present	Present	Perfect
je courrais	je coure	j'aie couru
tu courrais	tu coures	tu aies couru
il/elle courrait	il/elle coure	il/elle ait couru
nous courrions	nous courions	nous ayons couru
vous courriez	vous couriez	vous ayez couru
ils/elles courraient	ils/elles courent	ils/elles aient couru

Perfect	Imperfect	Pluperfect
j'aurais couru	je courasse	j'eusse couru

PARTICIPLES · IMPERATIVE

courant, couru

cours!, courons!, courez!

C'est en courant qu'il est tombé. *He was running when he fell.*
J'ai couru jusqu'à la maison. *I ran all the way home.*
Demain je courrai un kilomètre ou deux. *Tomorrow I will run a kilometre or two.*
Elle est toujours en train de courir. *She's always rushing about.*
J'ai couru à toutes jambes. *I ran like the wind.*
Certains bruits courent. *Certain rumours are going around.*
Par les temps qui courent. *Nowadays.*
Je vais courir ma chance. *I'm going to try my luck.*

un coureur/une coureuse *a runner*
un coureur de femmes *a womanizer*
aller aux courses *to go to the races*
faire les courses *to do the shopping*

un coureur automobile *a racing-car driver*
courir à la catastrophe *to be heading for disaster*

59 couvrir *to cover* tr.

INDICATIVE

Present	Imperfect	Perfect
je couvre	je couvrais	j'ai couvert
tu couvres	tu couvrais	tu as couvert
il/elle couvre	il/elle couvrait	il/elle a couvert
nous couvrons	nous couvrions	nous avons couvert
vous couvrez	vous couvriez	vous avez couvert
ils/elles couvrent	ils/elles couvraient	ils/elles ont couvert

Future	Pluperfect	Past Historic
je couvrirai	j'avais couvert	je couvris
tu couvriras	tu avais couvert	tu couvris
il/elle couvrira	il/elle avait couvert	il/elle couvrit
nous couvrirons	nous avions couvert	nous couvrîmes
vous couvrirez	vous aviez couvert	vous courvrîtes
ils/elles couvriront	ils/elles avaient couvert	ils/elles couvrirent

Near Future	Future Perfect	Past Anterior
je vais couvrir	j'aurai couvert	j'eus couvert

CONDITIONAL SUBJUNCTIVE

Present	Present	Perfect
je couvrirais	je couvre	j'aie couvert
tu couvrirais	tu couvres	tu aies couvert
il/elle couvrirait	il/elle couvre	il/elle ait couvert
nous couvririons	nous couvrions	nous ayons couvert
vous couvririez	vous couvriez	vous ayez couvert
ils/elles couvriraient	ils/elles couvrent	ils/elles aient couvert

Perfect	Imperfect	Pluperfect
j'aurais couvert	je couvrisse	j'eusse couvert

PARTICIPLES IMPERATIVE

couvrant, couvert   couvre!, couvrons!, couvrez!

Elle a couvert le dictionnaire pour le protéger. *She covered the dictionary to protect it.*
La housse qui couvrait la couette était bleue. *The cover of the quilt was blue.*
Ils l'ont couvert d'éloges. *They heaped praise on him.*
Les cyclistes couvrirent 70 km dans la journée. *The cyclists covered 70 km in one day.*
Le ciel se couvre. *The sky is clouding over.* (refl.)
Couvrez-vous bien! *Wrap up well!* (refl.)
Il couvre son jeu. *He keeps his cards close to his chest.*

un couvreur *a roofer*   **un couvre-feu** *curfew*
un couvre-lit *bedspread*   **découvrir** *uncover, discover*
une couverture *blanket, cover*
la CMU (Couverture Maladie Universelle)
Universal Health Cover

craindre *to fear, be afraid* tr.

INDICATIVE

Present	Imperfect	Perfect
je crains	je craignais	j'ai craint
tu crains	tu craignais	tu as craint
il/elle craint	il/elle craignait	il/elle a craint
nous craignons	nous craignions	nous avons craint
vous craignez	vous craigniez	vous avez craint
ils/elles craignent	ils/elles craignaient	ils/elles ont craint

Future	Pluperfect	Past Historic
je craindrai	j'avais craint	je craignis
tu craindras	tu avais craint	tu craignis
il/elle craindra	il/elle avait craint	il/elle craignit
nous craindrons	nous avions craint	nous craignîmes
vous craindrez	vous aviez craint	vous craignîtes
ils/elles craindront	ils/elles avaient craint	ils/elles craignirent

Near Future	Future Perfect	Past Anterior
je vais craindre	j'aurai craint	j'eus craint

CONDITIONAL / SUBJUNCTIVE

Present	Present	Perfect
je craindrais	je craigne	j'aie craint
tu craindrais	tu craignes	tu aies craint
il/elle craindrait	il/elle craigne	il/elle ait craint
nous craindrions	nous craignions	nous ayons craint
vous craindriez	vous craigniez	vous ayez craint
ils/elles craindraient	ils/elles craignent	ils/elles aient craint

Perfect	Imperfect	Pluperfect
j'aurais craint	je craignisse	j'eusse craint

PARTICIPLES / IMPERATIVE

crignant, craint

crains!, craignons!, craignez!

Ne craignez rien! *Don't fear anything!*
Nous craignons le pire. *We fear the worst.*
Je crains qu'elle ne se soit perdue. *I'm afraid that she may have got lost.*
Ce chien craint son maître. *This dog fears his master.*
Cette plante craint la chaleur. *This plant doesn't like heat.*
Il vécut dans la crainte d'être dénoncé. *He lived in fear of being betrayed (denounced).*
Elle chuchotait de crainte de se faire entendre. *She was whispering for fear of being heard.*
L'enfant ment par crainte de se faire disputer. *The child lies for fear of being told off.*
Soyez sans crainte. *Have no fear.*

être craintif(-ive) *to be fearful, timid* **craintivement** *fearfully*
sans crainte *fearless*

61 créer *to create* tr.

INDICATIVE

Present	Imperfect	Perfect
je crée	je créais	j'ai créé
tu crées	tu créais	tu as créé
il/elle crée	il/elle créait	il/elle a créé
nous créons	nous créions	nous avons créé
vous créez	vous créiez	vous avez créé
ils/elles créent	ils/elles créaient	ils/elles ont créé

Future	Pluperfect	Past Historic
je créerai	j'avais créé	je créai
tu créeras	tu avais créé	tu créas
il/elle créera	il/elle avait créé	il/elle créa
nous créerons	nous avions créé	nous créâmes
vous créerez	vous aviez créé	vous créâtes
ils/elles créeront	ils/elles avaient créé	ils/elles créèrent

Near Future	Future Perfect	Past Anterior
je vais créer	j'aurai créé	j'eus créé

CONDITIONAL   SUBJUNCTIVE

Present	Present	Perfect
je créerais	je crée	j'aie créé
tu créerais	tu crées	tu aies créé
il/elle créerait	il/elle crée	il/elle ait créé
nous créerions	nous créions	nous ayons créé
vous créeriez	vous créiez	vous ayez créé
ils/elles créeraient	ils/elles créent	ils/elles aient créé

Perfect	Imperfect	Pluperfect
j'aurais créé	je créasse	j'eusse créé

PARTICIPLES   IMPERATIVE

créant, créé   crée!, créons!, créez!

Il crée toutes ses œuvres à la main. *He creates all of his works by hand.*
Cette région à créé beaucoup d'emplois. *This region has created many jobs.*
Elles créeront cet été leur propre spectacle. *They will create their own show this summer.*
Ce commerçant travaille dur à se créer une nouvelle clientèle. *This shopkeeper works hard to win new customers.*
La maison Chloé vient de créer sa collection de printemps. *The fashion house Chloé has just created its spring collection.*
Ils se sont créé beaucoup de problèmes. *They created a lot of problems for themselves.*

créatif(-ive) *creative*   **un créateur/une créatrice** *a creator*
la création *the creation, setting up (e.g. of a business)*

croire *to believe* intr./tr. **62**

INDICATIVE

Present	Imperfect	Perfect
je crois	je croyais	j'ai cru
tu crois	tu croyais	tu as cru
il/elle croit	il/elle croyait	il/elle a cru
nous croyons	nous croyions	nous avons cru
vous croyez	vous croyiez	vous avez cru
ils/elles croient	ils/elles croyaient	ils/elles ont cru

Future	Pluperfect	Past Historic
je croirai	j'avais cru	je crus
tu croiras	tu avais cru	tu crus
il/elle croira	il/elle avait cru	il/elle crut
nous croirons	nous avions cru	nous crûmes
vous croirez	vous aviez cru	vous crûtes
ils/elles croiront	ils/elles avaient cru	ils/elles crurent

Near Future	Future Perfect	Past Anterior
je vais croire	j'aurai cru	j'eus cru

CONDITIONAL   SUBJUNCTIVE

Present	Present	Perfect
je croirais	je croie	j'aie cru
tu croirais	tu croies	tu aies cru
il/elle croirait	il/elle croie	il/elle ait cru
nous croirions	nous croyions	nous ayons cru
vous croiriez	vous croyiez	vous ayez cru
ils/elles croiraient	ils/elles croient	ils/elles aient cru

Perfect	Imperfect	Pluperfect
j'aurais cru	je crusse	j'eusse cru

PARTICIPLES   IMPERATIVE

croyant, cru   crois!, croyons!, croyez!

Les enfants croient toujours au Père Noël. *The children still believe in Father Christmas.*
Ne croyez pas un mot de ce qu'il dit. *Don't believe a word he says.*
Je n'ai pas cru à son histoire. *I didn't believe his/her story.*
J'aurais cru qu'il serait venu. *I would have thought he would come.*
On se croirait au bord de la mer. *You could believe you were at the seaside.* (refl.)
Nous avons cru bien faire. *We meant well.*
Qu'est-ce qu'il se croit! *Who does he think he is!* (refl.)
Veuillez croire, Monsieur/Madame, à mes sentiments les plus dévoués. *Yours sincerely.*
Je n'en croyais pas mes yeux. *I couldn't believe my eyes.*
Je crois que oui. *I think so.*

un(e) croyant(e) *a believer*
la croyance *belief*
les croyants *the faithful*

ce n'est pas croyable *it isn't believable, credible*
croire en Dieu *to believe in God*

63 cueillir *to pick, gather* tr.

INDICATIVE

Present	Imperfect	Perfect
je cueille	je cueillais	j'ai cueilli
tu cueilles	tu cueillais	tu as cueilli
il/elle cueille	il/elle cueillait	il/elle a cueilli
nous cueillons	nous cueillions	nous avons cueilli
vous cueillez	vous cueilliez	vous avez cueilli
ils/elles cueillent	ils/elles cueillaient	ils/elles ont cueilli

Future	Pluperfect	Past Historic
je cueillerai	j'avais cueilli	je cueillis
tu cueilleras	tu avais cueilli	tu cueillis
il/elle cueillera	il/elle avait cueilli	il/elle cueillit
nous cueillerons	nous avions cueilli	nous cueillîmes
vous cueillerez	vous aviez cueilli	vous cueillîtes
ils/elles cueilleront	ils/elles avaient cueilli	ils/elles cueillirent

Near Future	Future Perfect	Past Anterior
je vais cueillir	j'aurai cueilli	j'eus cueilli

CONDITIONAL · SUBJUNCTIVE

Present	Present	Perfect
je cueillerais	je cueille	j'aie cueilli
tu cueillerais	tu cueilles	tu aies cueilli
il/elle cueillerait	il/elle cueille	il/elle ait cueilli
nous cueillerions	nous cueillions	nous ayons cueilli
vous cueilleriez	vous cueilliez	vous ayez cueilli
ils/elles cueilleraient	ils/elles cueillent	ils/elles aient cueilli

Perfect	Imperfect	Pluperfect
j'aurais cueilli	je cueillisse	j'eusse cueilli

PARTICIPLES · IMPERATIVE

cueillant, cueilli

cueille!, cueillons!, cueillez!

Cueille les fruits mûrs. *Pick the ripe fruits.*
Elle a cueilli les meilleures fraises. *She picked the best strawberries.*
Ils avaient cueilli les fleurs sur le bord de la route. *They had picked the flowers at the roadside.*
Nous allons cueillir les raisins. *We are going to pick the grapes.*
Le voleur a été cueilli dans un magasin. *The thief has been picked up in a shop.*

cueillir des lauriers *to be successful*
la cueillette/la cueillaison *the picking*
un cueilleur/une cueilleuse *a picker*

INDICATIVE

Present	Imperfect	Perfect
je cuisine	je cuisinais	j'ai cuisiné
tu cuisines	tu cuisinais	tu as cuisiné
il/elle cuisine	il/elle cuisinait	il/elle a cuisiné
nous cuisinons	nous cuisinions	nous avons cuisiné
vous cuisinez	vous cuisiniez	vous avez cuisiné
íls/elles cuisinent	ils/elles cuisinaient	ils/elles ont cuisiné

Future	Pluperfect	Past Historic
je cuisinerai	j'avais cuisiné	je cuisis
tu cuisineras	tu avais cuisiné	tu cuisis
il/elle cuisinera	il/elle avait cuisiné	il/elle cuisit
nous cuisinerons	nous avions cuisiné	nous cuisîmes
vous cruisinerez	vous aviez cuisiné	vous cuisîtes
ils/elles cuisineront	ils/elles avaient cuisiné	ils/elles cuisirent

Near Future	Future Perfect	Past Anterior
je vais cuisiner	j'aurai cuisiné	j'eus cuisiné

CONDITIONAL   SUBJUNCTIVE

Present	Present	Perfect
je cuisinerais	je cuisine	j'aie cuisiné
tu cuisinerais	tu cuisines	tu aies cuisiné
il/elle cuisinerait	il/elle cuisine	il/elle ait cuisiné
nous cruisinerions	nous cuisinions	nous ayons cuisiné
vous cuisineriez	vous cuisiniez	vous ayez cuisiné
ils/elles cuisineraient	ils/elles cuisinent	ils/elles aient cuisiné

Perfect	Imperfect	Pluperfect
j'aurais cuisiné	je cuisinasse	j'eusse cuisiné

PARTICIPLES   IMPERATIVE

cuisinant, cuisiné   cuisine!, cuisinons!, cuisinez!

Qu'est-ce que tu nous cuisines de bon aujourd'hui? *What nice meal are you cooking for us today?*
Ils avaient cuisiné un très bon repas. *They had cooked a very good meal.*
Je vous cuisinerai une de mes spécialités. *I will cook you one of my specialities.*
J'aurais bien cuisiné un repas chinois. *I wouldn't have minded cooking a Chinese meal.*
Qui a fait la cuisine? *Who cooked the dinner?*
Elle fait de la bonne cuisine. *She is good at cooking.*
Sa cuisine est très épicée. *His/Her dishes are very spicy.*

une recette de cuisine *a recipe*
un livre de cuisine *a cookery book*
un cuisinier/une cuisinière *a cook*
une cuisine américaine *an open-plan kitchen*

une cuisine *a kitchen*
une cuisinière *a cooker*
une cuisine équipée *a fitted kitchen*
la cuisine du terroir *regional cooking*

65 danser *to dance* intr./tr.

INDICATIVE

Present	Imperfect	Perfect
je danse	je dansais	j'ai dansé
tu danses	tu dansais	tu as dansé
il/elle danse	il/elle dansait	il/elle a dansé
nous dansons	nous dansions	nous avons dansé
vous dansez	vous dansiez	vous avez dansé
ils/elles dansent	ils/elles dansaient	ils/elles ont dansé

Future	Pluperfect	Past Historic
je danserai	j'avais dansé	je dansai
tu danseras	tu avais dansé	tu dansas
il/elle dansera	il/elle avait dansé	il/elle dansa
nous danserons	nous avions dansé	nous dansâmes
vous danserez	vous aviez dansé	vous dansâtes
ils/elles danseront	ils/elles avaient dansé	ils/elles dansèrent

Near Future	Future Perfect	Past Anterior
je vais danser	j'aurai dansé	j'eus dansé

CONDITIONAL / SUBJUNCTIVE

Present	Present	Perfect
je danserais	je danse	j'aie dansé
tu danserais	tu danses	tu aies dansé
il/elle danserait	il/elle danse	il/elle ait dansé
nous danserions	nous dansions	nous ayons dansé
vous danseriez	vous dansiez	vous ayez dansé
ils/elles danseraient	ils/elles dansent	ils/elles aient dansé

Perfect	Imperfect	Pluperfect
j'aurais dansé	je dansasse	j'eusse dansé

PARTICIPLES / IMPERATIVE

dansant, dansé

danse!, dansons!, dansez!

J'aime bien danser. *I really like dancing.*
Voulez-vous danser? *Do you want to dance?*
Je ne sais pas danser. *I don't know how to dance.*
Ils dansèrent toute la soirée. *They danced all evening.*
On a dansé un slow. *We had a slow dance.*
Voudriez-vous m'accorder cette danse? *May I have this dance?*
Ce sont les syndicats qui mènent la danse. *It's the unions who say what goes.*

une piste de danse *a dance floor*
un thé dansant *a tea dance*
la danse folklorique *country dancing*
la danse de salon *ballroom dancing*

un danseur/une danseuse *a dancer*
une danseuse étoile *a prima ballerina*

débarrasser *to clear, get rid of* tr. **66**

INDICATIVE

Present	Imperfect	Perfect
je débarrasse	je débarrassais	j'ai débarrassé
tu débarrasses	tu débarrassais	tu as débarrassé
il/elle débarrasse	il/elle débarrassait	il/elle a débarrassé
nous débarrassons	nous débarrassions	nous avons débarrassé
vous débarrassez	vous débarrassiez	vous avez débarrassé
ils/elles débarrassent	ils/elles débarrassaient	ils/elles ont débarrassé

Future	Pluperfect	Past Historic
je débarrasserai	j'avais débarrassé	je débarrassai
tu débarrasseras	tu avais débarrassé	tu débarrassas
il/elle débarrassera	il/elle avait débarrassé	il/elle débarrassa
nous débarrasserons	nous avions débarrassé	nous débarrassâmes
vous débarrasserez	vous aviez débarrassé	vous débarrassâtes
ils/elles débarrasseront	ils/elles avaient débarrassé	ils/elles débarrassèrent

Near Future	Future Perfect	Past Anterior
je vais débarrasser	j'aurai débarrassé	j'eus débarrassé

CONDITIONAL SUBJUNCTIVE

Present	Present	Perfect
je débarrasserais	je débarrasse	j'aie débarrassé
tu débarrasserais	tu débarrasses	tu aies débarrassé
il/elle débarrasserait	il/elle débarrasse	il/elle ait débarrassé
nous débarrasserions	nous débarrassions	nous ayons débarrassé
vous débarrasseriez	vous débarrassiez	vous ayez débarrassé
ils/elles débarrasseraient	ils/elles débarrassent	ils/elles aient débarrassé

Perfect	Imperfect	Pluperfect
j'aurais débarrassé	je débarrassasse	j'eusse débarrassé

PARTICIPLES IMPERATIVE

débarrassant, débarrassé   débarrasse!, débarrassons!, débarrassez!

Nous débarrassons la pièce de quelques meubles inutiles. *We'll clear the room of a few bits of useless furniture.*
Débarrassez la table, s'il vous plaît! *Clear the table, please!*
Les cheminots ont débarrassé la voie ferrée des feuilles d'automne. *The railwaymen cleared the railway of autumn leaves.*
Je te débarrasse de tes valises. *I'll take your cases.*
Il faut que je me débarrasse de ces vieux vêtements. *I must get rid of those old clothes.* (refl.)
Mon sac à dos est lourd. Je vais m'en débarrasser. *My rucksack is heavy. I'm going to take it off.* (refl.)
Bon débarras! *Good riddance!*

un débarras *a junk room*

67 déborder *to overflow* intr./tr.

INDICATIVE

Present	Imperfect	Perfect
je déborde	je débordais	j'ai débordé
tu débordes	tu débordais	tu as débordé
il/elle déborde	il/elle débordait	il/elle a débordé
nous débordons	nous débordions	nous avons débordé
vous débordez	vous débordiez	vous avez débordé
ils/elles débordent	ils/elles débordaient	ils/elles ont débordé

Future	Pluperfect	Past Historic
je déborderai	j'avais débordé	je débordai
tu déborderas	tu avais débordé	tu débordas
il/elle débordera	il/elle avait débordé	il/elle déborda
nous déborderons	nous avions débordé	nous débordâmes
vous déborderez	vous aviez débordé	vous débordâtes
ils/elles déborderont	ils/elles avaient débordé	ils/elles débordèrent

Near Future	Future Perfect	Past Anterior
je vais déborder	j'aurai débordé	j'eus débordé

CONDITIONAL / SUBJUNCTIVE

Present	Present	Perfect
je déborderais	je déborde	j'aie débordé
tu déborderais	tu débordes	tu aies débordé
il/elle déborderait	il/elle déborde	il/elle ait débordé
nous déborderions	nous débordions	nous ayons débordé
vous déborderiez	vous débordiez	vous ayez débordé
ils/elles déborderaient	ils/elles débordent	ils/elles aient débordé

Perfect	Imperfect	Pluperfect
j'aurais débordé	je débordasse	j'eusse débordé

PARTICIPLES / IMPERATIVE

débordant, débordé

déborde!, débordons!, débordez!

Le lavabo est plein à déborder. *The wash basin is full to overflowing.*
Des vêtements débordaient de la valise. *Clothes were spilling out of the case.*
Le lait a débordé de la casserole. *The milk in the saucepan boiled over.*
Après le match, la foule a débordé sur la chaussée. *After the match, the crowd spilt onto the road.*
Je déborde les draps de dessous le matelas. *I'll untuck the sheets from under the mattress.*
C'est la goutte d'eau qui fait déborder le vase. *That's the last straw.*
J'ai été débordé de travail ce trimestre. *I have been snowed under with work this term.*
Elle déborde de santé. *She's bursting with health.*

débordant(e) *overflowing* **débordé(e)** *overburdened*
pour éviter les débordements *to prevent things getting out of hand*

décevoir *to disappoint* tr.

INDICATIVE

Present	Imperfect	Perfect
je déçois	je décevais	j'ai déçu
tu déçois	tu décevais	tu as déçu
il/elle déçoit	il/elle décevait	il/elle a déçu
nous décevons	nous décevions	nous avons déçu
vous décevez	vous déceviez	vous avez déçu
ils/elles déçoivent	ils/elles décevaient	ils/elles ont déçu

Future	Pluperfect	Past Historic
je décevrai	j'avais déçu	je déçus
tu décevras	tu avais déçu	tu déçus
il/elle décevra	il/elle avait déçu	il/elle déçut
nous décevrons	nous avions déçu	nous déçûmes
vous décevrez	vous aviez déçu	vous déçûtes
ils/elles décevront	ils/elles avaient déçu	ils/elles déçurent

Near Future	Future Perfect	Past Anterior
je vais décevoir	j'aurai déçu	j'eus déçu

CONDITIONAL / SUBJUNCTIVE

Present	Present	Perfect
je décevrais	je déçoive	j'aie déçu
tu décevrais	tu déçoives	tu aies déçu
il/elle décevrait	il/elle déçoive	il/elle ait déçu
nous décevrions	nous décevions	nous ayons déçu
vous décevriez	vous déceviez	vous avez déçu
ils/elles décevraient	ils/elles déçoivent	ils/elles aient déçu

Perfect	Imperfect	Pluperfect
j'aurais déçu	je déçusse	j'eusse déçu

PARTICIPLES / IMPERATIVE

décevant, déçu

déçois!, décevons!, décevez!

Cela me déçoit que vous ne pouvez pas venir. *I'm disappointed that you cannot come.*
Cette nouvelle nous a extrêmement déçus. *This news disappointed us tremendously.*
Le film lui a déçu. *The film disappointed him/her.*
Êtes-vous déçu de votre visite? *Are you disappointed with your visit?*
Qu'est-ce qui vous a déçu? *What disappointed you?*

une déception *a disappointment*   **décevant(e)** *disappointing*

69 déchirer *to tear* tr.

INDICATIVE

Present	Imperfect	Perfect
je déchire	je déchirais	j'ai déchiré
tu déchires	tu déchirais	tu as déchiré
il/elle déchire	il/elle déchirait	il/elle a déchiré
nous déchirons	nous déchirions	nous avons déchiré
vous déchirez	vous déchiriez	vous avez déchiré
ils/elles déchirent	ils/elles déchiraient	ils/elles ont déchiré

Future	Pluperfect	Past Historic
je déchirerai	j'avais déchiré	je déchirai
tu déchireras	tu avais déchiré	tu déchiras
il/elle déchirera	il/elle avait déchiré	il/elle déchira
nous déchirerons	nous avions déchiré	nous déchirâmes
vous déchirerez	vous aviez déchiré	vous déchirâtes
ils/elles déchireront	ils/elles avaient déchiré	ils/elles déchirèrent

Near Future	Future Perfect	Past Anterior
je vais déchirer	j'aurai déchiré	j'eus déchiré

CONDITIONAL / SUBJUNCTIVE

Present	Present	Perfect
je déchirerais	je déchire	j'aie déchiré
tu déchirerais	tu déchires	tu aies déchiré
il/elle déchirerait	il/elle déchire	il/elle ait déchiré
nous déchirerions	nous déchirions	nous ayons déchiré
vous déchireriez	vous déchiriez	vous ayez déchiré
ils/elles déchireraient	ils/elles déchirent	ils/elles aient déchiré

Perfect	Imperfect	Pluperfect
j'aurais déchiré	je déchirasse	j'eusse déchiré

PARTICIPLES / IMPERATIVE

déchirant, déchiré

déchire!, déchirons!, déchirez!

Qui a déchiré ces papiers? *Who tore those papers?*
Elle avait déchiré ses vêtements sur la barrière. *She had torn her clothes on the fence.*
Il s'est déchiré un muscle en courant. *He tore a muscle while running.* (refl.)
Les barbelés lui auraient déchiré le bras. *The barbed wire fence would have torn his/her arm.*
Sa toux lui déchirait la poitrine. *His/Her chest was racked with coughing.*
Cette guerre avait déchiré le pays. *That war had torn the country apart.*
Le bruit du tonnerre déchira le silence. *The thunder broke the silence.*
Cette tragédie m'avait déchiré le cœur. *This tragedy had broken my heart.* (refl.)
Le parti se déchire par des disputes. *The party is tearing itself apart with arguments.* (refl.)

un déchirure *a tear*   **un déchirement** *a wrench*
déchirant(e) *heartbreaking*

découvrir *to take off, discover* tr. **70**

INDICATIVE

Present	Imperfect	Perfect
je découvre	je découvrais	j'ai découvert
tu découvres	tu découvrais	tu as découvert
il/elle découvre	il/elle découvrait	il/elle a découvert
nous découvrons	nous découvrions	nous avons découvert
vous découvrez	vous découvriez	vous avez découvert
ils/elles découvrent	ils/elles découvraient	ils/elles ont découvert

Future	Pluperfect	Past Historic
je découvrirai	j'avais découvert	je découvris
tu découvriras	tu avais découvert	tu découvris
il/elle découvrira	il/elle avait découvert	il/elle découvrit
nous découvrirons	nous avions découvert	nous découvrîmes
vous découvrirez	vous aviez découvert	vous découvrîtes
ils/elles découvriront	ils/elles avaient découvert	ils/elles découvrirent

Near Future	Future Perfect	Past Anterior
je vais découvrir	j'aurai découvert	j'eus découvert

CONDITIONAL   SUBJUNCTIVE

Present	Present	Perfect
je découvrirais	je découvre	j'aie découvert
tu découvrirais	tu découvres	tu aies découvert
il/elle découvrirait	il/elle découvre	il/elle ait découvert
nous découvririons	nous découvrions	nous ayons découvert
vous découvririez	vous découvriez	vous ayez découvert
ils/elles découvriraient	ils/elles découvrent	ils/elles aient découvert

Perfect	Imperfect	Pluperfect
j'aurais découvert	je découvrisse	j'eusse découvert

PARTICIPLES   IMPERATIVE

découvrant, découvert   découvre!, découvrons!, découvrez!

Ne te découvre pas, tu vas avoir froid. *Don't take off your clothes, you'll be cold.*
Il a découvert le toit de sa voiture. *He opened up the roof of his car.*
Elle s'était découvert les jambes au soleil. *She had exposed her legs to the sun.*
   (refl.)
Nous avons découvert cet endroit tout à fait par hasard. *We discovered this place quite by chance.*
Je lui ai découvert une passion pour le cinema. *I discovered he/she had a passion for the cinema.*
Le ciel se découvre. *The sky is brightening up.* (refl.)
Découvrons la vérité. *Let's find out the truth.*

une découverte *a discovery*   **un compte à découvert** *an overdraft*
un découvreur *an explorer*
mettre quelquechose à découvert *to bring something into the open*

71 défendre *to forbid, defend* tr.

INDICATIVE

Present	Imperfect	Perfect
je défends	je défendais	j'ai défendu
tu défends	tu défendais	tu as défendu
il/elle défend	il/elle défendait	il/elle a défendu
nous défendons	nous défendions	nous avons défendu
vous défendez	vous défendiez	vous avez défendu
ils/elles défendent	ils/elles défendaient	ils/elles ont défendu

Future	Pluperfect	Past Historic
je défendrai	j'avais défendu	je défendis
tu défendras	tu avais défendu	tu défendis
il/elle défendra	il/elle avait défendu	il/elle défendit
nous défendrons	nous avions défendu	nous défendîmes
vous défendrez	vous aviez défendu	vous défendîtes
ils/elles défendront	ils/elles avaient défendu	ils/elles défendirent

Near Future	Future Perfect	Past Anterior
je vais défendre	j'aurai défendu	j'eus défendu

CONDITIONAL / SUBJUNCTIVE

Present	Present	Perfect
je défendrais	je défende	j'aie défendu
tu défendrais	tu défendes	tu aies défendu
il/elle défendrait	il/elle défend	il/elle ait défendu
nous défendrions	nous défendions	nous ayons défendu
vous défendriez	vous défendiez	vous ayez défendu
ils/elles défendraient	ils/elles défendent	ils/elles aient défendu

Perfect	Imperfect	Pluperfect
j'aurais défendu	je défendisse	j'eusse défendu

PARTICIPLES / IMPERATIVE

défendant, défendu

défends!, défendons!, défendez!

La directrice défend aux élèves de porter des boucles d'oreille. *The headmistress forbids the pupils to wear earrings.*
Il nous a défendu d'y aller. *He forbade us to go there.*
Les produits laitiers me sont défendus. *I am not allowed dairy products.*
Il est défendu de marcher sur les pelouses. *Keep off the grass.*
Il nous a bien défendu. *He has defended us well.*
S'il vous ennuit je vous défendrai. *If he bothers you I will protect you.*
Elle se défend en mathématique. *She is holding her own in maths.* (refl.)
Le champion du monde de tennis a défendu son titre. *The world tennis champion defended his title.*

défense de fumer *no smoking*
sans défense *defenceless*
les défenses (d'éléphant) *tusks*

défense d'entrer *no entry*
un défenseur *a defender, champion (of a cause)*

déjeuner *to have lunch/breakfast* intr. **72**

INDICATIVE

Present	Imperfect	Perfect
je déjeune	je déjeunais	j'ai déjeuné
tu déjeunes	tu déjeunais	tu as déjeuné
il/elle déjeune	il/elle déjeunait	il/elle a déjeuné
nous déjeunons	nous déjeunions	nous avons déjeuné
vous déjeunez	vous déjeuniez	vous avez déjeuné
ils/elles déjeunent	ils/elles déjeunaient	ils/elles ont déjeuné

Future	Pluperfect	Past Historic
je déjeunerai	j'avais déjeuné	je déjeunai
tu déjeuneras	tu avais déjeuné	tu déjeunas
il/elle déjeunera	il/elle avait déjeuné	il/elle déjeuna
nous déjeunerons	nous avions déjeuné	nous déjeunâmes
vous déjeunerez	vous aviez déjeuné	vous déjeunâtes
ils/elles déjeuneront	ils/elles avaient déjeuné	ils/elles déjeunèrent

Near Future	Future Perfect	Past Anterior
je vais déjeuner	j'aurai déjeuné	j'eus déjeuné

CONDITIONAL　　　SUBJUNCTIVE

Present	Present	Perfect
je déjeunerais	je déjeune	j'aie déjeuné
tu déjeunerais	tu déjeunes	tu aies déjeuné
il/elle déjeunerait	il/elle déjeune	il/elle ait déjeuné
nous déjeunerions	nous déjeunions	nous ayons déjeuné
vous déjeuneriez	vous déjeuniez	vous ayez déjeuné
ils/elles déjeuneraient	ils/elles déjeunent	ils/elles aient déjeuné

Perfect	Imperfect	Pluperfect
j'aurais déjeuné	je déjeunasse	j'eusse déjeuné

PARTICIPLES　　　IMPERATIVE

déjeunant, déjeuné	déjeune!, déjeunons!, deejeunez!

Vous déjeunez avec nous? *Will you have lunch with us?*
Ont-ils déjà déjeuné? *Have they had their lunch yet?*
À quelle heure on déjeune? *What time is lunch/breakfast?*
Nous déjeunerons au restaurant. *We'll have lunch in a restaurant.*
Elle m'invite à déjeuner. *She's inviting me to lunch.*
On a déjeuné de pain et de fromage. *We ate bread and cheese for lunch.*
Nous allons déjeuner sur le pouce. *We are going to have a quick lunch.*

un déjeuner *a cup and saucer*　　　**un déjeuner sur l'herbe** *picnic lunch*
un déjeuner d'affaires *a business lunch*　　　**jeûner** *to fast*
prendre le déjeuner *to have lunch*

73 délivrer *to deliver, liberate* tr.

INDICATIVE

Present	Imperfect	Perfect
je délivre	je délivrais	j'ai délivré
tu délivres	tu délivrais	tu as délivré
il/elle délivre	il/elle délivrait	il/elle a délivré
nous délivrons	nous délivrions	nous avons délivré
vous délivrez	vous délivriez	vous avez délivré
ils/elles délivrent	ils/elles délivraient	ils/elles ont délivré

Future	Pluperfect	Past Historic
je délivrerai	j'avais délivré	je délivrai
tu délivreras	tu avais délivré	tu délivras
il/elle délivrera	il/elle avait délivré	il/elle délivra
nous délivrerons	nous avions délivré	nous délivrâmes
vous délivrerez	vous aviez délivré	vous délivrâtes
ils/elles délivreront	ils/elles avaient délivré	ils/elles délivrèrent

Near Future	Future Perfect	Past Anterior
je vais délivrer	j'aurai délivré	j'eus délivré

CONDITIONAL   SUBJUNCTIVE

Present	Present	Perfect
je délivrerais	je délivre	j'aie délivré
tu délivrerais	tu délivres	tu aies délivré
il/elle délivrerait	il/elle délivre	il/elle ait délivré
nous délivrerions	nous délivrions	nous ayons délivré
vous délivreriez	vous délivriez	vous ayez délivré
ils/elles délivreraient	ils/elles délivrent	ils/elles aient délivré

Perfect	Imperfect	Pluperfect
j'aurais délivré	je délivrasse	j'eusse délivré

PARTICIPLES   IMPERATIVE

délivrant, délivré   délivre!, délivrons!, délivrez!

Le docteur m'a délivré cette ordonnance. *The doctor gave me this prescription.*
Nous avons délivré la gazelle de son piège. *We freed the gazelle from its trap.*
Les otages ont été délivrés des mains des ravisseurs. *The hostages have been freed from the hands of their abductors.*
Votre passeport sera délivré dans trois semaines. *Your passport will be ready for collection in three weeks time.*
Quelle délivrance! *What a relief!*
Les marchandises seront délivrées dans l'après-midi. *The goods will be delivered in the afternoon.*

la délivrance *issue (of passport, prescription, etc.)*

demander *to ask (for)* tr. **74**

INDICATIVE

Present	Imperfect	Perfect
je demande	je demandais	j'ai demandé
tu demandes	tu demandais	tu as demandé
il/elle demande	il/elle demandait	il/elle a demandé
nous demandons	nous demandions	nous avons demandé
vous demandez	vous demandiez	vous avez demandé
ils/elles demandent	ils/elles demandaient	ils/elles ont demandé

Future	Pluperfect	Past Historic
je demanderai	j'avais demandé	je demandai
tu demanderas	tu avais demandé	tu demandas
il/elle demandera	il/elle avait demandé	il/elle demanda
nous demanderons	nous avions demandé	nous demandâmes
vous demanderez	vous aviez demandé	vous demandâtes
ils/elles demanderont	ils/elles avaient demandé	ils/elles demandèrent

Near Future	Future Perfect	Past Anterior
je vais demander	j'aurai demandé	j'eus demandé

CONDITIONAL | SUBJUNCTIVE

Present	Present	Perfect
je demanderais	je demande	j'aie demandé
tu demanderais	tu demandes	tu aies demandé
il/elle demanderait	il/elle demande	il/elle ait demandé
nous demanderions	nous demandions	nous ayons demandé
vous demanderiez	vous demandiez	vous ayez demandé
ils/elles demanderaient	ils/elles demandent	ils/elles aient demandé

Perfect	Imperfect	Pluperfect
j'aurais demandé	je demandasse	j'eusse demandé

PARTICIPLES | IMPERATIVE

demandant, demandé | demande!, demandons!, demandez!

Ils demandent 100 € de l'heure. *They're asking 100 euros an hour.*
Je lui ai demandé de venir avec nous. *I asked him/her to come with us.*
Luc va demander la permission à son père. *Luc is going ask permission from his father.*
Demandons l'addition. *Let's ask for the bill.*
Je me demande s'il viendra! *I wonder if he will come!* (refl.)
On se demande si c'est vrai. *One wonders if it's true.* (refl.)
Je vous demande pardon! *I beg your pardon!*
Il ne faut pas lui en demander trop. *You must not expect too much of him/her.*
Elle a demandé de tes nouvelles. *She inquired about you.*
Ça demande un effort. *It requires an effort.*

---

faire une demande *to make a request*
remplir une demande *to fill in a claim form*
un demande en divorce *a divorce petition*
un demandeur d'emploi *a job-seeker*

75 *se dépêcher *to hurry* refl.

INDICATIVE

Present	Imperfect	Perfect
je me dépêche	je me dépêchais	je me suis dépêché(e)
tu te dépêches	tu te dépêchais	tu t'es dépêché(e)
il/est se dépêche	il/elle se dépêchait	il/elle s'est dépêché(e)
nous nous dépêchons	nous nous dépêchions	nous nous sommes dépêché(e)s
vous vous dépêchez	vous vous dépêchiez	vous vous êtes dépêché(e)(s)
ils/elles se dépêchent	ils/elles se dépêchaient	ils/elles se sont dépêché(e)s

Future	Pluperfect	Past Historic
je me dépêcherai	je m'étais dépêché(e)	je me dépêchai
tu te dépêcheras	tu t'étais dépêché(e)	tu te dépêchas
il/elle se dépêchera	il/elle s'était dépêché(e)	il/elle se dépêcha
nous nous dépêcherons	nous nous étions dépêché(e)s	nous nous dépêchâmes
vous vous dépêcherez	vous vous étiez dépêché(e)(s)	vous vous dépêchâtes
ils/elles se dépêcheront	ils/elles s'étaient dépêché(e)s	ils/elles se dépêchèrent

Near Future	Future Perfect	Past Anterior
je vais me dépêcher	je me serai dépêché(e)	je me fus dépêché(e)

CONDITIONAL SUBJUNCTIVE

Present	Present	Perfect
je me dépêcherais	je me dépêche	je me sois dépêché(e)
tu te dépêcherais	tu te dépêches	tu te sois dépêché(e)
il/elle se dépêcherait	il/elle se dépêche	il/elle se soit dépêché(e)
nous nous dépêcherions	nous nous dépêchions	nous nous soyons dépêché(e)s
vous vous dépêcheriez	vous vous dépêchiez	vous vous soyez dépêché(e)(s)
ils/elles se dépêcheraient	ils/elles se dépêchent	ils/elles se soient dépêché(e)s

Perfect	Imperfect	Pluperfect
je me serais dépêché(e)	je me dépêchasse	je me fusse dépêché(e)

PARTICIPLES IMPERATIVE

se dépêchant, dépêché

dépêche-toi!, dépêchons-nous!, dépêchez-vous!
ne te dépêche pas!, ne nous dépêchons pas!,
ne vous dépêchez pas!

Je me dépêche de faire ce travail. *I'l hurry and do this work.*
Il se dépêcha de manger. *He ate his meal hurriedly.*
Dépêchez-vous, nous allons être en retard. *Hurry up, we are going to be late.*
Je me suis dépêché(e) de rentrer à la maison avant la nuit. *I hurried to get back home before dark.*
J'ai fait les courses en me dépêchant. *I did the shopping in a rush.*

une dépêche *a dispatch*

*descendre *to go/get down* intr./tr.**76**

INDICATIVE

Present	Imperfect	Perfect
je descends	je descendais	je suis descendu(e)
tu descends	tu descendais	tu es descendu(e)
il/elle descend	il/elle descendait	il/elle est descendu(e)
nous descendons	nous descendions	nous sommes descendu(e)s
vous descendez	vous descendiez	vous êtes descendu(e)(s)
ils/elles descendent	ils/elles descendaient	ils/elles sont descendu(e)s

Future	Pluperfect	Past Historic
je descendrai	j'étais descendu(e)	je descendis
tu descendras	tu étais descendu(e)	tu descendis
il/elle descendra	il/elle était descendu(e)	il/elle descendit
nous descendrons	nous étions descendu(e)s	nous descendîmes
vous descendrez	vous étiez descendu(e)(s)	vous descendîtes
ils/elles descendront	ils/elles étaient descendu(e)s	ils/elles descendirent

Near Future	Future Perfect	Past Anterior
je vais descendre	je serai descendu(e)	je fus descendu(e)

CONDITIONAL   SUBJUNCTIVE

Present	Present	Perfect
je descendrais	je descende	je sois descendu(e)
tu descendrais	tu descendes	tu sois descendu(e)
il/elle descendrait	il/elle descende	il/elle soit descendu(e)
nous descendrions	nous descendions	nous soyons descendu(e)s
vous descendriez	vous descendiez	vous soyez descendu(e)(s)
ils/elles descendraient	ils/elles descendent	ils/elles soient descendu(e)s

Perfect	Imperfect	Pluperfect
je serais descendu(e)	je descendisse	je fusse descendu(e)

PARTICIPLES   IMPERATIVE

descendant, descendu   descends!, descendons!, descendez!

On descend en ville. *We are going down town.*
Ils sont descendus en ascenseur du 15e étage. *They came down in the lift from the 15th floor.*
Nous descendrons vous voir à la fin de la semaine. *We will come down to see you at the end of the week.*
Descendez l'escalier. *Come down the stairs.*
J'ai descendu la rue en courant. *I ran down the street.*
On descend ici. *We get off here.*
Je descendrai ton sac. *I'll bring your bag down.*
Le voleur a été descendu par balle. *The thief has been shot down.*
Elle descend d'un famille bourgeoise. *She comes from a middle-class family.*
Il est venu nous accueillir à la descente du train. *He came to meet us off the train.*

faire une descente *to raid*   **un(e) descendant(e)** *a descendant*

77 *devenir *to become* intr.

INDICATIVE

Present	Imperfect	Perfect
je deviens	je devenais	je suis devenu(e)
tu deviens	tu devenais	tu es devenu(e)
il/elle devient	il/elle devenait	il/elle est devenu(e)
nous devenons	nous devenions	nous sommes devenu(e)s
vous devenez	vous deveniez	vous êtes devenu(e)(s)
ils/elles deviennent	ils/elles devenaient	ils/elles sont devenu(e)s

Future	Pluperfect	Past Historic
je deviendrai	j'étais devenu(e)	je devins
tu deviendras	tu étais devenu(e)	tu devins
il/elle deviendra	il/elle était devenu(e)	il/elle devint
nous deviendrons	nous étions devenu(e)s	nous devînmes
vous deviendrez	vous étiez devenu(e)(s)	vous devîntes
ils/elles deviendront	ils/elles étaient devenu(e)s	ils/elles devinrent

Near Future	Future Perfect	Past Anterior
je vais devenir	je serai devenu(e)	je fus devenu(e)

CONDITIONAL / SUBJUNCTIVE

Present	Present	Perfect
je deviendrais	je devienne	je sois devenu(e)
tu deviendrais	tu deviennes	tu sois devenu(e)
il/elle deviendrait	il/elle devienne	il/elle soit devenu(e)
nous deviendrions	nous devenions	nous soyons devenu(e)s
vous deviendriez	vous deveniez	vous soyez devenu(e)(s)
ils/elles deviendraeint	ils/elles deviennent	ils/elles soient devenu(e)s

Perfect	Imperfect	Pluperfect
je serais devenu(e)	je devinsse	je fusse devenu(e)

PARTICIPLES / IMPERATIVE

devenant, devenu

deviens!, devenons!, devenez!

La situation devient de plus en plus difficile. *The situation is becoming more and more difficult.*

Il est devenu son meilleur ami. *He became his/her best friend.*

Que devenez-vous? *How are you getting on?*

Et Jacques, qu'est-il devenu? *What has become of Jacques?*

Ils sont devenus vieux. *They grew old.*

Elle devient toute rouge. *She is turning all red (with embarrassment).*

Il devient fou. *He is going mad.*

le devenir de l'homme *man's destiny*

devoir *to owe, have to* tr. (aux.) **78**

INDICATIVE

Present	Imperfect	Perfect
je dois	je devais	j'ai dû
tu dois	tu devais	tu as dû
il/elle doit	il/elle devait	il/elle a dû
nous devons	nous devions	nous avons dû
vous devez	vous deviez	vous avez dû
ils/elles doivent	ils/elles devaient	ils/elles ont dû

Future	Pluperfect	Past Historic
je devrai	j'avais dû	je dus
tu devras	tu avais dû	tu dus
il/elle devra	il/elle avait dû	il/elle dut
nous devrons	nous avions dû	nous dûmes
vous devrez	vous aviez dû	vous dûtes
ils/elles devront	ils/elles avaient dû	ils/elles durent

Near Future	Future Perfect	Past Anterior
je vais devenir	j'aurai dû	j'eus dû

CONDITIONAL   SUBJUNCTIVE

Present	Present	Perfect
je devrais	je doive	j'aie dû
tu devrais	tu doives	tu aies dû
il/elle devrait	il/elle doive	il/elle ait dû
nous devrions	nous devions	nous ayons dû
vous devriez	vous deviez	vous ayez dû
ils/elles devraient	ils/elles doivent	ils/elles aient dû

Perfect	Imperfect	Pluperfect
j'aurais dû	je dusse	j'eusse dû

PARTICIPLES   IMPERATIVE

devant, dû (due)   dois!, devons!, devez!

Je vous dois 20 €. *I owe you 20 euros.*
J'ai dû attendre le bus pendant 20 minutes. *I had to wait for the bus for 20 minutes.*
Tu n'aurais pas dû faire cela. *You shouldn't have done that.*
Devrais-je lui annoncer la nouvelle? *Should I break the news to him/her?*
Je dois téléphoner à mes parents. *I must phone my parents.*
Cet accident devait arriver. *This accident was bound to happen.*
Vous devez faire erreur. *You must be mistaken.*
Cela ne doit pas être facile. *This can't be easy.*
Elle leur doit de leur dire la vérité. *She owes it to them to tell them the truth.*

le devoir *duty*
faire ses devoirs *to do one's homework*

79 diminuer *to reduce, lessen* intr./tr.

INDICATIVE

Present	Imperfect	Perfect
je diminue	je diminuais	j'ai diminué
tu diminues	tu diminuais	tu as diminué
il/elle diminue	il/elle diminuait	il/elle a diminué
nous diminuons	nous diminuions	nous avons diminué
vous diminuez	vous diminuiez	vous avez diminué
ils/elles diminuent	ils/elles diminuaient	ils/elles ont diminué

Future	Pluperfect	Past Historic
je diminuerai	j'avais diminué	je diminuai
tu diminueras	tu avais diminué	tu diminuas
il/elle diminuera	il/elle avait diminué	il/elle diminua
nous diminuerons	nous avions diminué	nous diminuâmes
vous diminuerez	vous aviez diminué	vous diminuâtes
ils/elles diminueront	ils/elles avaient diminué	ils/elles diminuèrent

Near Future	Future Perfect	Past Anterior
je vais diminuer	j'aurai diminué	j'eus diminué

CONDITIONAL   SUBJUNCTIVE

Present	Present	Perfect
je diminuerais	je diminue	j'aie diminué
tu diminuerais	tu diminues	tu aies diminué
il/elle diminuerait	il/elle diminue	il/elle ait diminué
nous diminuerions	nous diminuions	nous ayons diminué
vous diminueriez	vous diminuiez	vous ayez diminué
ils/elles diminueraient	ils/elles diminuent	ils/elles aient diminué

Perfect	Imperfect	Pluperfect
j'aurais diminué	je diminuasse	j'eusse diminué

PARTICIPLES   IMPERATIVE

diminuant, diminué   diminue!, diminuons!, diminuez!

Les réserves diminuent. *Stocks are decreasing.*
Le prix des chaussures ont diminué. *The prices of shoes have gone down.*
Ses forces avaient progressivement diminué. *His strength had progressively diminished.*
Son travail aurait diminué de moitié. *His/Her work seems to have decreased by half.*
Toutes ces critiques l'avaient beaucoup diminué. *All these criticisms had undermined him.*
Son respect pour son amie s'était diminué. *Her respect for her friend had diminished.*

une diminution *a decrease*   **un diminutif** *a diminutive*

dîner *to have dinner, dine* intr. **80**

INDICATIVE

Present	Imperfect	Perfect
je dîne	je dînais	j'ai dîné
tu dînes	tu dînais	tu as dîné
il/elle dîne	il/elle dînait	il/elle a dîné
nous dînons	nous dînions	nous avons dîné
vous dînez	vous dîniez	vous avez dîné
ils/elles dînent	ils/elles dînaient	ils/elles ont dîné

Future	Pluperfect	Past Historic
je dînerai	j'avais dîné	je dînai
tu dîneras	tu avais dîné	tu dînas
il/elle dînera	il/elle avait dîné	il/elle dîna
nous dînerons	nous avions dîné	nous dînâmes
vous dînerez	vous aviez dîné	vous dînâtes
ils/elles dîneront	ils/elles avaient dîné	ils/elles dînèrent

Near Future	Future Perfect	Past Anterior
je vais dîner	j'aurai dîné	j'eus dîné

CONDITIONAL SUBJUNCTIVE

Present	Present	Perfect
je dînerais	je dîne	j'aie dîné
tu dînerais	tu dînes	tu aies dîné
il/elle dînerait	il/elle dîne	il/elle ait dîné
nous dînerions	nous dînions	nous ayons dîné
vous dîneriez	vous dîniez	vous ayez dîné
ils/elles dîneraient	ils/elles dînent	ils/elles aient dîné

Perfect	Imperfect	Pluperfect
j'aurais dîné	je dînasse	j'eusse dîné

PARTICIPLES IMPERATIVE

dînant, dîné   dîne!, dînons!, dînez!

Ce soir on dîne au restaurant. *This evening we're eating out.*
Avez-vous dîné? *Have you dined?*
Samedi soir nous dînerons chez des amis. *On Saturday evening we'll dine with some friends.*
Il faut que nous invitions à dîner les Gauthier. *We must invite the Gauthiers to dinner.*
Quand ils eurent dîné ils jouèrent aux cartes. *When they had had their dinner they played cards.*
Nous avons Frédéric à dîner ce soir. *We're having Frédéric to dinner tonight.*
Nous allons dîner aux chandelles. *We're going to dine by candlelight.*

le dîner *evening dinner*   **un dîner d'affaires** *a business dinner*
donner un dîner *to give a dinner party*   **un dîneur/une dîneuse** *a diner*

81 dire *to say, tell* tr.

INDICATIVE

Present	Imperfect	Perfect
je dis	je disais	j'ai dit
tu dis	tu disais	tu as dit
il/elle dit	il/elle disait	il/elle a dit
nous disons	nous disions	nous avons dit
vous dites	vous disiez	vous avez dit
ils/elles disent	ils/elles disaient	ils/elles ont dit

Future	Pluperfect	Past Historic
je dirai	j'avais dit	je dis
tu diras	tu avais dit	tu dis
il/elle dira	il/elle avait dit	il/elle dit
nous dirons	nous avions dit	nous dîmes
vous direz	vous aviez dit	vous dîtes
ils/elles diront	ils/elles avaient dit	ils/elles dirent

Near Future	Future Perfect	Past Anterior
je vais dire	j'aurai dit	j'eus dit

CONDITIONAL / SUBJUNCTIVE

Present	Present	Perfect
je dirais	je dise	j'aie dit
tu dirais	tu dises	tu aies dit
il/elle dirait	il/elle dise	il/elle ait dit
nous dirions	nous disions	nous ayons dit
vous diriez	vous disiez	vous ayez dit
ils/elles diraeint	ils/elles disent	ils/elles aient dit

Perfect	Imperfect	Pluperfect
j'aurais dit	je disse	j'eusse dit

PARTICIPLES / IMPERATIVE

disant, dit	dis!, disons!, dites!

Qu'est-ce qu'il dit? *What is he saying?*
Elle m'a dit qu'elle viendrait. *She told me she would come.*
Tu lui diras de venir ce soir. *You will tell him/her to come tonight.*
Il faut que je dise au revoir à votre mère. *I must say goodbye to your mother.*
Dis «bonjour» à ton frère. *Say 'hello' to your brother from me.*
Ça vous dit de faire une promenade à bicyclette? *How about going for a bicycle ride?*
Qu'est-ce que ce mot veut dire? *What does this word mean?*
Cela ne me dit rien. *This does not mean anything to me.*
Comment ça se dit en français? *How do you say that in French?* (refl.)
On s'est dit au revoir. *We said goodbye to one another.* (refl.)
C'est moi qui vous le dis. *Take my word for it.*

pour ansi dire *so to speak*

disparaître *to disappear, vanish* intr. **82**

INDICATIVE

Present	Imperfect	Perfect
je disparais	je disparaissais	j'ai disparu
tu disparais	tu disparaissais	tu as disparu
il/elle disparaît	il/elle disparaissait	il/elle a disparu
nous disparaissons	nous disparaissions	nous avons disparu
vous disparaissez	vous disparaissiez	vous avez disparu
ils/elles disparaissent	ils/elles disparaissaient	ils/elles ont disparu

Future	Pluperfect	Past Historic
je disparaîtrai	j'avais disparu	je disparus
tu disparaîtras	tu avais disparu	tu disparus
il/elle disparaîtra	il/elle avait disparu	il/elle disparut
nous disparaîtrons	nous avions disparu	nous disparûmes
vous disparaîtrez	vous aviez disparu	vous disparûtes
ils/elles disparaîtront	ils/elles avaient disparu	ils/elles disparurent

Near Future	Future Perfect	Past Anterior
je vais disparaître	j'aurai disparu	j'eus disparu

CONDITIONAL · SUBJUNCTIVE

Present	Present	Perfect
je disparaîtrais	je disparaisse	j'aie disparu
tu disparaîtrais	tu disparaisses	tu aies disparu
il/elle disparaîtrait	il/elle disparaisse	il/elle ait disparu
nous disparaîtrions	nous disparaissions	nous ayons disparu
vous disparaîtriez	vous disparaissiez	vous ayez disparu
ils/elles disparaîtraient	ils/elles disparaissent	ils/elles aient disparu

Perfect	Imperfect	Pluperfect
j'aurais disparu	je disparusse	j'eusse disparu

PARTICIPLES · IMPERATIVE

disparaissant, disparu

disparais!, disparaissons!, disparaissez!

Mon sac à main a disparu. *My handbag has disappeared.*
La maison, le jardin, la grange, tout auraient disparu. *It seems that the house, the garden, the barn, have all disappeared.*
Ils ont disparu en mer. *They disappeared at sea.*
La tache sur le col de la chemise a disparu. *The stain on the shirt collar has gone.*
Le navire disparut aux regards. *The ship faded from view.*
Elle est portée disparue. *She is reported missing.*
Le nombre des disparus est très élevé. *The number of missing is very high.*
Ces animaux sont en voie de disparition. *Those animals are an endangered species.*

une disparition *a disappearance*   **un disparu** *a dead person*

83 donner *to give* intr./tr.

INDICATIVE

Present	Imperfect	Perfect
je donne	je donnais	j'ai donné
tu donnes	tu donnais	tu as donné
il/elle donne	il/elle donnait	il/elle a donné
nous donnons	nous donnions	nous avons donné
vous donnez	vous donniez	vous avez donné
ils/elles donnent	ils/elles donnaient	ils/elles ont donné

Future	Pluperfect	Past Historic
je donnerai	j'avais donné	je donnai
tu donneras	tu avais donné	tu donnas
il/elle donnera	il/elle avait donné	il/elle donna
nous donnerons	nous avions donné	nous donnâmes
vous donnerez	vous aviez donné	vous donnâtes
ils/elles donneront	ils/elles avaient donné	ils/elles donnèrent

Near Future	Future Perfect	Past Anterior
je vais donner	j'aurai donné	j'eus donné

CONDITIONAL | SUBJUNCTIVE

Present	Present	Perfect
je donnerais	je donne	j'aie donné
tu donnerais	tu donnes	tu aies donné
il/elle donnerait	il/elle donne	il/elle ait donné
nous donnerions	nous donnions	nous ayons donné
vous donneriez	vous donniez	vous ayez donné
ils/elles donneraient	ils/elles donnent	ils/elles aient donné

Perfect	Imperfect	Pluperfect
j'aurais donné	je donnasse	j'eusse donné

PARTICIPLES | IMPERATIVE

donnant, donné   donne!, donnons!, donnez!

Donnez-lui quelque chose à manger. *Give him/her something to eat.*
Lui as-tu donné de l'argent? *Did you give him/her some money?*
Il nous avait donné son adresse avant de s'en aller. *He had given us his address before leaving.*
Le balcon donne sur la mer. *The balcony looks out on to the sea.*
La pauvre femme, elle ne sait pas où donner de la tête. *The poor woman, she doesn't know which way to turn.*
Je vous le donne en mille? *You'll never guess!*
Ces biscuits me donnent soif. *Those biscuits make me feel thirsty.*
Je donne ma langue au chat! *I can't guess any more! / You tell me!*

---

donner raison/tort à quelqu'un *to be for/against someone's opinion*
un donneur / une donneuse *a donor*

étant donné les circonstances *considering the circumstances*
base des données *database*

dormir *to sleep* intr.

INDICATIVE

Present	Imperfect	Perfect
je dors	je dormais	j'ai dormi
tu dors	tu dormais	tu as dormi
il/elle dort	il/elle dormait	il/elle a dormi
nous dormons	nous dormions	nous avons dormi
vous dormez	vous dormiez	vous avez dormi
ils/elles dorment	ils/elles dormaient	ils/elles ont dormi

Future	Pluperfect	Past Historic
je dormirai	j'avais dormi	je dormis
tu dormiras	tu avais dormi	tu dormis
il/elle dormira	il/elle avait dormi	il/elle dormit
nous dormirons	nous avions dormi	nous dormîmes
vous dormirez	vous aviez dormi	vous dormîtes
ils/elles dormiront	ils/elles avaient dormi	ils/elles dormirent

Near Future	Future Perfect	Past Anterior
je vais dormir	j'aurai dormi	j'eus dormi

CONDITIONAL   SUBJUNCTIVE

Present	Present	Perfect
je dormirais	je dorme	j'aie dormi
tu dormirais	tu dormes	tu aies dormi
il/elle dormirait	il/elle dorme	il/elle ait dormi
nous dormirions	nous dormions	nous ayons dormi
vous dormiriez	vous dormiez	vous ayez dormi
ils/elles dormiraient	ils/elles dorment	ils/elles aient dormi

Perfect	Imperfect	Pluperfect
j'aurais dormi	je dormisse	j'eusse dormi

PARTICIPLES   IMPERATIVE

dormant, dormi   dors!, dormons!, dormez!

Il dort à poings fermés. *He is sleeping heavily.*
Avez-vous bien dormi? *Did you sleep well?*
Ouvrons la fenêtre, nous dormirons mieux. *Let's open the window, we will sleep better.*
J'ai sommeil, j'ai envie de dormir. *I feel sleepy, I want to go to sleep.*
Le café m'empêche de dormir. *Coffee stops me sleeping.*
C'est une histoire à dormir debout. *It's a cock and bull story.*
Il dort comme un loir. *He sleeps like a log* (lit. *dormouse*).
Ce n'est pas le moment de dormir. *This is no time for idling.*

un dormeur / une dormeuse *a sleeper*   **dormant(e)** *sleeping*
un dortoir *a dormitory*   **s'endormir** *to fall asleep*

85 éclairer *to light* tr.

INDICATIVE

Present	Imperfect	Perfect
j'éclaire	j'éclairais	j'ai éclairé
tu éclaires	tu éclairais	tu as éclairé
il/elle éclaire	il/elle éclairait	il/elle a éclairé
nous éclairons	nous éclairions	nous avons éclairé
vous éclairez	vous éclairiez	vous avez éclairé
ils/elles éclairent	ils/elles éclairaient	ils/elles ont éclairé

Future	Pluperfect	Past Historic
j'éclairerai	j'avais éclairé	j'éclairai
tu éclaireras	tu avais éclairé	tu éclairas
il/elle éclairera	il/elle avait éclairé	il/elle éclaira
nous éclairerons	nous avions éclairé	nous éclairâmes
vous éclairerez	vous aviez éclairé	vous éclairâtes
ils/elles éclaireront	ils/elles avaient éclairé	ils/elles éclairèrent

Near Future	Future Perfect	Past Anterior
je vais éclairer	j'aurai éclairé	j'eus éclairé

CONDITIONAL / SUBJUNCTIVE

Present	Present	Perfect
j'éclairerais	j'éclaire	j'aie éclairé
tu éclairerais	tu éclaires	tu aies éclairé
il/elle éclairerait	il/elle éclaire	il/elle ait éclairé
nous éclairerions	noua éclairions	nous ayons éclairé
vous éclaireriez	vous éclairiez	vous ayez éclairé
ils/elles éclaireraient	ils/elles éclairent	ils/elles aient éclairé

Perfect	Imperfect	Pluperfect
j'aurais éclairé	j'éclairasse	j'eusse éclairé

PARTICIPLES / IMPERATIVE

PARTICIPLES	IMPERATIVE
éclairant, éclairé	éclaire!, éclairons!, éclairez!

Le réverbère éclaire la rue. *The street lamp lights up the street.*
Voulez-vous que je vous éclaire le chemin? *Do you want me to light the way for you?*
Le soleil éclairait sa chambre. *The sun was lighting up her/his bedroom.*
Cette pièce est mal éclairée. *This room is badly lit.*
Pouvez-vous nous éclairer sur la question? *Can you enlighten us on the question?* (refl.)
Son visage s'éclaira d'un sourire. *Her/His face lit up with a smile.* (refl.)
Voilà que tout s'éclaire! *Now everything is becoming clear!* (refl.)
Il y a une panne d'électricité, éclairons-nous à la bougie. *There is a power cut, let's use candlelight.*

un éclair *a flash of lightning*
une éclaircie *a bright interval*
une éclaireuse *a girl guide*

l'éclairage (m) *lighting*
un éclaireur *a scout*

écouter *to listen (to)* tr. **86**

INDICATIVE

Present	**Imperfect**	**Perfect**
j'écoute	j'écoutais	j'ai écouté
tu écoutes	tu écoutais	tu as écouté
il/elle écoute	il/elle écoutait	il/elle a écouté
nous écoutons	nous écoutions	nous avons écouté
vous écoutez	vous écoutiez	vous avez écouté
ils/elles écoutent	ils/elles écoutaient	ils/elles ont écouté

Future	**Pluperfect**	**Past Historic**
j'écouterai	j'avais écouté	j'écoutai
tu écouteras	tu avais écouté	tu écoutas
il/elle écoutera	il/elle avait écouté	il/elle écouta
nous écouterons	nous avions écouté	nous écoutâmes
vous écouterez	vous aviez écouté	vous écoutâtes
ils/elles écouteront	ils/elles avaient écouté	ils/elles écoutèrent

Near Future	**Future Perfect**	**Past Anterior**
je vais écouter	j'aurai écouté	j'eus écouté

CONDITIONAL SUBJUNCTIVE

Present	**Present**	**Perfect**
j'écouterais	j'écoute	j'aie écouté
tu écouterais	tu écoutes	tu aies écouté
il/elle écouterait	il/elle écoute	il/elle ait écouté
nous écouterions	nous écoutions	nous ayons écouté
vous écouteriez	vous écoutiez	vous ayez écouté
ils/elles écouteraient	ils/elles écoutent	ils/elles aient écouté

Perfect	**Imperfect**	**Pluperfect**
j'aurais écouté	j'écoutasse	j'eusse écouté

PARTICIPLES IMPERATIVE

écoutant, écouté

écoute!, écoutons!, écoutez!

Allez-y, je vous écoute. *Go on, I'm listening.*
Avez-vous écouté les informations? *Have you listened to the news?*
Il nous a fait écouter un morceau de musique classique. *He played us a piece of classical music.*
Vous n'avez rien écouté de ce que j'ai dit. *You haven't listened to anything I've said.*
Écoutez-moi! *Listen to me!*
Si je m'écoutais je l'achèterais. *If I'd any sense I would buy it.*
Il écoute aux portes. *He eavesdrops.*
Elle écoute de toutes ses oreilles. *She is all ears.*
Cette émission de radio est très écoutée. *This radio programme has high ratings.*
Oui. J'écoute. *Yes. I'm here.* (on the phone)
Ici Nathalie à l'écoute. *This is Nathalie speaking.* (lit. *listening*)

les heures de grande écoute *peak viewing (listening) hours*
des écouteurs *earphones*

87 écrire *to write* tr.

INDICATIVE

Present	Imperfect	Perfect
j'écris	j'écrivais	j'ai écrit
tu écris	tu écrivais	tu as écrit
il/elle écrit	il/elle écrivait	il/elle a écrit
nous écrivons	nous écrivions	nous avons écrit
vous écrivez	vous écriviez	vous avez écrit
ils/elles écrivent	ils/elles écrivaient	ils/elles ont écrit

Future	Pluperfect	Past Historic
j'écrirai	j'avais écrit	j'écrivis
tu écriras	tu avais écrit	tu écrivis
il/elle écrira	il/elle avait écrit	il/elle écrivit
nous écrirons	nous avions écrit	nous écrivîmes
vous écrirez	vous aviez écrit	vous écrivîtes
ils/elles écriront	ils/elles avaient écrit	ils/elles écrivirent

Near Future	Future Perfect	Past Anterior
je vais écrire	j'aurai écrit	j'eus écrit

CONDITIONAL · SUBJUNCTIVE

Present	Present	Perfect
j'écrirais	j'écrive	j'aie écrit
tu écrirais	tu écrives	tu aies écrit
il/elle écrirait	il/elle écrive	il/elle ait écrit
nous écririons	nous écrivions	nous ayons écrit
vous écririez	vous écriviez	vous ayez écrit
ils/elles écriraient	ils/elles écrivent	ils/elles aient écrit

Perfect	Imperfect	Pluperfect
j'aurais écrit	j'écrivisse	j'eusse écrit

PARTICIPLES · IMPERATIVE

écrivant, écrit

écris!, écrivons!, écrivez!

Comment écrivez-vous votre nom? *How do you write your name?*
Je ne lui ai pas écrit depuis Noël. *I haven't written to him/her since Christmas.*
Qui a écrit ce livre? *Who wrote this book?*
Il faut que j'écrive une lettre à mes parents. *I must write a letter to my parents.*
Ça s'écrit comment? *How is it written?* (refl.)
Il ment, c'est écrit sur sa figure. *He is lying, it is written all over his face.*
Confirmez votre réponse par écrit. *Confirm your reply in writing.*

écrire à la main *to write by hand*
un écrivain *a writer* (man or woman)
une écritoire *writing case*

une machine à écrire *a typewriter*
un écriteau *a notice, sign*
une épreuve écrite *a written exam*

embrasser *to kiss* tr. **88**

INDICATIVE

Present	Imperfect	Perfect
j'embrasse	j'embrassais	j'ai embrassé
tu embrasses	tu embrassais	tu as embrassé
il/elle embrasse	il/elle embrassait	il/elle a embrassé
nous embrassons	nous embrassions	nous avons embrassé
vous embrassez	vous embrassiez	vous avez embrassé
ils/elles embrassent	ils/elles embrassaient	ils/elles ont embrassé

Future	Pluperfect	Past Historic
j'embrasserai	j'avais embrassé	j'embrassai
tu embrasseras	tu avais embrassé	tu embrassas
il/elle embrassera	il/elle avait embrassé	il/elle embrassa
nous embrasserons	nous avions embrassé	nous embrassâmes
vous embrasserez	vous aviez embrassé	vous embrassâtes
ils/elles embrasseront	ils/elles avaient embrassé	ils/elles embrassèrent

Near Future	Future Perfect	Past Anterior
je vais embrasser	j'aurai embrassé	j'eus embrassé

CONDITIONAL   SUBJUNCTIVE

Present	Present	Perfect
j'embrasserais	j'embrasse	j'aie embrassé
tu embrasserais	tu embrasses	tu aies embrassé
il/elle embrasserait	il/elle embrasse	il/elle ait embrassé
nous embrasserions	nous embrassions	nous ayons embrassé
vous embrasseriez	vous embrassiez	vous ayez embrassé
ils/elles embrasseraient	ils/elles embrassent	ils/elles aient embrassé

Perfect	Imperfect	Pluperfect
j'aurais embrassé	j'embrassasse	j'eusse embrassé

PARTICIPLES   IMPERATIVE

embrassant, embrassé   embrasse!, embrassons!, embrassez!

Je les embrasse tous les soirs pour leur dire bonne nuit. *I kiss them goodnight every evening.*
Tu embrasseras les enfants pour moi. *Kiss the children for me.*
Elles se sont embrassées lorsqu'elles se sont retrouvées. *They kissed each other when they met again.* (refl.)
Je t'embrasse très fort/tendrement/affectueusement. *With lots of love.*
Elle embrassa l'enseignement. *She took up teaching.*
Il a embrassé la religion de sa femme. *He took up his wife's religion.*
Si j'avais su ce qu'il t'avait dit, je ne l'aurais pas embrassé. *If I'd known what he'd said to you, I wouldn't have kissed/greeted him.*

des embrassades *hugging and kissing*
une embrasse *a curtain tieback*

89 emmener *to take* tr.

INDICATIVE

Present	Imperfect	Perfect
j'emmène	j'emmenais	j'ai emmené
tu emmènes	tu emmenais	tu as emmené
il/elle emmène	il/elle emmenait	il/elle a emmené
nous emmenons	nous emmenions	nous avons emmené
vous emmenez	vous emmeniez	vous avez emmené
ils/elles emmènent	ils/elles emmenaient	ils/elles ont emmené

Future	Pluperfect	Past Historic
j'emmènerai	j'avais emmené	j'emmenai
tu emmèneras	tu avais emmené	tu emmenas
il/elle emmènera	il/elle avait emmené	il/elle emmena
nous emmènerons	nous avions emmené	nous emmenâmes
vous emmènerez	vous aviez emmené	vous emmenâtes
ils/elles emmèneront	ils/elles avaient emmené	ils/elles emmenèrent

Near Future	Future Perfect	Past Anterior
je vais emmener	j'aurai emmené	j'eus emmené

CONDITIONAL / SUBJUNCTIVE

Present	Present	Perfect
j'emmènerais	j'emmène	j'aie emmené
tu emmènerais	tu emmènes	tu aies emmené
il/elle emmènerait	il/elle emmène	il/elle ait emmené
nous emmènerions	nous emmenions	nous ayons emmené
vous emmèneriez	vous emmeniez	vous ayez emmené
ils/elles emmèneraient	ils/elles emmènent	ils/elles aient emmené

Perfect	Imperfect	Pluperfect
j'aurais emmené	j'emmenasse	j'eusse emmené

PARTICIPLES / IMPERATIVE

emmenant, emmené

emmène!, emmenons!, emmenez!

Elle emmène ses enfants à la piscine le mercredi après-midi. *She takes her children to the swimming pool on Wednesday afternoons.*
Nous vous emmènerons au cinéma plus tard. *We will take you to the cinema later.*
Je vous emmène avec moi passer la soirée chez des amis. *I'll take you with me to spend the evening with some friends.*
Emmenez Julien avec vous. *Take Julien with you.*
Il faut que je l'emmène à la gare. *I must take him to the station.*
Je vous emmène déjeuner. *I'll take you for lunch.*
Voulez-vous que je vous emmène en voiture? *Shall I give you a lift?*
Je peux vous emmener en voiture? *Can I give you a lift?*

mener *to lead*   **amener** *to bring*

empêcher *to prevent (from), stop* tr. **90**

INDICATIVE

Present	Imperfect	Perfect
j'empêche	j'empêchais	j'ai empêché
tu empêches	tu empêchais	tu as empêché
il/elle empêche	il/elle empêchait	il/elle a empêché
nous empêchons	nous empêchions	nous avons empêché
vous empêchez	vous empêchiez	vous avez empêché
ils/elles empêchent	ils/elles empêchaient	ils/elles ont empêché

Future	Pluperfect	Past Historic
j'empêcherai	j'avais empêché	j'empêchai
tu empêcheras	tu avais empêché	tu empêchas
il/elle empêchera	il/elle avait empêché	il/elle empêcha
nous empêcherons	nous avions empêché	nous empêchâmes
vous empêcherez	vous aviez empêché	vous empêchâtes
ils/elles empêcheront	ils/elles avaient empêché	ils/elles empêchèrent

Near Future	Future Perfect	Past Anterior
je vais empêcher	j'aurai empêché	j'eus empêché

CONDITIONAL · SUBJUNCTIVE

Present	Present	Perfect
j'empêcherais	j'empêche	j'aie empêché
tu empêcherais	tu empêches	tu aies empêché
il/elle empêcherait	il/elle empêche	il/elle ait empêché
nous empêcherions	nous empêchions	nous ayons empêché
vous emêcheriez	vous empêchiez	vous ayez empêché
ils/elles empêcheraient	ils/elles empêchent	ils/elles aient empêché

Perfect	Imperfect	Pluperfect
j'aurais empêché	j'empêchasse	j'eusse empêché

PARTICIPLES · IMPERATIVE

empêchant, empêché   empêche!, empêchons!, empêchez!

Ce bruit m'empêche de dormir. *This noise is stopping me from sleeping.*
La pluie nous a empêché de nager. *The rain stopped us swimming.*
Si vous voulez y aller je ne vous empêcherai pas. *If you want to go there, I will not stop you.*
Si elle avait voulu le faire, nous ne l'aurions pas empêchée. *If she had wanted to do it, we wouldn't have stopped her.*
Je n'ai pas pu m'empêcher de rire. *I couldn't stop myself laughing.* (refl.)
Il n'empêche que vous avez tort. *Nevertheless you are wrong.*
Cela n'empêche rien. *It makes no difference.*
Qu'est-ce que ça empêche? *What difference does it make?*
Nous n'avons pas pu l'empêcher! *It couldn't be helped!*

un empêcheur *a spoilsport*   **un empêchement** *a difficulty, a delay*

91 entendre *to hear* tr.

INDICATIVE

Present	Imperfect	Perfect
j'entends	j'entendais	j'ai entendu
tu entends	tu entendais	tu as entendu
il/elle entend	il/elle entendait	il/elle a entendu
nous entendons	nous entendions	nous avons entendu
vous entendez	vous entendiez	vous avez entendu
ils/elles entendent	ils/elles entendaient	ils/elles ont entendu

Future	Pluperfect	Past Historic
j'entendrai	j'avais entendu	j'entendis
tu entendras	tu avais entendu	tu entendis
il/elle entendra	il/elle avait entendu	il/elle entendit
nous entendrons	nous avions entendu	nous entendîmes
vous entendrez	vous aviez entendu	vous entendîtes
ils/elles entendront	ils/elles avaient entendu	ils/elles entendirent

Near Future	Future Perfect	Past Anterior
je vais entendre	j'aurai entendu	j'eus entendu

CONDITIONAL / SUBJUNCTIVE

Present	Present	Perfect
j'entendrais	j'entende	j'aie entendu
tu entendrais	tu entendes	tu aies entendu
il/elle entendrait	il/elle entende	il/elle ait entendu
nous entendrions	nous entendions	nous ayons entendu
vous entendriez	vous entendiez	vous ayez entendu
ils/elles entendraient	ils/elles entendent	ils/elles aient entendu

Perfect	Imperfect	Pluperfect
j'aurais entendu	j'entendisse	j'eusse entendu

PARTICIPLES / IMPERATIVE

entendant, entendu   entends!, entendons!, entendez!

J'ai entendu parler de cette société. *I've heard of that company.*
Avez-vous entendu ce qu'il a dit? *Did you hear what he said?*
Il m'a laissé entendre qu'il ne reviendrait pas. *He gave me to understand that he wouldn't come back.*
Avec ce bruit on ne s'entend pas. *With this noise you can't hear yourself think.* (refl.)
Ils s'entendent très bien ensemble. *They get along well together.* (refl.)
C'est entendu! *That's settled/agreed!*
Qu'entendez-vous par ceci? *What do you mean by this?*
Tu n'entends pas la plaisanterie. *You can't take a joke.*
On entendrait voler une mouche. *One could hear a pin drop.*
Entendons-nous bien. *Let's be quite clear about it.* (refl.)

entendu *agreed*   **bien entendu** *of course*
une entente *harmony, understanding*

*entrer
to enter, come in intr. **92**

INDICATIVE

Present	**Imperfect**	**Perfect**
j'entre	j'entrais	je suis entré(e)
tu entres	tu entrais	tu es entré(e)
il/elle entre	il/elle entrait	il/elle est entré(e)
nous entrons	nous entrions	nous sommes entré(e)s
vous entrez	vous entriez	vous êtes entré(e)(s)
ils/elles entrent	ils/elles entraient	ils/elles sont entré(e)s

Future	**Pluperfect**	**Past Historic**
j'entrerai	j'étais entré(e)	j'entrai
tu entreras	tu étais entré(e)	tu entras
il/elle entrera	il/elle était entré(e)	il/elle entra
nous entrerons	nous étions entré(e)s	nous entrâmes
vous entrerez	vous étiez entré(e)(s)	vous entrâtes
ils/elles entreront	ils/elles étaient entré(e)s	ils/elles entrèrent

Near Future	**Future Perfect**	**Past Anterior**
je vais entrer	je serai entré(e)	je fus entré(e)

CONDITIONAL SUBJUNCTIVE

Present	**Present**	**Perfect**
j'entrerais	j'entre	je sois entré(e)
tu entrerais	tu entres	tu sois entré(e)
il/elle entrerait	il/elle entre	il/elle soit entré(e)
nous entrerions	nous entrions	nous soyons entré(e)s
vous entreriez	vous entriez	vous soyez entré(e)(s)
ils/elles entreraient	ils/elles entrent	ils/eles soient entré(e)s

Perfect	**Imperfect**	**Pluperfect**
je serais entré(e)	j'entrasse	je fusse entré(e)

PARTICIPLES IMPERATIVE

entrant, entré   entre!, entrons!, entrez!

Les voleurs sont entrés par la fenêtre. *The thieves came in through the window.*
Le train de Paris–Lyon vient d'entrer en gare. *The Paris to Lyons train has just
  pulled into the station.*
Entrez! *Come in!*
Ouvre les rideaux et laisse entrer le soleil. *Open the curtains and let the sun in.*
Faites-les entrer. *Show them in.*
Nous entrons dans une période de récession. *We are entering a period of
  recession.*
Ce gros pull n'entre pas dans la valise. *This big sweater won't fit in the case.*
Je ne fais qu'entrer et sortir. *I'm not stopping.*

entrée gratuite *no charge, free entry*   **une entrée** *entrance*
une entrée *a starter*   **une entrée en vigueur** *coming into*
une entrée d'air *air inlet*   *force*

93 espérer *to hope* tr./intr.

INDICATIVE

Present	Imperfect	Perfect
j'espère	j'espérais	j'ai espéré
tu espères	tu espérais	tu as espéré
il/elle espère	il/elle espérait	il/elle a espéré
nous espérons	nous espérions	nous avons espéré
vous espérez	vous espériez	vous avez espéré
ils/elles espèrent	ils/elles espéraient	ils/elles ont espéré

Future	Pluperfect	Past Historic
j'espérerai	j'avais espéré	j'espérai
tu espéreras	tu avais espéré	tu espéras
il/elle espérera	il/elle avait espéré	il/elle espéra
nous espérerons	nous avions espéré	nous espérâmes
vous espérerez	vous aviez espéré	vous espérâtes
ils/elles espéreront	ils/elles avaient espéré	ils/elles espérèrent

Near Future	Future Perfect	Past Anterior
je vais espérer	j'aurai espéré	j'eus espéré

CONDITIONAL SUBJUNCTIVE

Present	Present	Perfect
j'espérerais	j'espère	j'aie espéré
tu espérerais	tu espères	tu aies espéré
il/elle espérerait	il/elle espère	il/elle ait espéré
nous espérerions	nous espérions	nous ayons espéré
vous espéreriez	vous espériez	vous ayez espéré
ils/elles espéreraient	ils/elles espèrent	ils/elles aient espéré

Perfect	Imperfect	Pluperfect
j'aurais espéré	j'espérasse	j'eusse espéré

PARTICIPLES IMPERATIVE

espérant, espéré   espère!, espérons!, espérez!

Nous espérons avoir du beau teamps. We are hoping for good weather.
Il espérait qu'elle viendrait lui rendre visite. He was hoping she would pay him a visit.
Espérons que tout se passera bien. Let's hope everything will be all right.
Espériez-vous le voir? Were you hoping to see him?
J'en espérais pas autant. I never expected so much.
Va-t-elle téléphoner? J'espère. Is she going to phone? I hope so.
Il faut espérer. You must have faith.
Dans l'espoir de vous revoir bientôt. Hoping to see you soon.
Il n'y a plus aucun espoir. There is no longer any hope.

un espoir hope
sans espoir hopeless

l'espérance (f) hope, expectation
avec espoir hopeful

essayer *to try, test* tr.

INDICATIVE

Present	Imperfect	Perfect
j'essaye	j'essayais	j'ai essayé
tu essayes	tu essayais	tu as essayé
il/elle essaye	il/elle essayait	il/elle a essayé
nous essayons	nous essayions	nous avons essayé
vous essayez	vous essayiez	vous avez essayé
ils/elles essayent	ils/elles essayaient	ils/elles ont essayé

Future	Pluperfect	Past Historic
j'essayerai	j'avais essayé	j'essayai
tu essayeras	tu avais essayé	tu essayas
il/elle essayera	il/elle avait essayé	il/elle essaya
nous essayerons	nous avions essayé	nous essayâmes
vous essayerez	vous aviez essayé	vous essayâtes
ils/elles essayeront	ils/elles avaient essayé	ils/elles essayèrent

Near Future	Future Perfect	Past Anterior
je vais essayer	j'aurai essayé	j'eus essayé

CONDITIONAL · SUBJUNCTIVE

Present	Present	Perfect
j'essayerais	j'essaye	j'aie essayé
tu essayerais	tu essayes	tu aies essayé
il/elle essayerait	il/elle essaye	il/elle ait essayé
nous essayerions	nous essayions	nous ayons essayé
vous essayeriez	vous essayiez	vous ayez essayé
ils/elles essayeraient	ils/elles essayent	ils/elles aient essayé

Perfect	Imperfect	Pluperfect
j'aurais essayé	j'essayasse	j'eusse essayé

PARTICIPLES · IMPERATIVE

essayant, essayé · essaye!, essayons!, essayez!

Je peux essayer ces chaussures? *Can I try on those shoes?*
Avez-vous essayé le nouveau restaurant grec? *Have you tried the new Greek restaurant?*
Essayons de le faire ensemble. *Let's try to do it together.*
Il faut que j'essaye mes freins. *I must test my brakes.*
On essayera d'arriver à l'heure. *We'll try to arrive on time.*
Je vais m'essayer à l'escrime. *I'm going to try out fencing.* (refl.)
Je voudrais essayer la Renault. *I would like to test drive the Renault.*

mettre à l'essai *to test*
une cabine d'essayage *a fitting room*
faire l'essai de quelque chose *to try something out*

un essai raté *a failed attempt*
à l'essai *on trial*

95 être *to be* aux.

INDICATIVE

Present	Imperfect	Perfect
je suis	j'étais	j'ai été
tu es	tu étais	tu as été
il/elle est	il/elle était	il/elle a été
nous sommes	nous étions	nous avons été
vous êtes	vous étiez	vous avez été
ils/elles sont	ils/elles étaient	ils/elles ont été

Future	Pluperfect	Past Historic
je serai	j'avais été	je fus
tu seras	tu avais été	tu fus
il/elle sera	il/elle avait été	il/elle fut
nous serons	nous avions été	nous fûmes
vous serez	vous aviez été	vous fûtes
ils/elles seront	ils/elles avaient été	ils/elles furent

Near Future	Future Perfect	Past Anterior
je vais être	j'aurai été	j'eus été

CONDITIONAL / SUBJUNCTIVE

Present	Present	Perfect
je serais	je sois	j'aie été
tu serais	tu sois	tu aies été
il/elle serait	il/elle soit	il/elle ait été
nous serions	nous soyons	nous ayons été
vous seriez	vous soyez	vous ayez été
ils/elles seraient	ils/elles soient	ils/elles aient été

Perfect	Imperfect	Pluperfect
j'aurais été	je fusse	j'eusse été

PARTICIPLES / IMPERATIVE

PARTICIPLES	IMPERATIVE
étant, été	sois!, soyons!, soyez!

Elle est médecin. *She's a doctor.*
Quelle date sommes-nous aujourd'hui? *What date is it today?*
Il était une fois une princesse. *Once upon a time there was a princess.*
Ce sont de belles bottes. *They're beautiful boots.*
Ne soyez pas en retard. *Don't be late.*
Il faut que je sois à l'aéroport à 18 heures. *I must be at the airport at 6 o'clock.*
Je n'y suis pour rien dans cette affaire. *I have nothing to do with it.*
Nous sommes rentrés tard. *We came home late.*
Est-ce que vous le saviez? *Did you know it?*
Vous lui direz, n'est-ce pas? *You will tell him, won't you?*

être de Paris *to be from Paris*
(aimer) de tout son être *(to love) with all one's being*
être à l'heure *to be on time*
un être cher *a loved one*

faillir _to fail, almost do_   intr.

INDICATIVE

Present	Imperfect	Perfect
je faux	je faillais	j'ai failli
tu faux	tu faillais	tu as failli
il/elle faut	il/elle faillait	il/elle a failli
nous faillons	nous faillions	nous avons failli
vous faillez	vous failliez	vous avez failli
ils/elles faillent	ils/elles faillaient	ils/elles ont failli

Future	Pluperfect	Past Historic
je faillirai	j'avais failli	je faillis
tu failliras	tu avais failli	tu faillis
il/elle faillira	il/elle avait failli	il/elle faillit
nous faillirons	nous avions failli	nous faillîmes
vous faillirez	vous aviez failli	vous faillîtes
ils/elles failliront	ils/elles avaient failli	ils/elles faillirent

Near Future	Future Perfect	Past Anterior
je vais faillir	j'aurai failli	j'eus failli

CONDITIONAL   SUBJUNCTIVE

Present	Present	Perfect
je faillirais	je faille	j'aie failli
tu faillirais	tu failles	tu aies failli
il/elle faillirait	il/elle faille	il/elle ait failli
nous faillirions	nous faillions	nous ayons failli
vous failliriez	vous failliez	vous ayez failli
ils/elles failliraient	ils/elles faillent	ils/elles aient failli

Perfect	Imperfect	Pluperfect
j'aurais failli	je faillisse	j'eusse failli

PARTICIPLES   IMPERATIVE

faillant, failli	(Not applicable)

J'ai failli tomber. _I almost fell._
Nous ne faillirons pas de le faire. _We won't fail to do it._
Cet accident a failli lui coûter la vie. _This accident nearly cost him/her his/her life._
Ils avaient failli à tenir leur promesse. _They had failed to keep their promise._
Nous irons jusqu'au bout de nos efforts sans faillir. _We will make every effort, without fail._
Il faillit se tuer. _He nearly killed himself._

la faillite _bankruptcy, failure_   **défaillir** _weaken_
être en faillite _to be bankrupt_   **une défaillance** _faint, a blackout_

97 faire *to do, make* tr.

INDICATIVE

Present	Imperfect	Perfect
je fais	je faisais	j'ai fait
tu fais	tu faisais	tu as fait
il/elle fait	il/elle faisait	il/elle a fait
nous faisons	nous faisions	nous avons fait
vous faites	vous faisiez	vous avez fait
ils/elles font	ils/elles faisaient	ils/elles ont fait

Future	Pluperfect	Past Historic
je ferai	j'avais fait	je fis
tu feras	tu avais fait	tu fis
il/elle fera	il/elle avait fait	il/elle fit
nous ferons	nous avions fait	nous fîmes
vous ferez	vous aviez fait	vous fîtes
ils/elles feront	ils/elles avaient fait	ils/elles firent

Near Future	Future Perfect	Past Anterior
je vais faire	j'aurai fait	j'eus fait

CONDITIONAL / SUBJUNCTIVE

Present	Present	Perfect
je ferais	je fasse	j'aie fait
tu ferais	tu fasses	tu aies fait
il/elle ferait	il/elle fasse	il/elle ait fait
nous ferions	nous fassions	nous ayons fait
vous feriez	vous fassiez	vous ayez fait
ils/elles feraient	ils/elles fassent	ils/elles aient fait

Perfect	Imperfect	Pluperfect
j'aurais fait	je fisse	j'eusse fait

PARTICIPLES / IMPERATIVE

PARTICIPLES	IMPERATIVE
faisant, fait	fais!, faisons!, faites!

Que faites-vous dans la vie? *What do you do for a living?*
Qu'est-ce que vous avez fait hier? *What did you do yesterday?*
Faites comme chez vous. *Make yourself(selves) at home.*
Nous ferons la vaisselle. *We'll do the washing up.*
Il faut que je fasse les courses. *I must do the shopping.*
Elle faisait de la gymnastique. *She used to do gymnastics.*
Ne vous en faites pas! *Don't worry about it!*
Cela ne fait rien. *It doesn't matter.*
Elle fait jeune pour son âge. *She looks young for her age.*
Daniel s'est fait mal à la tête. *Daniel hurt his head.* (refl.)
Je me suis fait couper les cheveux. *I've had my hair cut.* (refl.)

fais attention *be careful*
c'est faisable *it's feasible*

il fait chaud/froid *it is hot/cold*
être bien fait(e) *to have a good figure*

falloir *to need to, must* imp. **98**

INDICATIVE

Present	Imperfect	Perfect
il faut	il fallait	il a fallu
Future	**Pluperfect**	**Past Historic**
il faudra	il avait fallu	il fallut
Near Future	**Future Perfect**	**Past Anterior**
il va falloir	il aura fallu	il eut fallu

CONDITIONAL / SUBJUNCTIVE

Present	Present	Perfect
il faudrait	il faille	il ait fallu
Perfect	**Imperfect**	**Pluperfect**
il aurait fallu	il fallût	il eût fallu

PARTICIPLES / IMPERATIVE

PARTICIPLES	IMPERATIVE
(*past*) fallu	(Not applicable)

Il faut remplir la fiche. *You have to fill in the form.*
Qu'est-ce qu'il vous faut? *What do you need?*
Il a fallu que tu lui dises. *You ought to have told him/her.*
Je le ferai s'il le faut. *I'll do it if need be.*
Il va falloir se dépêcher. *We'll have to hurry up.*
Fallait-il quitter si tôt? *Was it necessary to leave so early?*
Il ne fallait pas le faire. *You shouldn't have done it.*
Il ne faudrait pas que tu le voies. *Don't see him, whatever you do.*
Il s'en ait faillu de peu pour qu'il parte. *It wouldn't have taken much for him to leave.*

Il faut le faire! *That takes some doing!*
Faut se le faire. *He's a real pain in the neck.*
Il faut le dire, elle a du culot. *You have got to admit it, she's got a nerve.*

99 fermer *to close* intr./tr.

INDICATIVE

Present	Imperfect	Perfect
je ferme	je fermais	j'ai fermé
tu fermes	tu fermais	tu as fermé
il/elle ferme	il/elle fermait	il/elle a fermé
nous fermons	nous fermions	nous avons fermé
vous fermez	vous fermiez	vous avez fermé
ils/elles ferment	ils/elles fermaient	ils/elles ont fermé

Future	Pluperfect	Past Historic
je fermerai	j'avais fermé	je fermai
tu fermeras	tu avais fermé	tu fermas
il/elle fermera	il/elle avait fermé	il/elle ferma
nous fermerons	nous avions fermé	nous fermâmes
vous fermerez	vous aviez fermé	vous fermâtes
ils/elles fermeront	ils/elles avaient fermé	ils/elles fermèrent

Near Future	Future Perfect	Past Anterior
je vais fermer	j'aurai fermé	j'eus fermé

CONDITIONAL SUBJUNCTIVE

Present	Present	Perfect
je fermerais	je ferme	j'aie fermé
tu fermerais	tu fermes	tu aies fermé
il/elle fermerait	il/elle ferme	il/elle ait fermé
nous fermerions	nous fermions	nous ayons fermé
vous fermeriez	vous fermiez	vous ayez fermé
ils/elles fermeraient	ils/elles ferment	ils/elles aient fermé

Perfect	Imperfect	Pluperfect
j'aurais fermé	je fermasse	j'eusse fermé

PARTICIPLES IMPERATIVE

fermant, fermé ferme!, fermons!, fermez!

Matthieu, ferme la fenêtre de ta chambre s'il te plaît. *Matthieu, close your bedroom window please.*
Tu n'as pas fermé le robinet. *You didn't turn the tap off.*
Ce vêtement ferme devant. *This garment fastens at the front.*
Cette porte fermait mal la semaine dernière, aujourd'hui elle ferme bien. *This door was shutting badly last week, today it's shutting properly.*
Le magasin sera fermé du lundi 15 juillet au mardi 15 août. *The shop will be shut from Monday, 15 July to Tuesday 15 August.*
Ça ferme à 12h. *It closes at 12 o'clock.*
Je n'ai pas fermé l'œil de la nuit. *I didn't sleep a wink all night.*
Ferme-la! *Shut up!*

l'heure de fermeture *closing time*　　　**une fermeture éclair** *a zip*
enfermer *to shut in*　　　**renfermer** *to enclose*
avoir l'air fermé(e) *to seem incommunicative*　　　**un club fermé** *an exclusive club*

finir *to finish* intr./tr. **100**

INDICATIVE

Present	Imperfect	Perfect
je finis	je finissais	j'ai fini
tu finis	tu finissais	tu as fini
il/elle finit	il/elle finissait	il/elle a fini
nous finissons	nous finissions	nous avons fini
vous finissez	vous finissiez	vous avez fini
ils/elles finissent	ils/elles finissaient	ils/elles ont fini

Future	Pluperfect	Past Historic
je finirai	j'avais fini	je finis
tu finiras	tu avais fini	tu finis
il/elle finira	il/elle avait fini	il/elle finit
nous finirons	nous avions fini	nous finîmes
vous finirez	vous aviez fini	vous finîtes
ils/elles finiront	ils/elles avaient fini	ils/elles finirent

Near Future	Future Perfect	Past Anterior
je vais finir	j'aurai fini	j'eus fini

CONDITIONAL

SUBJUNCTIVE

Present	Present	Perfect
je finirais	je finisse	j'aie fini
tu finirais	tu finisses	tu aies fini
il/elle finirait	il/elle finisse	il/elle ait fini
nous finirions	nous finissions	nous ayons fini
vous finiriez	vous finissiez	vous ayez fini
ils/elles finiraient	ils/elles finissent	ils/elles aient fini

Perfect	Imperfect	Pluperfect
j'aurais fini	je finisse	j'eusse fini

PARTICIPLES

IMPERATIVE

finissant, fini

finis!, finissons!, finissez!

Avez-vous fini de vous disputer? *Have you quite finished arguing?*
Il n'a pas fini son assiette. *He hasn't finished his meal.*
Elle aurait bien fini son travail, mais elle était trop fatiguée. *She would have finished her work but she was too tired.*
Je viendrai vers 14h30 à moins que je ne finisse plus tôt. *I will come around at 2.30 p.m. unless I finish earlier.*
Cela va mal finir. *This will end in tears.*
Elle n'en finit pas de s'arranger devant sa glace. *She takes ages to sort herself out in front of her mirror.*
Il faut en finir avec ces histoires. *We must put an end to those stories.*
Elle a fini ses jours dans une région très retirée. *She ended her days in a remote region.*
Pour vous en finir. *To cut a long story short.*

c'est fini! *it's all over!*   **la fin** *the end*

101 fournir *to supply, furnish* tr.

INDICATIVE

Present	Imperfect	Perfect
je fournis	je fournissais	j'ai fourni
tu fournis	tu fournissais	tu as fourni
il/elle fournit	il/elle fournissait	il/elle a fourni
nous fournissons	nous fournissions	nous avons fourni
vous fournissez	vous fournissiez	vous avez fourni
ils/elles fournissent	ils/elles fournissaient	ils/elles ont fourni

Future	Pluperfect	Past Historic
je fournirai	j'avais fourni	je fournis
tu fourniras	tu avais fourni	tu fournis
il/elle fournira	il/elle avait fourni	il/elle fournit
nous fournirons	nous avions fourni	nous fournîmes
vous fournirez	vous aviez fourni	vous fournîtes
ils/elles fourniront	ils/elles avaient fourni	ils/elles fournirent

Near Future	Future Perfect	Past Anterior
je vais fournir	j'aurai fourni	j'eus fourni

CONDITIONAL   SUBJUNCTIVE

Present	Present	Perfect
je fournirais	je fournisse	j'aie fourni
tu fournirais	tu fournisses	tu aies fourni
il/elle fournirait	il/elle fournisse	il/elle ait fourni
nous fournirions	nous fournissions	nous ayons fourni
vous fourniriez	vous fournissiez	vous ayez fourni
ils/elles fourniraient	ils/elles fournissent	ils/elles aient fourni

Perfect	Imperfect	Pluperfect
j'aurais fourni	je fournisse	j'eusse fourni

PARTICIPLES   IMPERATIVE

fournissant, fourni   fournis!, fournissons!, fournissez!

La nouvelle usine fournira du travail pour une centaine d'ouvriers. *The new factory will provide work for about a hundred workers.*
Il m'a demandé de lui fournir mon passeport. *He asked me to present my passport to him.*
Elle a tiré un muscle en fournissant un gros effort. *She pulled a muscle while making a huge effort.*
Ses parents fournissent à tous ses besoins. *His/her parents provide all his/her needs.*
Avant de partir en Grèce je me suis fourni(e) de crèmes solaires. *Before I left for Greece, I stocked up on suntan creams.* (refl.)
Elle a une chevelure peu fournie. *She has a sparse head of hair.*
Les rayons épicerie sont bien fournis. *The grocery shelves are well stocked.*

un fournisseur *a supplier/merchant*   **une fourniture** *a supply*
les fournitures scolaires *school stationery*
un fournisseur d'accès *an internet provider*

gagner _to earn, win_ intr./tr. **102**

INDICATIVE

Present	Imperfect	Perfect
je gagne	je gagnais	j'ai gagné
tu gagnes	tu gagnais	tu as gagné
il/elle gagne	il/elle gagnait	il/elle a gagné
nous gagnons	nous gagnions	nous avons gagné
vous gagnez	vous gagniez	vous avez gagné
ils/elles gagnent	ils/elles gagnaient	ils/elles ont gagné

Future	Pluperfect	Past Historic
je gagnerai	j'avais gagné	je gagnai
tu gagneras	tu avais gagné	tu gagnas
il/elle gagnera	il/elle avait gagné	il/elle gagna
nous gagnerons	nous avions gagné	nous gagnâmes
vous gagnerez	vous aviez gagné	vous gagnâtes
ils/elles gagneront	ils/elles avaient gagné	ils/elles gagnèrent

Near Future	Future Perfect	Past Anterior
je vais gagner	j'aurai gagné	j'eus gagné

CONDITIONAL / SUBJUNCTIVE

Present	Present	Perfect
je gagnerais	je gagne	j'aie gagné
tu gagnerais	tu gagnes	tu aies gagné
il/elle gagnerait	il/elle gagne	il/elle ait gagné
nous gagnerions	nous gagnions	nous ayons gagné
vous gagneriez	vous gagniez	vous ayez gagné
ils/elles gagneraient	ils/elles gagnent	ils/elles aient gagné

Perfect	Imperfect	Pluperfect
j'aurais gagné	je gagnasse	j'eusse gagné

PARTICIPLES / IMPERATIVE

PARTICIPLES	IMPERATIVE
gagnant, gagné	gagne!, gagnons!, gagnez!

Il gagne bien sa vie en tant qu'informaticien. _He earns a good living as a computer scientist._
Nous avons gagné à la Loterie Nationale. _We won on the National Lottery._
Prenons cette route, nous gagnerons du temps. _Let's take this road, we will save time._
Tu auras bien gagné tes vacances. _You will have earned your holidays._
Elle a gagné de deux centimètres. _She has grown by two centimetres._
C'est toujours ça de gagné. _That's always something._
La fatigue doucement nous gagnait. _Fatigue was gradually getting to us._
La panique les gagna. _Panic took them over._

le gagnant / la gagnante _the winner_   **un gagne-pain** _job_
gagner haut la main _to win hands down_   **gagner du terrain** _to gain ground_

103 garder *to keep, look after* tr.

INDICATIVE

Present	Imperfect	Perfect
je garde	je gardais	j'ai gardé
tu gardes	tu gardais	tu as gardé
il/elle garde	il/elle gardait	il/elle a gardé
nous gardons	nous gardions	nous avons gardé
vous gardez	vous gardiez	vous avez gardé
ils/elles gardent	ils/elles gardaient	ils/elles ont gardé

Future	Pluperfect	Past Historic
je garderai	j'avais gardé	je gardai
tu garderas	tu avais gardé	tu gardas
il/elle gardera	il/elle avait gardé	il/elle garda
nous garderons	nous avions gardé	nous gardâmes
vous garderez	vous aviez gardé	vous gardâtes
ils/elles garderont	ils/elles avaient gardé	ils/elles gardèrent

Near Future	Future Perfect	Past Anterior
je vais garder	j'aurai gardé	j'eus gardé

CONDITIONAL SUBJUNCTIVE

Present	Present	Perfect
je garderais	je garde	j'aie gardé
tu garderais	tu gardes	tu aies gardé
il/elle garderait	il/elle garde	il/elle ait gardé
nous garderions	nous gardions	nous ayons gardé
vous garderiez	vous gardiez	vous ayez gardé
ils/elles garderaient	ils/elles gardent	ils/elles aient gardé

Perfect	Imperfect	Pluperfect
j'aurais gardé	je gardasse	j'eusse gardé

PARTICIPLES IMPERATIVE

gardant, gardé

garde!, gardons!, gardez!

Sophie garde son petit frère toute la journée. *Sophie looks after her little brother all day.*
Garde-moi une place assise s'il te plaît. *Keep a seat for me please.*
Elle avait gardé sa chambre une semaine pendant sa maladie. *She was confined to her room for one week during her illness.*
Est-ce que ça se garde bien? *Does it keep well?* (refl.)
Garde la monnaie! *Keep the change!*
Prenez garde de ne pas vous blesser. *Take care not to hurt yourself.*
Je m'en garderai bien! *That's the last thing I will do!* (refl.)

un gardien / une gardienne *a guardian, warden*
une garde-robe *a wardrobe*
une garderie *a nursery*
un gardien de but *a goalie*
une pharmacie de garde *a duty chemist*

gâter *to ruin, spoil* tr. **104**

INDICATIVE

Present	Imperfect	Perfect
je gâte	je gâtais	j'ai gâté
tu gâtes	tu gâtais	tu as gâté
il/elle gâte	il/elle gâtait	il/elle a gâté
nous gâtons	nous gâtions	nous avons gâté
vous gâtez	vous gâtiez	vous avez gâté
ils/elles gâtent	ils/elles gâtaient	ils/elles ont gâté

Future	Pluperfect	Past Historic
je gâterai	j'avais gâté	je gâtai
tu gâteras	tu avais gâté	tu gâtas
il/elle gâtera	il/elle avait gâté	il/elle gâta
nous gâterons	nous avions gâté	nous gâtâmes
vous gâterez	vous aviez gâté	vous gâtâtes
ils/elles gâteront	ils/elles avaient gâté	ils/elles gâtèrent

Near Future	Future Perfect	Past Anterior
je vais gâter	j'aurai gâté	j'eus gâté

CONDITIONAL   SUBJUNCTIVE

Present	Present	Perfect
je gâterais	je gâte	j'aie gâté
tu gâterais	tu gâtes	tu aies gâté
il/elle gâterait	il/elle gâte	il/elle ait gâté
nous gâterions	nous gâtions	nous ayons gâté
vous gâteriez	vous gâtiez	vous ayez gâté
ils/elles gâteraient	ils/elles gâtent	ils/elles aient gâté

Perfect	Imperfect	Pluperfect
j'aurais gâté	je gâtasse	j'eusse gâté

PARTICIPLES   IMPERATIVE

gâtant, gâté   gâte!, gâtons!, gâtez!

Leurs grands-parents les gâtent, surtout à Noël. *Their grandparents spoil them, especially at Christmas.*
Le temps se gâte. *The weather is changing for the worse.* (refl.)
Les dents de cet enfant sont toutes gâtées. *That child's teeth are all ruined.*
J'ai gâté ma robe avec du vin rouge. *I've spoiled my dress with red wine.*
Il n'est pas gâté par la nature. *Nature has not been kind to him.*
Les événements se gâtent. *Events are turning out badly.* (refl.)
Et en plus elle parle plusieurs langues, ce qui ne gâte rien. *And on top of that she speaks many languages, which cannot be a bad thing.*
Il n'y a rien d'intéressant à la télé, on est vraiment gâté! *There is nothing interesting on the telly, just our luck!*

une gâterie *a little treat*   **un enfant gâté** *a spoilt child*

105 goûter *to taste* tr.

INDICATIVE

Present	Imperfect	Perfect
je goûte	je goûtais	j'ai goûté
tu goûtes	tu goûtais	tu as goûté
il/elle goûte	il/elle goûtait	il/elle a goûté
nous goûtons	nous goûtions	nous avons goûté
vous goûtez	vous goûtiez	vous avez goûté
ils/elles goûtent	ils/elles goûtaient	ils/elles ont goûté

Future	Pluperfect	Past Historic
je goûterai	j'avais goûté	je goûtai
tu goûteras	tu avais goûté	tu goûtas
il/elle goûtera	il/elle avait goûté	il/elle goûta
nous goûterons	nous avions goûté	nous goûtâmes
vous goûterez	vous aviez goûté	vous goûtâtes
ils/elles goûteront	ils/elles avaient goûté	ils/elles goûtèrent

Near Future	Future Perfect	Past Anterior
je vais goûter	j'aurai goûté	j'eus goûté

CONDITIONAL | SUBJUNCTIVE

Present	Present	Perfect
je goûterais	je goûte	j'aie goûté
tu goûterais	tu goûtes	tu aies goûté
il/elle goûterait	il/elle goûte	il/elle ait goûté
nous goûterions	nous goûtions	nous ayons goûté
vous goûteriez	vous goûtiez	vous avez goûté
ils/elles goûteraient	ils/elles goûtent	ils/elles aient goûté

Perfect	Imperfect	Pluperfect
j'aurais goûté	je goûtasse	j'eusse goûté

PARTICIPLES | IMPERATIVE

goûtant, goûté

goûte!, goûtons!, goûtez!

Goûtez-moi cette sauce. *Taste this sauce for me.*
Avez-vous goûté à ce plat? *Did you taste this dish?*
Je goûterais bien ce gâteau. *I wouldn't mind tasting this cake.*
Il faut que nous goûtions ce vin. *We must taste this wine.*
Cet après-midi j'invite des enfants à goûter. *This afternoon I'll invite some children for tea.*
Elle l'a goûté du bout des lèvres. *She took a sip of it.*
C'est à ton goût? *Is it to your taste?*

le goût *taste*
avoir le goût fin *to have a fine palate*
de mauvais goût *in bad taste*

un goûteur / une goûtese (de vin) *a wine taster*
le goûter *afternoon tea (snack for children)*

grandir *to grow, increase* intr./tr. **106**

INDICATIVE

Present	Imperfect	Perfect
je grandis	je grandissais	j'ai grandi
tu grandis	tu grandissais	tu as grandi
il/elle grandit	il/elle grandissait	il/elle a grandi
nous grandissons	nous grandissions	nous avons grandi
vous grandissez	vous grandissiez	vous avez grandi
ils/elles grandissent	ils/elles grandissaient	ils/elles ont grandi

Future	Pluperfect	Past Historic
je grandirai	j'avais grandi	je grandis
tu grandiras	tu avais grandi	tu grandis
il/elle grandira	il/elle avait grandi	il/elle grandit
nous grandirons	nous avions grandi	nous grandîmes
vous grandirez	vous aviez grandi	vous grandîtes
ils/elles grandiront	ils/elles avaient grandi	ils/elles grandirent

Near Future	Future Perfect	Past Anterior
je vais grandir	j'aurai grandi	j'eus grandi

CONDITIONAL   SUBJUNCTIVE

Present	Present	Perfect
je grandirais	je grandisse	j'aie grandi
tu grandirais	tu grandisses	tu aies grandi
il/elle grandirait	il/elle grandisse	il/elle ait grandi
nous grandirions	nous grandissions	nous ayons grandi
vous grandiriez	vous grandissiez	vous ayez grandi
ils/elles grandiraient	ils/elles grandissent	ils/elles aient grandi

Perfect	Imperfect	Pluperfect
j'aurais grandi	je grandisse	j'eusse grandi

PARTICIPLES   IMPERATIVE

grandissant, grandi   grandis!, grandissons!, grandissez!

Il a beaucoup grandi ces derniers mois. *He has grown a lot these last few months.*
Quand je l'a vue un an plus tard elle avait grandi. *When I saw her a year later, she had grown.*
Les applaudissements dans la salle grandissaient. *The applause in the room increased.*
Tu porteras les vêtements de l'été dernier, à moins que tu aies grandi. *You will wear last summer's clothes unless you have grown.*
Fais comme un grand. *Behave like a big boy, a grown-up.*
Il a un nombre grandissant de disciples. *He has a growing number of followers.*
Elle porte des chaussures à talons pour se grandir. *She wears high heels to make herself look tall.* (refl.)

grand(e) *tall*   **grandiose** *imposing*
la grandeur *size*   **grandeur nature** *life-size*

107 guérir *to heal, cure* intr./tr.

INDICATIVE

Present	Imperfect	Perfect
je guéris	je guérissais	j'ai guéri
tu guéris	tu guérissais	tu as guéri
il/elle guérit	il/elle guérissait	il/elle a guéri
nous guérissons	nous guérissions	nous avons guéri
vous guérissez	vous guérissiez	vous avez guéri
ils/elles guérissent	ils/elles guérissaient	ils/elles ont guéri

Future	Pluperfect	Past Historic
je guérirai	j'avais guéri	je guéris
tu guériras	tu avais guéri	tu guéris
il/elle guérira	il/elle avait guéri	il/elle guérit
nous guérirons	nous avions guéri	nous guérîmes
vous guérirez	vous aviez guéri	vous guérîtes
ils/elles guériront	ils/elles avaient guéri	ils/elles guérirent

Near Future	Future Perfect	Past Anterior
je vais guérir	j'aurai guéri	j'eus guéri

CONDITIONAL   SUBJUNCTIVE

Present	Present	Perfect
je guérirais	je guérisse	j'aie guéri
tu guérirais	tu guérisses	tu aies guéri
il/elle guérirait	il/elle guérisse	il/elle ait guéri
nous guéririons	nous guérissions	nous ayons guéri
vous guéririez	vous guérissiez	vous ayez guéri
ils/elles guériraient	ils/elles guérissent	is/elles aient guéri

Perfect	Imperfect	Pluperfect
j'aurais guéri	je guérisse	j'eusse guéri

PARTICIPLES   IMPERATIVE

guérissant, guéri   guéris!, guérissons!, guérissez!

Cette pommade vous guérira de vos coups de soleil. *This ointment will cure you of your sunburn.*
Ces gélules m'ont guéri de mes brûlures d'estomac. *Those capsules cured my heartburn.*
Il avait guéri beaucoup de maladies contagieuses. *He had cured a lot of contagious diseases.*
Sa blessure a vite guéri. *His/Her wound healed quickly.*
C'est une maladie qui se guérit bien. *It's an illness which heals well. (refl.)*
Je me guéris avec les plantes. *I use herbal remedies to cure myself.*
Il est guéri d'une longue fatigue nerveuse. *He has recovered from a long nervous exhaustion.*

un guérisseur / une guérisseuse *a healer*   **guérissable** *curable*
la guérison *healing, recovery*   **la guérison par la foi** *faith healing*

INDICATIVE

Present	Imperfect	Perfect
j'habite	j'habitais	j'ai habité
tu habites	tu habitais	tu as habité
il/elle habite	il/elle habitait	il/elle a habité
nous habitons	nous habitions	nous avons habité
vous habitez	vous habitiez	vous avez habité
ils/elles habitent	ils/elles habitaient	ils/elles ont habité

Future	Pluperfect	Past Historic
j'habiterai	j'avais habité	j'habitai
tu habiteras	tu avais habité	tu habitas
il/elle habitera	il/elle avait habité	il/elle habita
nous habiterons	nous avions habité	nous habitâmes
vous habiterez	vous aviez habité	vous habitâtes
ils/elles habiteront	ils/elles avaient habité	ils/elles habitèrent

Near Future	Future Perfect	Past Anterior
je vais habiter	j'aurai habité	j'eus habité

CONDITIONAL / SUBJUNCTIVE

Present	Present	Perfect
j'habiterais	j'habite	j'aie habité
tu habiterais	tu habites	tu aies habité
il/elle habiterait	il/elle habite	il/elle ait habité
nous habiterions	nous habitions	nous ayons habité
vous habiteriez	vous habitiez	vous ayez habité
ils/elle habiteraient	ils/elles habitent	ils/elles aient habité

Perfect	Imperfect	Pluperfect
j'aurais habité	j'habitasse	j'eusse habité

PARTICIPLES / IMPERATIVE

habitant, habité

habite!, habitons!, habitez!

Où habitez-vous? *Where do you live?*
Ils habitent un petit pavillon en banlieue. *They live in a little villa in the suburbs.*
Nous avons habité la campagne pendant des années. *We lived in the country for many years.*
Ils habitaient en centre ville. *They used to live in the town centre.*
J'aurais bien habité sur la côte. *I wouldn't have minded living on the coast.*
Cette maison est habitée par un couple de retraités. *This house is inhabited by a retired couple.*
Cette propriété n'a pas l'air d'être habitée. *This property doesn't look occupied.*

une habitation *a living, dwelling*
un(e) habitant(e) *an inhabitant*

une H.L.M. (une habitation à loyer modéré) *a council flat*

109 haïr *to hate* tr.

INDICATIVE

Present	**Imperfect**	**Perfect**
je hais	je haïssais	j'ai haï
tu hais	tu haïssais	tu as haï
il/elle hait	il/elle haïssait	il/elle a haï
nous haïssons	nous haïssions	nous avons haï
vous haïssez	vous haïssiez	vous avez haï
ils/elles haïssent	ils/elles haïssaient	ils/elles ont haï

Future	**Pluperfect**	**Past Historic**
je haïrai	j'avais haï	je haïs
tu haïras	tu avais haï	tu haïs
il/elle haïra	il/elle avait haï	il/elle haït
nous haïrons	nous avions haï	nous haïmes
vous haïrez	vous aviez haï	vous haïtes
ils/elles haïront	ils/elles avaient haï	ils/elles haïrent

Near Future	**Future Perfect**	**Past Anterior**
je vais haïr	j'aurai haï	j'eus haï

CONDITIONAL

SUBJUNCTIVE

Present	**Present**	**Perfect**
je haïrais	je haïsse	j'aie haï
tu haïrais	tu haïsses	tu aies haï
il/elle haïrait	il/elle haïsse	il/elle ait haï
nous haïrions	nous haïssions	nous ayons haï
vous haïriez	vous haïssiez	vous ayez haï
ils/elles haïraient	ils/elles haïssent	ils/elles aient haï

Perfect	**Imperfect**	**Pluperfect**
j'aurais haï	je haïsse	j'eusse haï

PARTICIPLES

IMPERATIVE

haïssant, haï	hais!, haïssons!, haïssez!

Il hait se lever de bonne heure. *He hates getting up early.*
Pourquoi le hais-tu, qu'est-ce qu'il t'a fait? *Why do you hate him, what did he do to you?*
Ne le hais pas ainsi, il n'est pas aussi mauvais que ça. *Don't hate him so much, he is not as bad as all that.*
Ma grand-mère haïssait les mauvaises manières. *My grandmother hated bad manners.*
Si tu m'avais fait un coup comme ça, je te haïrais. *If you had done me a bad turn like that, I would hate you.*

la haine *hatred*   **haineux(-euse)** *hateful*
haïssable *detestable*
prendre quelqu'un en haine *to take a violent dislike to someone*

inclure *to include, enclose* tr. **110**

INDICATIVE

Present	**Imperfect**	**Perfect**
j'inclus	j'incluais	j'ai inclus
tu inclus	tu incluais	tu as inclus
il/elle inclut	il/elle incluait	il/elle a inclus
nous incluons	nous incluions	nous avons inclus
vous incluez	vous incluiez	vous avez inclus
ils/elles incluent	ils/elles incluaient	ils/elles ont inclus

Future	**Pluperfect**	**Past Historic**
j'inclurai	j'avais inclus	j'inclus
tu incluras	tu avais inclus	tu inclus
il/elle inclura	il/elle avait inclus	il/elle inclut
nous inclurons	nous avions inclus	nous inclûmes
vous inclurez	vous aviez inclus	vous inclûtes
ils/elles incluront	ils\elles avaient inclus	ils/elles inclurent

Near Future	**Future Perfect**	**Past Anterior**
je vais inclure	j'aurai inclus	j'eus inclus

CONDITIONAL / SUBJUNCTIVE

Present	**Present**	**Perfect**
j'inclurais	j'inclue	j'aie inclus
tu inclurais	tu inclues	tu aies inclus
il/elle inclurait	il/elle inclue	il/elle ait inclus
nous inclurions	nous incluions	nous ayons inclus
vous incluriez	vous incluiez	vous avez inclus
ils/elles incluraient	ils/elles incluent	ils/elles aient inclus

Perfect	**Imperfect**	**Pluperfect**
j'aurais inclus	j'inclusse	j'eusse inclus

PARTICIPLES / IMPERATIVE

incluant, inclus

inclus!, incluons!, incluez!

J'inclus une personne de plus dans le groupe. *I am including an extra person in the group.*
Encore une fois nous n'aurons pas été inclus sur la liste. *Once more we won't have been included on the list.*
Il faut que j'inclue une centaine de personnes à cette réunion. *I have to include a hundred people in this meeting.*
Veuillez trouver ci-inclus les documents suivants. *Please find enclosed the following documents.*
Nous resterons du mardi au jeudi inclus. *We will stay from Tuesday to Thursday inclusively.*
Est-ce que le service est inclus? *Is service included?*

inclusif(-ive) *inclusive*

inclusivement *inclusively, including*

111 *s'inquiéter *to worry* refl.

INDICATIVE

Present	Imperfect	Perfect
je m'inquiète	je m'inquiétais	je me suis inquiété(e)
tu t'inquiètes	tu t'inquiétais	tu t'es inquiété(e)
il/elle s'inquiète	il/elle s'inquiétait	il/elle s'est inquiété(e)
nous nous inquiétons	nous nous inquiétions	nous nous sommes inquiété(e)s
vous vous inquiétez	vous vous inquiétiez	vous vous êtes inquiété(e)(s)
ils/elles s'inquiètent	ils/elles s'inquiétaient	ils/elles se sont inquiété(e)s

Future	Pluperfect	Past Historic
je m'inquiéterai	je m'étais inquiété(e)	je m'inquiétai
tu t'inquiéteras	tu t'étais inquiété(e)	tu t'inquiétas
il/elle s'inquiétera	il/elle s'etait inquiété(e)	il/elle s'inquiéta
nous nous inquiéterons	nous nous étions inquiété(e)s	nous nous inquiétâmes
vous vous inquiéterez	vous vous étiez inquiété(e)(s)	vous vous inquiétâtes
ils/elles s'inquiéteront	ils/elles s'étaient inquiété(e)s	ils/elles s'inquiétèrent

Near Future	Future Perfect	Past Anterior
je vais m'inquiéter	je me serai inquiété(e)	je me fus inquiété(e)

CONDITIONAL   SUBJUNCTIVE

Present	Present	Perfect
je m'inquiéterais	je m'inquiète	je me sois inquiété(e)
tu t'inquiéterais	tu t'inquiètes	tu te sois inquiété(e)
il/elle s'inquiéterait	il/elle s'inquiète	il/elle se soit inquiété(e)
nous nous inquiéterions	nous nous inquiétions	nous nous soyons inquiété(e)s
vous vous inquiéteriez	vous vous inquiétiez	vous vous soyez inquiété(e)(s)
ils/elles s'inquiéteraient	ils/elles s'inquiètent	ils/elles se soient inquiété(e)s

Perfect	Imperfect	Pluperfect
je me serais inquiété(e)	je m'inquiétasse	je me fusse inquiété(e)

PARTICIPLES   IMPERATIVE

s'inquiétant, inquiété

inquiète-toi!, inquiétons-nous!, inquiétez-vous!
ne t'inquiète pas!, ne nous inquiétons pas!, ne vous
inquiétez pas!

Elle s'inquiète de sa santé. *She worries about his/her health.*
Ne vous inquiétez pas pour lui. *Do not worry about him.*
Ne t'inquiète pas! *Don't worry!*
Nous fûmes très inquiets toute la soirée. *We were very worried all evening.*
Il n'y a pas de quoi s'inquiéter. *There is nothing to worry about.*
Ils se sont inquiétés quand elle n'est pas rentrée à minuit. *They were worried*
when she didn't come back at midnight.
Elle a été inquiétée devant les enquêteurs. *She has been troubled by the police.*

inquiétant(e) *worrying*   **inquiet/inquiète** *anxious, troubled*
l'inquiétude (f) *restlessness, anxiety*

interdire *to forbid* tr. **112**

INDICATIVE

Present	Imperfect	Perfect
j'interdis	j'interdisais	j'ai interdit
tu interdis	tu interdisais	tu as interdit
il/elle interdit	il/elle interdisait	il/elle a interdit
nous interdisons	nous interdisions	nous avons interdit
vous interdisez	vous interdisiez	vous avez interdit
ils/elles interdisent	ils/elles interdisaient	ils/elles ont interdit

Future	Pluperfect	Past Historic
j'interdirai	j'avais interdit	j'interdis
tu interdiras	tu avais interdit	tu interdis
il/elle interdira	il/elle avait interdit	il/elle interdit
nous interdirons	nous avions interdit	nous interdîmes
vous interdirez	vous aviez interdit	vous interdîtes
ils/elles interdiront	ils/elles avaient interdit	ils/elles interdirent

Near Future	Future Perfect	Past Anterior
je vais interdire	j'aurai interdit	j'eus interdit

CONDITIONAL | SUBJUNCTIVE

Present	Present	Perfect
j'interdirais	j'interdise	j'aie interdit
tu interdirais	tu interdises	tu aies interdit
il/elle interdirait	il/elle interdise	il/elle ait interdit
nous interdirions	nous interdisions	nous ayons interdit
vous interdiriez	vous interdisiez	vous ayez interdit
ils/elles interdiraient	ils/elles interdisent	ils/elles aient interdit

Perfect	Imperfect	Pluperfect
j'aurais interdit	j'interdisse	j'eusse interdit

PARTICIPLES | IMPERATIVE

interdisant, interdit | interdis!, interdisons!, interdisez!

Je t'interdis de sortir. *I forbid you to go out.*
Le docteur lui a interdit de boire de l'alcool et de fumer. *The doctor forbade him/her to smoke and drink.*
Sa religion lui interdit certains aliments. *His/Her religion forbids him/her certain foods.*
Les poids-lourds sont interdits de circuler au centre-ville. *Heavy goods vehicles are banned from the town centre.*
Film interdit au moins de 18 ans. *18 film.*
Il est resté interdit devant cette remarque. *This remark took him aback.*
Je me suis interdit de lui poser toute question. *I refrained from asking him/her any questions.* (refl.)

accès interdit *no entry*
stationnement interdit *no parking*
une interdiction *a ban*

interdiction de marcher sur les pelouses *keep off the grass*

113 jeter *to throw* tr.

INDICATIVE

Present	Imperfect	Perfect
je jette	je jetais	j'ai jeté
tu jettes	tu jetais	tu as jeté
il/elle jette	il/elle jetait	il/elle a jeté
nous jetons	nous jetions	nous avons jeté
vous jetez	vous jetiez	vous avez jeté
ils/elles jettent	ils/elles jetaient	ils/elles ont jeté

Future	Pluperfect	Past Historic
je jetterai	j'avais jeté	je jetai
tu jetteras	tu avais jeté	tu jetas
il/elle jettera	il/elle avait jeté	il/elle jeta
nous jetterons	nous avions jeté	nous jetâmes
vous jetterez	vous aviez jeté	vous jetâtes
ils/elles jetteront	ils/elles avaient jeté	ils/elles jetèrent

Near Future	Future Perfect	Past Anterior
je vais jeter	j'aurai jeté	j'eus jeté

CONDITIONAL / SUBJUNCTIVE

Present	Present	Perfect
je jetterais	je jette	j'aie jeté
tu jetterais	tu jettes	tu aies jeté
il/elle jetterait	il/elle jette	il/elle ait jeté
nous jetterions	nous jetions	nous ayons jeté
vous jetteriez	vous jetiez	vous ayez jeté
ils/elles jetteraient	ils/elles jettent	ils/elles aient jeté

Perfect	Imperfect	Pluperfect
j'aurais jeté	je jetasse	j'eusse jeté

PARTICIPLES / IMPERATIVE

PARTICIPLES	IMPERATIVE
jetant, jeté	jette!, jetons!, jetez!

Jette les ordures à la poubelle. *Throw the rubbish in the dustbin.*
Laure, as-tu jeté le journal? *Laure, did you throw the newspaper away?*
Ce vieux meuble – il faut que je le jette. *This old piece of furniture – I must throw it away.*
Les touristes avaient jeté des papiers par terre. *The tourists had thrown papers on the ground.*
Tu peux jeter l'emballage. *You can throw the packaging away.*
Je vais jeter un coup d'œil sur les enfants. *I am going to have a quick look at the children.*
Elle jeta son gilet sur ses épaules. *She slipped her cardigan over her shoulders.*
Il s'est jeté à l'eau tout habillé. *He plunged into the water fully clothed.*
Ne jette pas ton argent par les fenêtres. *Don't throw your money down the drain.*

jeter un froid *to cast a chill*   **une jetée** *a jetty*
jetable *disposable*
un jeton *a token*

jouer *to play* intr./tr. **114**

INDICATIVE

Present	**Imperfect**	**Perfect**
je joue	je jouais	j'ai joué
tu joues	tu jouais	tu as joué
il/elle joue	il/elle jouait	il/elle a joué
nous jouons	nous jouions	nous avons joué
vous jouez	vous jouiez	vous avez joué
ils/elles jouent	ils/elles jouaient	ils/elles ont joué

Future	**Pluperfect**	**Past Historic**
je jouerai	j'avais joué	je jouai
tu joueras	tu avais joué	tu jouas
il/elle jouera	il/elle avait joué	il/elle joua
nous jouerons	nous avions joué	nous jouâmes
vous jouerez	vous aviez joué	vous jouâtes
ils/elles joueront	ils/elles avaient joué	ils/elles jouèrent

Near Future	**Future Perfect**	**Past Anterior**
je vais jouer	j'aurai joué	j'eus joué

CONDITIONAL / SUBJUNCTIVE

Present	**Present**	**Perfect**
je jouerais	je joue	j'aie joué
tu jouerais	tu joues	tu aies joué
il/elle jouerait	il/elle joue	il/elle ait joué
nous jouerions	nous jouions	nous ayons joué
vous joueriez	vous jouiez	vous ayez joué
ils/elles joueraient	ils/elles jouent	ils/elles aient joué

Perfect	**Imperfect**	**Pluperfect**
j'aurais joué	je jouasse	j'eusse joué

PARTICIPLES / IMPERATIVE

jouant, joué

joue!, jouons!, jouez!

Nous avons joué aux boules. *We played bowls.*
Il joue de la flûte. *He plays the flute.*
Hier soit il jouait un bon film à la télévision. *Last night there was a good film on television.*
On joue 'Tartuffe' à la Comédie Française. *They're playing 'Tartuffe' at the Comédie Française.*
Il a perdu tout son argent en jouant aux courses. *He lost all his money gambling at the races.*
Il s'est bien joué de nous tous. *He duped us all.* (refl.)
Il veut jouer au plus malin. *He wants to outsmart us.*
Ce jeu se joue à quatre. *This is a game for four.* (refl.)

jouer un (mauvais) tour *to play a (dirty) trick*
un joueur *a gambler*
bien joué! *well played!*

un jouet *a toy*
être bon/mauvais joueur *to be a good/bad loser*

115 laisser *to leave, let* tr.

INDICATIVE

Present	Imperfect	Perfect
je laisse	je laissais	j'ai laissé
tu laisses	tu laissais	tu as laissé
il/elle laisse	il/elle laissait	il/elle a laissé
nous laissons	nous laissions	nous avons laissé
vous laissez	vou laissiez	vous avez laissé
ils/elles laissent	ils/elles laissaient	ils/elles ont laissé

Future	Pluperfect	Past Historic
je laisserai	j'avais laissé	je laissai
tu laisseras	tu avais laissé	tu laissas
il/elle laissera	il/elle avait laissé	il/elle laissa
nous laisserons	nous avions laissé	nous laissâmes
vous laisserez	vous aviez laissé	vous laissâtes
ils/elles laisseront	ils/elles avaient laissé	ils/elles laissèrent

Near Future	Future Perfect	Past Anterior
je vais laisser	j'aurai laissé	j'eus laissé

CONDITIONAL   SUBJUNCTIVE

Present	Present	Perfect
je laisserais	je laisse	j'aie laissé
tu laisserais	tu laisses	tu aies laissé
il/elle laisserait	il/elle laisse	il/elle ait laissé
nous laisserions	nous laissions	nous ayons laissé
vous laisseriez	vous laissiez	vous ayez laissé
ils/elles laisseraient	ils/elles laissent	ils/elles aient laissé

Perfect	Imperfect	Pluperfect
j'aurais laissé	je laissasse	j'eusse laissé

PARTICIPLES   IMPERATIVE

laissant, laissé   laisse!, laissons!, laissez!

Laisse-le tranqille. *Leave him alone.*
Je t'ai laissé un morceau de tarte aux pommes. *I left you a piece of apple tart.*
Elle leur aura laissé une bonne impression. *She will have left them with a good impression of her.*
Il faut que nous laissions les fenêtres ouvertes. *We must leave the windows open.*
C'est à prendre ou à laisser. *Take it or leave it.*
Il faut en prendre et en laisser. *You must take what he tells you with a pinch of salt.*
Depuis la divorce il se laisse aller. *Since the divorce he has been letting himself go.* (refl.)
Ne te laisse pas mener par le bout du nez. *Don't let yourself be bossed about.* (refl.)
Tu te laisses trop faire. *You let yourself be pushed around.* (refl.)

laisser tomber *to drop*   **un laissez-passer** *a pass, permit*
les laissés pour compte *people rejected by society*

laver *to wash* tr. **116**

INDICATIVE

Present	Imperfect	Perfect
je lave	je lavais	j'ai lavé
tu laves	tu lavais	tu as lavé
il/elle lave	il/elle lavait	il/elle a lavé
nous lavons	nous lavions	nous avons lavé
vous lavez	vous laviez	vous avez lavé
ils/elles lavent	ils/elles lavaient	ils/elles ont lavé

Future	Pluperfect	Past Historic
je laverai	j'avais lavé	je lavai
tu laveras	tu avais lavé	tu lavas
il/elle lavera	il/elle avait lavé	il/elle lava
nous laverons	nous avions lavé	nous lavâmes
vous laverez	vous aviez lavé	vous lavâtes
ils/elles laveront	ils/elles avaient lavé	ils/elles lavèrent

Near Future	Future Perfect	Past Anterior
je vais laver	j'aurai lavé	j'eus lavé

CONDITIONAL   SUBJUNCTIVE

Present	Present	Perfect
je laverais	je lave	j'aie lavé
tu laverais	tu laves	tu aies lavé
il/elle laverait	il/elle lave	il/elle ait lavé
nous laverions	nous lavions	nous ayons lavé
vous laveriez	vous laviez	vous ayez lavé
ils/elles laveraient	ils/elles lavent	ils/elles aient lavé

Perfect	Imperfect	Pluperfect
j'aurais lavé	je lavasse	j'eusse lavé

PARTICIPLES   IMPERATIVE

lavant, lavé   lave!, lavons!, lavez!

Je lave les vitres toutes les six semaines. *I wash the windows very six weeks.*
As-tu lavé la vaisselle? *Have you washed the dishes?*
Ryan lavera la voiture pendant le week-end. *Ryan will wash the car over the weekend.*
Je me lave les mains à l'eau chaude. *I wash my hands with hot water.* (refl.)
On peut laver les baskets à la machine. *You can wash trainers in the machine.*
De nos problèmes il s'en lave les mains. *He washes his hands of the matter.* (refl.)
Ce tissu ne se lave pas. *This fabric is not washable.* (refl.)

un laveur / une laveuse de vitres *a window cleaner*
une machine à laver *a washing machine*
le lavage de cerveau *brainwashing*
un lave-vaisselle *a dishwasher*
une laverie *a launderette*
'lavage à la main' *'hand wash only'*

117 *se lever *to get up*   refl.

INDICATIVE

Present	Imperfect	Perfect
je me lève	je me levais	je me suis levé(e)
tu te lèves	tu te levais	tu t'es levé(e)
il/elle se lève	il/elle se levait	il/elle s'est levé(e)
nous nous levons	nous nous levions	nous nous sommes levé(e)s
vous vous levez	vous vous leviez	vous vous êtes levé(e)(s)
ils/elles se lèvent	ils/elles se levaient	ils/elles se sont levé(e)s

Future	Pluperfect	Past Historic
je me lèverai	je m'étais levé(e)	je me levai
tu te lèveras	tu t'étais levé(e)	tu te levas
il/elle se lèvera	il/elle s'était levé(e)	il/elle se leva
nous nous lèverons	nous nous étions levé(e)s	nous nous levâmes
vous vous lèverez	vous vous étiez levé(e)(s)	vous vous levâtes
ils/elles se lèveront	ils/elles s'étaient levé(e)s	ils/elles se levèrent

Near Future	Future Perfect	Past Anterior
je vais me laver	je me serai levé(e)	je me fus levé(e)

CONDITIONAL / SUBJUNCTIVE

Present	Present	Perfect
je me lèverais	je me lève	je me sois levé(e)
tu te lèverais	tu te lèves	tu te sois levé(e)
il/elle se lèverait	il/elle se lève	il/elle se soit levé(e)
nous nous lèverions	nous nous levions	nous nous sommes levé(e)s
vous vous lèveriez	vous vous leviez	vous vous soyez levé(e)(s)
ils/elles se lèveraient	ils/elles se lèvent	ils/elles se soient levé(e)s

Perfect	Imperfect	Pluperfect
je me serais levé(e)	je me levasse	je me fusse levé(e)

PARTICIPLES / IMPERATIVE

se levant, levé

lève-toi!, levons-nous!, levez-vous!
ne te lève pas!, ne nous levons pas!, ne vous levez pas!

Aurélien se lève de bonne heure. *Aurélien gets up early.*
Ce matin je me suis levé(e) plus tard que d'habitude. *This morning I got up later than usual.*
Ils se levèrent les uns après les autres. *They got up one after the other.*
Depuis quelle heure êtes-vous levé(e)(s)? *How long have you been up?*
La séance est levée. *Let's call it a day.*
Elle s'est levée du pied gauche ce matin. *She got out of bed on the wrong side this morning.*
Il y a un petit vent qui se lève. *There is a slight wind starting to blow.*
Le temps se lève. *The weather is clearing.*

un lever de soleil *a sunrise*
le soleil levant *the rising sun*
un lève-tard *a late riser*

un levé de terrain *a land survey*
une levée *postal collection*
un lève-tôt *an early riser*

lire *to read* tr.

INDICATIVE

Present	Imperfect	Perfect
je lis	je lisais	j'ai lu
tu lis	tu lisais	tu as lu
il/elle lit	il/elle lisait	il/elle a lu
nous lisons	nous lisions	nous avons lu
vous lisez	vous lisiez	vous avez lu
ils/elles lisent	ils/elles lisaient	ils/elles ont lu

Future	Pluperfect	Past Historic
je lirai	j'avais lu	je lus
tu liras	tu avais lu	tu lus
il/elle lira	il/elle avait lu	il/elle lut
nous lirons	nous avions lu	nous lûmes
vous lirez	vous aviez lu	vous lûtes
ils/elles liront	ils/elles avaient lu	ils/elles lurent

Near Future	Future Perfect	Past Anterior
je vais lire	j'aurai lu	j'eus lu

CONDITIONAL | SUBJUNCTIVE

Present	Present	Perfect
je lirais	je lise	j'aie lu
tu lirais	tu lises	tu aies lu
il/elle lirait	il/elle lise	il/elle ait lu
nous lirions	nous lisions	nous ayons lu
vous liriez	vous lisiez	vous ayez lu
ils/elles liraient	ils/elles lisent	ils/elles aient lu

Perfect	Imperfect	Pluperfect
j'aurais lu	je lusse	j'eusse lu

PARTICIPLES | IMPERATIVE

lisant, lu

lis!, lisons!, lisez!

Quel journal lisez-vous? *What newspaper do you read?*
Où l'avez-vous lu? *Where did you read it?*
Tous les soirs elle lisait une histoire à sa fille. *Every evening she read a story to her daughter.*
Je lirai ce livre dans l'avion. *I'll read this book on the plane.*
Il faut que tu lises à haute voix. *You must read aloud.*
Dans l'attente de vous lire. *Hoping to hear from you soon.*
La gentillesse se lit dans ses yeux. *You can read kindness in his/her eyes.*
Ça se lit très vite. *It's very quick to read. (refl.)*

un lecteur / une lectrice *a reader* **la lecture** *reading*
lisible *legible* **lisiblement** *legibly*
illisible *illegible* **un lecteur de CD** *a CD player*

119 louer *to hire, rent, praise* tr.

INDICATIVE

Present	Imperfect	Perfect
je loue	je louais	j'ai loué
tu loues	tu louais	tu as loué
il/elle loue	il/elle louait	il/elle a loué
nous louons	nous louions	nous avons loué
vous louez	vous louiez	vous avez loué
ils/elles louent	ils/elles louaient	ils/elles ont loué

Future	Pluperfect	Past Historic
je louerai	j'avais loué	je louai
tu loueras	tu avais loué	tu louas
il/elle louera	il/elle avait loué	il/elle loua
nous louerons	nous avions loué	nous louâmes
vous louerez	vous aviez loué	vous louâtes
ils/elles loueront	ils/elles avaient loué	ils/elles louèrent

Near Future	Future Perfect	Past Anterior
je vais louer	j'aurai loué	j'eus loué

CONDITIONAL   SUBJUNCTIVE

Present	Present	Perfect
je louerais	je loue	j'aie loué
tu louerais	tu loues	tu aies loué
il/elle louerait	il/elle loue	il/elle ait loué
nous louerions	nous louions	nous ayons loué
vous loueriez	vous louiez	vous ayez loué
ils/elles loueraient	ils/elles louent	ils/elles aient loué

Perfect	Imperfect	Pluperfect
j'aurais loué	je louasse	j'eusse loué

PARTICIPLES   IMPERATIVE

louant, loué   loue!, louons!, louez!

Tous les ans ils louent une maison sur la côte. *Every year they rent a villa on the coast.*
Nous louons cet appartement. *We rent this flat.*
Quand il était étudiant il louait une petite chambre de bonne sous les toits. *When he was a student he used to rent a small room in the attic.*
Le propriétaire nous a loué son terrain tout le mois d'août. *The owner rented his land to us for the whole of August.*
Vous devez louer votre place dans le T.G.V. (train à grande vitesse). *You must reserve your seat in the T.G.V. (high-speed train).*
Que le Seigneur soit loué! *Praise the Lord!*
Je le loue pour tous ces services. *I praise him for all these good turns.*

louable *praiseworthy*
la louange *praise*
un loueur / une loueuse *a hirer*

un contrat de louage *a rental contract*
un locataire *a tenant*
une location de vacances *a holiday let*

manger   *to eat*   tr.   **120**

INDICATIVE

Present	Imperfect	Perfect
je mange	je mangeais	j'ai mangé
tu manges	tu mangeais	tu as mangé
il/elle mange	il/elle mangeait	il/elle a mangé
nous mangeons	nous mangions	nous avons mangé
vous mangez	vous mangiez	vous avez mangé
ils/elles mangent	ils/elles mangeaient	ils/elles ont mangé

Future	Pluperfect	Past Historic
je mangerai	j'avais mangé	je mangeai
tu mangeras	tu avais mangé	tu mangeas
il/elle mangera	il/elle avait mangé	il/elle mangea
nous mangerons	nous avions mangé	nous mangeâmes
vous mangerez	vous aviez mangé	vous mangeâtes
ils/elles mangeront	ils/elles avaient mangé	ils/elle mangèrent

Near Future	Future Perfect	Past Anterior
je vais manger	j'aurai mangé	j'eus mangé

CONDITIONAL   SUBJUNCTIVE

Present	Present	Perfect
je mangerais	je mange	j'aie mangé
tu mangerais	tu manges	tu aies mangé
il/elle mangerait	il/elle mange	il/elle ait mangé
nous mangerions	nous mangions	nous ayons mangé
vous mangeriez	vous mangiez	vous ayez mangé
ils/elles mangeraient	ils/elles mangent	ils/elles aient mangé

Perfect	Imperfect	Pluperfect
j'aurais mangé	je mangeasse	j'eusse mangé

PARTICIPLES   IMPERATIVE

mangeant, mangé   mange!, mangeons!, mangez!

Qu'est-ce que nous mangeons à midi? *What are we eating for lunch?*
Nous n'avons pas encore mangé. *We haven't eaten yet.*
Tu mangeras bien un morceau avec nous? *Won't you have a bite to eat with us?*
Je mangerais bien encore un bout de fromage. *I could eat another piece of cheese.*
Elle donne à manger aux enfants. *She is feeding the children.*
Prenez ce médicament avant de manger. *Take this medicine before meals.*
Nous allons manger sur le pouce. *We are going to have a quick snack.*
Elle mange du bout des dents. *She nibbles at her food.*
On mange au restaurant ce soir. *We're eating out tonight.*
Ça se mange? *Can you eat it?* (refl.)
Ça se mange avec des haricots. *It's good eaten with green beans.* (refl.)

un gros/petit mangeur *a big/small eater*   **c'est mangeable** *it's edible*

121 marcher *to walk* intr.

INDICATIVE

Present	Imperfect	Perfect
je marche	je marchais	j'ai marché
tu marches	tu marchais	tu as marché
il/elle marche	il/elle marchait	il/elle a marché
nous marchons	nous marchions	nous avons marché
vous marchez	vous marchiez	vous avez marché
ils/elles marchent	ils/elles marchaient	ils/elles ont marché

Future	Pluperfect	Past Historic
je marcherai	j'avais marché	je marchai
tu marcheras	tu avais marché	tu marchas
il/elle marchera	il/elle avait marché	il/elle marcha
nous marcherons	nous avions marché	nous marchâmes
vous marcherez	vous aviez marché	vous marchâtes
ils/elles marcheront	ils/elles avaient marché	ils/elles marchèrent

Near Future	Future Perfect	Past Anterior
je vais marcher	j'aurai marché	j'eus marché

CONDITIONAL SUBJUNCTIVE

Present	Present	Perfect
je marcherais	je marche	j'aie marché
tu marcherais	tu marches	tu aies marché
il/elle marcherait	il/elle marche	il/elle ait marché
nous marcherions	nous marchions	nous ayons marché
vous marcheriez	vous marchiez	vous ayez marché
ils/elle marcheraient	ils/elles marchent	ils/elles aient marché

Perfect	Imperfect	Pluperfect
j'aurais marché	je marchasse	j'eusse marché

PARTICIPLES IMPERATIVE

marchant, marché

marche!, marchons!, marchez!

Attends-moi, tu marches trop vite. *Wait for me, you're walking too fast.*
Nous avons marché tout l'après-midi. *We walked all afternoon.*
Marchons tranquillement sans nous presser. *Let's stroll along without hurrying.*
Il marchait à grandes enjambées. *He was striding along.*
Il te fait marcher. *He is pulling your leg.*
Ça marche au gaz. *It works with gas.*
Les transports publics ne marchent pas. *Public transport isn't running.*
Ce sèche-cheveux ne marche pas. *This hairdryer isn't working.*

un marcheur / une marcheuse *a walker*   **la marche à suivre** *procedure*
une marche *a step, walk*   **des démarches** *steps, procedures*
marche arrière *reverse*

marquer *to mark, note* intr./tr. **122**

INDICATIVE

Present	Imperfect	Perfect
je marque	je marquais	j'ai marqué
tu marques	tu marquais	tu as marqué
il/elle marque	il/elle marquait	il/elle a marqué
nous marquons	nous marquions	nous avons marqué
vous marquez	vous marquiez	vous avez marqué
ils/elles marquent	ils/elles marquaient	ils/elles ont marqué

Future	Pluperfect	Past Historic
je marquerai	j'avais marqué	je marquai
tu marqueras	tu avais marqué	tu marquas
il/elle marquera	il/elle avait marqué	il/elle marqua
nous marquerons	nous avions marqué	nous marquâmes
vous marquerez	vous aviez marqué	vous marquâtes
ils/elles marqueront	ils/elles avaient marqué	ils/elles marquèrent

Near Future	Future Perfect	Past Anterior
je vais marquer	j'aurai marqué	j'eus marqué

CONDITIONAL   SUBJUNCTIVE

Present	Present	Perfect
je marquerais	je marque	j'aie marqué
tu marquerais	tu marques	tu aies marqué
il/elle marquerait	il/elle marque	il/elle ait marqué
nous marquerions	nous marquions	nous ayons marqué
vous marqueriez	vous marquiez	vous avez marqué
ils/elle marqueraient	ils/elles marquent	ils/elles aient marqué

Perfect	Imperfect	Pluperfect
j'aurais marqué	je marquasse	j'eusse marqué

PARTICIPLES   IMPERATIVE

marquant, marqué   marque!, marquons!, marquez!

Je marque au feutre noir les corrections des examens. *I'm marking the exam corrections with a black felt pen.*
J'ai marqué ta fête sur mon agenda. *I put your party in my diary.*
Nous marquerons toutes les dépenses ménagères dans ce carnet. *We'll note down all the household expenses in this notebook.*
Le vase avait marqué la table. *The vase had marked the table.*
Ils ont marqué un but. *They scored a goal.*
Marquons un temps d'arrêt. *Let's have a break.*
Ce coup l'avait beaucoup marqué. *This bad turn had a big impact on him/her.*
Sa robe lui marque bien la taille. *Her dress shows off her waistline.*
L'horloge marquait minuit. *The clock was showing midnight.*

---

une marque *a mark*   **marque déposée** *registered trademark*
un produit de marque *high-quality*   **une marque de** *a brand of*
  product
à vos marques! prêts! partez! *on your marks! ready! go!*

123 *se méfier *to mistrust* refl.

INDICATIVE

Present	Imperfect	Perfect
je me méfie	je me méfiais	je me suis méfié(e)
tu te méfies	tu te méfiais	tu t'es méfié(e)
il/elle se méfie	il/elle se méfiait	il/elle s'est méfié(e)
nous nous méfions	nous nous méfiions	nous nous sommes méfié(e)s
vous vous méfiez	vous vous méfiiez	vous vous êtes méfié(e)(s)
ils/elles se méfient	ils/elles se méfiaient	ils/elles se sont méfié(e)s

Future	Pluperfect	Past Historic
je me méfierai	je m'étais méfié(e)	je me méfiai
tu te méfieras	tu t'étais méfié(e)	tu te méfias
il/elle se méfiera	il/elle s'était méfié(e)	il/elle se méfia
nous nous méfierons	nous nous étions méfié(e)s	nous nous méfiâmes
vous vous méfierez	vous vous étiez méfié(e)(s)	vous vous méfiâtes
ils/elles se méfieront	ils/elles s'étaient méfié(e)s	ils/elles se méfièrent

Near Future	Future Perfect	Past Anterior
je vais me méfier	je me serai méfié(e)	je me fus méfié(e)

CONDITIONAL / SUBJUNCTIVE

Present	Present	Perfect
je me méfierais	je me méfie	je me sois méfié(e)
tu te méfierais	tu te méfies	tu te sois méfié(e)
il/elle se méfierait	il/elle se méfie	il/elle se soit méfié(e)
nous nous méfierions	nous nous méfiions	nous nous soyons méfié(e)s
vous vous méfieriez	vous vous méfiiez	vous vous soyez méfié(e)(s)
ils/elles se méfieraient	ils/elles se méfient	ils/elles se soient méfié(e)s

Perfect	Imperfect	Pluperfect
je me serais méfié(e)	je me méfiasse	je me fusse méfié(e)

PARTICIPLES / IMPERATIVE

se méfiant, méfié

méfie-toi!, méfions-nous!, méfiez-vous!
ne te méfie pas!, ne nous méfions pas!, ne vous méfiez pas!

Je me méfie des chiens. *I'm wary of dogs.*
Méfiez-vous des pickpockets. *Beware of pickpockets.*
Tu te méfies trop. *You are too suspicious.*
Méfions-nous. *Let's beware.*
Ils ne se sont pas du tout méfiés. *They were not at all wary.*
Il faut vous méfier de ces gens. *You must not trust those people.*
Méfie-toi des marches cirées. *Mind the polished steps.*
Méfiez-vous du courant. *Watch out for the current.*

méfiant(e) *mistrustful*   **la méfiance** *distrust*

mélanger *to mix* tr. **124**

INDICATIVE

Present	Imperfect	Perfect
je mélange	je mélangeais	j'ai mélangé
tu mélanges	tu mélangeais	tu as mélangé
il/elle mélange	il/elle mélangeait	il/elle a mélangé
nous mélangeons	nous mélangions	nous avons mélangé
vous mélangez	vous mélangiez	vous avez mélangé
ils/elles mélangent	ils/elles mélangeaient	ils/elles ont mélangé

Future	Pluperfect	Past Historic
je mélangerai	j'avais mélangé	je mélangeai
tu mélangeras	tu avais mélangé	tu mélangeas
il/elle mélangera	il/elle avait mélangé	il/elle mélangea
nous mélangerons	nous avions mélangé	nous mélangeâmes
vous mélangerez	vous aviez mélangé	vous mélangeâtes
ils/elles mélangeront	ils/elles avaient mélangé	ils/elles mélangèrent

Near Future	Future Perfect	Past Anterior
je vais mélanger	j'aurai mélangé	j'eus mélangé

CONDITIONAL | SUBJUNCTIVE

Present	Present	Perfect
je mélangerais	je mélange	j'aie mélangé
tu mélangerais	tu mélanges	tu aies mélangé
il/elle mélangerait	il/elle mélange	il/elle ait mélangé
nous mélangerions	nous mélangions	nous ayons mélangé
vous mélangeriez	vous mélangiez	vous ayez mélangé
ils/elles mélangeraient	ils/elles mélangent	ils/elles aient mélangé

Perfect	Imperfect	Pluperfect
j'aurais mélangé	je mélangeasse	j'eusse mélangé

PARTICIPLES | IMPERATIVE

mélangeant, mélangé | mélange!, mélangeons!, mélangez!

Vous mélangez tous les ingrédients. *You mix all the ingredients together.*
Il avait mélangé les vins ce qui l'avait incommodé. *He had mixed the wines which made him feel ill.*
Ces deux produits ne se mélangent pas. *Those two products don't mix.* (refl.)
Si j'étais vous je ne me mélangerais pas avec eux. *If I were you I wouldn't mix with them.* (refl.)
Elle mélange tout. *She is getting all mixed up.*
On a vu un public très mélangé à la réunion. *We saw a very mixed public at the meeting.*

un mélange *a mixture*   **un mélangeur** *a mixer tap*

125 menacer *to threaten* tr.

INDICATIVE

Present	Imperfect	Perfect
je menace	je menaçais	j'ai menacé
tu menaces	tu menaçais	tu as menacé
il/elle menace	il/elle menaçait	il/elle a menacé
nous menaçons	nous menacions	nous avons menacé
vous menacez	vous menaciez	vous avez menacé
ils/elles menacent	ils/elles menaçaient	ils/elles ont menacé

Future	Pluperfect	Past Historic
je menacerai	j'avais menacé	je menaçai
tu menaceras	tu avais menacé	tu menaças
il/elle menacera	il/elle avait menacé	il/elle menaça
nous menacerons	nous avions menacé	nous menaçâmes
vous menacerez	vous aviez menacé	vous menaçâtes
ils/elles menaceront	ils/elles avaient menacé	ils/elles menacèrent

Near Future	Future Perfect	Past Anterior
je vais menacer	j'aurai menacé	j'eus menacé

CONDITIONAL / SUBJUNCTIVE

Present	Present	Perfect
je menacerais	je menace	j'aie menacé
tu menacerais	tu menaces	tu aies menacé
il/elle menacerait	il/elle menace	il/elle ait menacé
nous menacerions	nous menacions	nous ayons menacé
vous menaceriez	vous menaciez	vous ayez menacé
ils/elles menaceraient	ils/elles menacent	ils/elles aient menacé

Perfect	Imperfect	Pluperfect
j'aurais menacé	je menaçasse	j'eusse menacé

PARTICIPLES / IMPERATIVE

menaçant, menacé   menace!, menaçons!, menacez!

La pluie menace. *It looks like rain.*
Il nous a menacé de partir. *He threatened that he would leave.*
Le pays a été menacé d'épidémie. *The country has been threatened by an epidemic.*
Les cheminots menaçaient de se mettre en grève. *The railway workers were threatening to go on strike.*
Le terroriste les a menacés de mort. *The terrorist threatened to kill them.*
Elle avait reçu des nouvelles menaçantes. *She had received threatening news.*
Ils ont reçu des menaces de mort. *They received death threats.*

une menace *a threat*   **menaçant(e)** *threatening*
les espèces menacées *endangered species*

INDICATIVE

Present	Imperfect	Perfect
je mens	je mentais	j'ai menti
tu mens	tu mentais	tu as menti
il/elle ment	il/elle mentait	il/elle a menti
nous mentons	nous mentions	nous avons menti
vous mentez	vous mentiez	vous avez menti
ils/elles mentent	ils/elles mentaient	ils/elles ont menti

Future	Pluperfect	Past Historic
je mentirai	j'avais menti	je mentis
tu mentiras	tu avais menti	tu mentis
il/elle mentira	il/elle avait menti	il/elle mentit
nous mentirons	nous avions menti	nous mentîmes
vous mentirez	vous aviez menti	vous mentîtes
ils/elles mentiront	ils/elles avaient menti	ils/elles mentirent

Near Future	Future Perfect	Past Anterior
je vais mentir	j'aurai menti	j'eus menti

CONDITIONAL · SUBJUNCTIVE

Present	Present	Perfect
je mentirais	je mente	j'aie menti
tu mentirais	tu mentes	tu aies menti
il/elle mentirait	il/elle mente	il/elle ait menti
nous mentirions	nous mentions	nous ayons menti
vous mentiriez	vous mentiez	vous ayez menti
ils/elles mentiraient	ils/elles mentent	ils/elles aient menti

Perfect	Imperfect	Pluperfect
j'aurais menti	je mentisse	j'eusse menti

PARTICIPLES · IMPERATIVE

mentant, menti

mens!, mentons!, mentez!

Elle ne ment pas à ses parents. *She doesn't lie to her parents.*
Il lui avait menti. *He had lied to her/him.*
Je n'aurais pas dû leur mentir. *I shouldn't have lied to them.*
Pourquoi a-t-il menti? *Why did he lie?*
Sans vous mentir, je l'ai payé 10 €. *Quite honestly, I paid ten euros for it.*
Tu te mens à toi-même. *You are not being honest with yourself.* (refl.)
Ne me fais pas mentir. *Don't make me lie, don't prove me wrong.*
Il ment comme il respire. *He is a compulsive liar.*

un menteur / une menteuse *a liar*
un mensonge *a lie*
un pieux mensonge *a white lie*

une promesse mensongère *a deceitful promise*

127 mériter *to deserve* tr.

INDICATIVE

Present	Imperfect	Perfect
je mérite	je méritais	j'ai mérité
tu mérites	tu méritais	tu as mérité
il/elle mérite	il/elle méritait	il/elle a mérité
nous méritons	nous méritions	nous avons mérité
vous méritez	vous méritiez	vous avez mérité
ils/elles méritent	ils/elles méritaient	ils/elles ont mérité

Future	Pluperfect	Past Historic
je mériterai	j'avais mérité	je méritai
tu mériteras	tu avais mérité	tu méritas
il/elle méritera	il/elle avait mérité	il/elle mérita
nous mériterons	nous avions mérité	nous méritâmes
vous mériterez	vous aviez mérité	vous méritâtes
ils/elles mériteront	ils/elles avaient mérité	ils/elles méritèrent

Near Future	Future Perfect	Past Anterior
je vis mériter	j'aurai mérité	j'eus mérité

CONDITIONAL   SUBJUNCTIVE

Present	Present	Perfect
je mériterais	je mérite	j'aie mérité
tu mériterais	tu mérites	tu aies mérité
il/elle mériterait	il/elle mérite	il/elle ait mérité
nous mériterions	nos méritions	nous ayons mérité
vous mériteriez	vous méritiez	vous ayez mérité
ils/elles mériteraient	ils/elles méritent	ils/elles aient mérité

Perfect	Imperfect	Pluperfect
j'aurais mérité	je méritasse	j'eusse mérité

PARTICIPLES   IMPERATIVE

méritant, mérité   mérite!, méritons!, méritez!

Il mérite d'être récompensé. *He deserves to be rewarded.*
Elle ne méritait pas d'être punie. *She didn't deserve to be punished.*
Tu l'auras bien mérité. *You'll have deserved it.*
C'est un repos bien mérité. *It's a well-deserved rest.*
Cet exploit lui a mérité le titre de champion du monde. *This achievement earned him the world champion title.*
Ça se mérite. *You have to earn it.* (refl.)
Il en a que plus de mérite pour sa générosité et sa gentillesse. *He deserves all the more credit for his generosity and kindness.*

l'order national du Mérite *the national order of merit*   **méritant(e)** *deserving*
sans mérite *undeserving*   **méritoire** *meritorious*

mettre *to put* tr.

INDICATIVE

Present	Imperfect	Perfect
je mets	je mettais	j'ai mis
tu mets	tu mettais	tu as mis
il/elle met	il/elle mettait	il/elle a mis
nous mettons	nous mettions	nous avons mis
vous mettez	vous mettiez	vous avez mis
ils/elles mettent	ils/elles mettaient	ils/elles ont mis

Future	Pluperfect	Past Historic
je mettrai	j'avais mis	je mis
tu mettras	tu avais mis	tu mis
il/elle mettra	il/elle avait mis	il/elle mit
nous mettrons	nous avions mis	nous mîmes
vous mettrez	vous aviez mis	vous mîtes
ils/elles mettront	ils/elles avaient mis	ils/elles mirent

Near Future	Future Perfect	Past Anterior
je vais mettre	j'aurai mis	j'eus mis

CONDITIONAL   SUBJUNCTIVE

Present	Present	Perfect
je mettrais	je mette	j'aie mis
tu mettrais	tu mettes	tu aies mis
il/elle mettrait	il/elle mette	il/elle ait mis
nous mettrions	nous mettions	nous ayons mis
vous mettriez	vous mettiez	vous ayez mis
ils/elles mettraient	ils/elles mettent	ils/elles aient mis

Perfect	Imperfect	Pluperfect
j'aurais mis	je misse	j'eusse mis

PARTICIPLES   IMPERATIVE

mettant, mis   mets!, mettons!, mettez!

Matthieu, où as-tu mis tes chaussures? *Matthieu, where did you put your shoes?*
Elle avait mis sa jupe neuve. *She had put on her new skirt.*
Olivier, mets le couvert, s'il te plaît. *Olivier, lay the table please.*
Mettez vos affaires dans le casier. *Put your things in the locker.*
J'ai mis l'alarme à sonner à 6h30. *I've set the alarm for 6.30 a.m.*
Vous avez mis du temps à venir. *You have taken your time to come.*
Mettez-vous à l'aise. *Make yourself comfortable.* (refl.)
Élodie mets-toi ici, et Nadia mets-toi là. *Élodie, you go here and Nadia, you go there.* (refl.)
Il se sont mis à travailler. *They set to work.* (refl.)

c'est mettable *it's wearable*
un metteur en scène *a film producer/director*
la mise au point *clarification, adjustment*

mettre au point *adjust*
un mets *a dish*

129 *monter *to go up, take up* intr./tr.

INDICATIVE

Present	Imperfect	Perfect
je monte	je montais	je suis monté(e)
tu montes	tu montais	tu es monté(e)
il/elle monte	il/elle montait	il/elle est monté(e)
nous montons	nous montions	nous sommes monté(e)s
vous montez	vous montiez	vous êtes monté(e)(s)
ils/elles montent	ils/elles montaient	ils/elles sont monté(e)s

Future	Pluperfect	Past Historic
je monterai	j'étais monté(e)	je montai
tu monteras	tu étais monté(e)	tu montas
il/elle montera	il/elle était monté(e)	il/elle monta
nous monterons	nous étions monté(e)s	nous montâmes
vous monterez	vous étiez monté(e)(s)	vous montâtes
ils/elles monteront	ils/elles étaient monté(e)s	ils/elles montèrent

Near Future	Future Perfect	Past Anterior
je vais monter	je serai monté(e)	je fus monté(e)

CONDITIONAL · SUBJUNCTIVE

Present	Present	Perfect
je monterais	je monte	je sois monté(e)
tu monterais	tu montes	tu sois monté(e)
il/elle monterait	il/elle monte	il/elle soit monté(e)
nous monterions	nous montions	nous soyons monté(e)s
vous monteriez	vous montiez	vous soyez monté(e)(s)
ils/elles monteraient	ils/elles montent	ils/elles soient monté(e)s

Perfect	Imperfect	Pluperfect
je serais monté(e)	je montasse	je fusse monté(e)

PARTICIPLES · IMPERATIVE

montant, monté

monte!, montons!, montez!

Je monte au grenier chercher les valises. *I am going up to the loft to fetch the cases.*
Êtes-vous monté(e)(s) en haut de la tour Eiffel? *Did you go up the Eiffel Tower?*
Elle monta dans le train. *She got onto the train.*
Nous avons monté la côte. *We went up the hill / the slope.*
Je lui ai monté une tasse de thé. *I took him up a cup of tea.*
Le vin blanc me monte à la tête. *White wine goes to my head.*
Ce film fait monter les larmes aux yeux. *This film brings tears to your eyes.*
Il s'est monté la tête. *He got all worked up.* (refl.)

une montée *a climb*　　　　　　　　**le montant** *the total*
un coup monté *a put-up job*
monter un complot *to hatch a plot*

INDICATIVE

Present	Imperfect	Perfect
je montre	je montrais	j'ai montré
tu montres	tu montrais	tu as montré
il/elle montre	il/elle montrait	il/elle a montré
nous montrons	nous montrions	nous avons montré
vous montrez	vous montriez	vous avez montré
ils/elles montrent	ils/elles montraient	ils/elles ont montré

Future	Pluperfect	Past Historic
je montrerai	j'avais montré	je montrai
tu montreras	tu avais montré	tu montras
il/elle montrera	il/elle avait montré	il/elle montra
nous montrerons	nous avions montré	nous montrâmes
vous montrerez	vous aviez montré	vous montrâtes
ils/elles montreront	ils/elles avaient montré	ils/elles montrèrent

Near Future	Future Perfect	Past Anterior
je vais montrer	j'aurai montré	j'eus montré

CONDITIONAL   SUBJUNCTIVE

Present	Present	Perfect
je montrerais	je montre	j'aie montré
tu montrerais	tu montres	tu aies montré
il/elle montrerait	il/elle montre	il/elle ait montré
nous montrerions	nous montrions	nous ayons montré
vous montreriez	vous montriez	vous ayez montré
ils/elles montreraient	ils/elles montrent	ils/elles aient montré

Perfect	Imperfect	Pluperfect
j'aurais montré	je montrasse	j'eusse montré

PARTICIPLES   IMPERATIVE

montrant, montré   montre!, montrons!, montrez!

Cécile m'a montré comment jouer. *Cécile showed me how to play.*
Montrez-moi ce que vous avez acheté. *Show me what you have bought.*
J'ai montré mon travail. *I showed my work.*
Sa robe décolletée montrait ses épaules. *Her low-cut dress revealed her shoulders.*
Il faut que je vous montre le jardin. *I must show you the garden.*
Elle ne s'est pas montrée. *She didn't show herself.* (refl.)
Il s'était montré très désagréable. *He had behaved very unpleasantly.* (refl.)
Je vais à la réception ce soir juste pour me montrer. *I'm going to the reception this evening just to put in an appearance.* (refl.)
Il faut montrer le bon exemple. *You must set a good example.*

une montre *a watch*   **démontrer** *to demonstrate*

131 *se moquer *to make fun of* refl.

INDICATIVE

Present	Imperfect	Perfect
je me moque	je me moquais	je me suis moqué(e)
tu te moques	tu te moquais	tu t'es moqué(e)
il/elle se moque	il/elle se moquait	il/elle s'est moqué(e)
nous nous moquons	nous nous moquions	nous nous sommes moqué(e)s
vous vous moquez	vous vous moquiez	vous vous êtes moqué(e)(s)
ils/elles se moquent	ils/elles se moquaient	ils/elles se sont moqué(e)s

Future	Pluperfect	Past Historic
je me moquerai	je m'étais moqué(e)	je me moquai
tu te moqueras	tu t'étais moqué(e)	tu te moquas
il/elle se moquera	il/elle s'était moqué(e)	il/elle se moqua
nous nous moquerons	nous nous étions moqué(e)s	nous nous moquâmes
vous vous moquerez	vous vous étiez moqué(e)(s)	vous vous moquâtes
ils/elles se moqueront	ils/elles s'étaient moqué(e)s	ils/elles se moquèrent

Near Future	Future Perfect	Past Anterior
je vais me moquer	je me serai moqué(e)	je me fus moqué(e)

CONDITIONAL / SUBJUNCTIVE

Present	Present	Perfect
je me moquerais	je me moque	je me sois moqué(e)
tu te moquerais	tu te moques	tu te sois moqué(e)
il/elle se moquerait	il/elle se moque	il/elle se soit moqué(e)
nous nous moquerions	nous nous moquions	nous nous soyons moqué(e)s
vous vous moqueriez	vous vous moquiez	vous vous soyez moqué(e)(s)
ils/elles se moqueraient	ils/elles se moquent	ils/elles se soient moqué(e)s

Perfect	Imperfect	Pluperfect
je me serais moqué(e)	je me moquasse	je me fusse moqué(e)

PARTICIPLES / IMPERATIVE

se moquant, moqué

moque-toi!, moquons-nous!, moquez-vous!
ne te moque pas!, ne nous moquons pas!,
ne vous moquez pas!

Ne te moque pas de lui. *Don't make fun of him.*
Il s'est moqué de moi. *He made fun of me.*
Je m'en moque. *I couldn't care less.*
Elle se moque bien de nous maintenant qu'elle n'a plus besoin de nous. *She looks down on us now she doesn't need us any more.*
Si je portais ce pantalon vieillot, on se moquerait de moi. *If I wore these old-fashioned trousers, people would make fun of me.*
Nous nous moquons du qu'en dira-t-on. *We don't care what people will say about us.*
Il se moque du monde. *He's got an absolute nerve.*
Elle se moque du tiers comme du quart. *She doesn't care about anything or anybody.*

c'est un moqueur / une moqueuse *he/she makes fun of people*
une moquerie *a mockery, sarcasm*

*mourir *to die* intr.

INDICATIVE

Present	Imperfect	Perfect
je meurs	je mourais	je suis mort(e)
tu meurs	tu mourais	tu es mort(e)
il/elle meurt	il/elle mourait	il/elle est mort(e)
nous mourons	nous mourions	nous sommes mort(e)s
vous mourez	vous mouriez	vous êtes mort(e)(s)
ils/elles meurent	ils/elles mouraient	ils/elles sont mort(e)s

Future	Pluperfect	Past Historic
je mourrai	j'étais mort(e)	je mourus
tu mourras	tu étais mort(e)	tu mourus
il/elle mourra	il/elle était mort(e)	il/elle mourut
nous mourrons	nous étions mort(e)s	nous mourûmes
vous mourrez	vous étiez mort(e)(s)	vous mourûtes
ils/elles mourront	ils/elles étaient mort(e)s	ils/elles moururent

Near Future	Future Perfect	Past Anterior
je vais mourir	je serai mort(e)	je fus mort(e)

CONDITIONAL SUBJUNCTIVE

Present	Present	Perfect
je mourrais	je meure	je sois mort(e)
tu mourrais	tu meures	tu sois mort(e)
il/elle mourrait	il/elle meure	il/elle soit mort(e)
nous mourrions	nous mourions	nous soyons mort(e)s
vous mourriez	vous mouriez	vous soyez mort(e)(s)
ils/elles mourraient	ils/elles meurent	ils/elles soient mort(e)s

Perfect	Imperfect	Pluperfect
je serais mort(e)	je mourusse	je fusse mort(e)

PARTICIPLES IMPERATIVE

mourant, mort   meurs!, mourons!, mourez!

Il mourut à l'âge de 90 ans. *He died at the age of 90.*
Ils sont morts jeunes. *They died young.*
Cette plante est morte. *This plant is dead.*
Elle serait morte empoisonnée. *It appears that she died of poisoning.*
Nous sommes morts de faim. *We're starving.*
On meurt de froid. *We're freezing to death.*
Je m'ennuie à mourir. *I'm bored to death.*
Il nous fait mourir d'impatience. *He is keeping us on tenterhooks.*

la mort *death*
mort-né(e) *stillborn*
le taux de mortalité *death rate*

il/elle est mourant(e) *he/she is dying*
la morte-saison *the off-season*

133 nager *to swim* intr.

INDICATIVE

Present	Imperfect	Perfect
je nage	je nageais	j'ai nagé
tu nages	tu nageais	tu as nagé
il/elle nage	il/elle nageait	il/elle a nagé
nous nageons	nous nagions	nous avons nagé
vous nagez	vous nagiez	vous avez nagé
ils/elles nagent	ils/elles nageaient	ils/elles ont nagé

Future	Pluperfect	Past Historic
je nagerai	j'avais nagé	je nageai
tu nageras	tu avais nagé	tu nageas
il/elle nagera	il/elle avait nagé	il/elle nagea
nous nagerons	nous avions nagé	nous nageâmes
vous nagerez	vous aviez nagé	vous nageâtes
ils/elles nageront	ils/elles avaient nagé	ils/elles nagèrent

Near Future	Future Perfect	Past Anterior
je vais nager	j'aurai nagé	j'eus nagé

CONDITIONAL   SUBJUNCTIVE

Present	Present	Perfect
je nagerais	je nage	j'aie nagé
tu nagerais	tu nages	tu aies nagé
il/elle nagerait	il/elle nage	il/elle ait nagé
nous nagerions	nous nagions	nous ayons nagé
vous nageriez	vous nagiez	vous ayez nagé
ils/elles nageraient	ils/elles nagent •	ils/elles aient nagé

Perfect	Imperfect	Pluperfect
j'aurais nagé	je nageasse	j'eusse nagé

PARTICIPLES   IMPERATIVE

nageant, nagé	nage!, nageons!, nagez!

Tu nages bien le crawl? *Can you swim the crawl?*
J'aime beaucoup nager à la piscine. *I very much like swimming in the swimming pool.*
Elle n'a pas nagé depuis l'été dernier. *She hasn't been swimming since last summer.*
Tu dois apprendre à nager. *You must learn how to swim.*
Il nage dans ce pullover. *That sweater is far too big for him.*
Il est en nage. *He is pouring with sweat.*
Ne vous mettez pas en nage. *Don't get yourself into a lather.*

un nageur / une nageuse *a swimmer*   **une nageoire** *a fin*
la natation *swimming*

*naître *to be born* intr. **134**

INDICATIVE

Present	Imperfect	Perfect
je nais	je naissais	je suis né(e)
tu nais	tu naissais	tu es né(e)
il/elle naît	il/elle naissait	il/elle est né(e)
nous naissons	nous naissions	nous sommes né(e)s
vous naissez	vous naissiez	vous êtes né(e)(s)
ils/elles naissent	ils/elles naissaient	ils/elles sont né(e)s

Future	Pluperfect	Past Historic
je naîtrai	j'étais né(e)	je naquis
tu naîtras	tu étais né(e)	tu naquis
il/elle naîtra	il/elle était né(e)	il/elle naquit
nous naîtrons	nous étions né(e)s	nous naquîmes
vous naîtrez	vous étiez né(e)(s)	vous naquîtes
ils/elles naîtront	ils/elles étaient né(e)s	ils/elles naquirent

Near Future	Future Perfect	Past Anterior
je vais naître	je serai né(e)	je fus né(e)

CONDITIONAL   SUBJUNCTIVE

Present	Present	Perfect
je naîtrais	je naisse	je sois né(e)
tu naîtrais	tu naisses	tu sois né(e)
il/elle naîtrait	il/elle naisse	il/elle soit né(e)
nous naîtrions	nous naissions	nous soyons né(e)s
vous naîtriez	vous naissiez	vous soyez né(e)(s)
ils/elles naîtraient	ils/elles naissent	ils/elles soient né(e)s

Perfect	Imperfect	Pluperfect
je serais né(e)	je naquisse	je fusse né(e)

PARTICIPLES   IMPERATIVE

naissant, né   nais!, naissons!, naissez!

'L'homme est né libre et partout il est dans les fers.' *'Man was born free and everywhere he is in chains.'*(Jean-Jacques Rousseau)
Ce bébé vient juste de naître. *This baby has just been born.*
En quelle année êtes-vous né(e)? Je suis né(e) en 1970. *Which year were you born? I was born in 1970.*
Ils étaient nés le même jour. *They were born on the same day.*
Elle serait née d'après les écrits aux environs de 1830. *According to what has been written she would have been born around 1830.*
Il a fait naître quelques soupçons. *He aroused suspicions.*
Mme Lanvin, née Legrand. *Mrs Lanvin, maiden name Legrand.*
C'est dans cet atelier que son projet a pris naissance. *It was in this workshop that his project began.*
Ils sont français de naissance. *They are French by birth.*
Je ne suis pas né de la dernière pluie. *I wasn't born yesterday.*

une date de naissance *date of birth*

135 nettoyer *to clean* tr.

INDICATIVE

Present	Imperfect	Perfect
je nettoie	je nettoyais	j'ai nettoyé
tu nettoies	tu nettoyais	tu as nettoyé
il/elle nettoie	il/elle nettoyait	il/elle a nettoyé
nous nettoyons	nous nettoyions	nous avons nettoyé
vous nettoyez	vous nettoyiez	vous avez nettoyé
ils/elles nettoient	ils/elles nettoyaient	ils/elles ont nettoyé

Future	Pluperfect	Past Historic
je nettoierai	j'avais nettoyé	je nettoyai
tu nettoieras	tu avais nettoyé	tu nettoyas
il/elle nettoiera	il/elle avait nettoyé	il/elle nettoya
nous nettoierons	nous avions nettoyé	nous nettoyâmes
vous netoierez	vous aviez nettoyé	vous nettoyâtes
ils/elles nettoieront	ils/elles avaient nettoyé	ils/elles nettoyèrent

Near Future	Future Perfect	Past Anterior
je vais nettoyer	j'aurai nettoyé	j'eus nettoyé

CONDITIONAL   SUBJUNCTIVE

Present	Present	Perfect
je nettoierais	je nettoie	j'aie nettoyé
tu nettoierais	tu nettoies	tu aies nettoyé
il/elle nettoierait	il/elle nettoie	il/elle ait nettoyé
nous nettoierions	nous nettoyions	nous ayons nettoyé
vous nettoieriez	vous nettoyiez	vous ayez nettoyé
ils/elles nettoieraient	ils/elles nettoient	ils/elles aient nettoyé

Perfect	Imperfect	Pluperfect
j'aurais nettoyé	je nettoyasse	j'eusse nettoyé

PARTICIPLES   IMPERATIVE

nettoyant, nettoyé   nettoie!, nettoyons!, nettoyez!

Je nettoie le sol à la serpillière. *I clean the floor with a floorcloth.*
As-tu nettoyé les fenêtres? *Did you clean the windows?*
Nous avons nettoyé la tache sur la moquette. *We've cleaned the stain on the carpet.*
Il faut que je nettoie la salle de bain. *I must clean the bathroom.*
Les cambrioleurs avaient nettoyé la maison. *The burglars had cleared the house.*
J'ai nettoyé mon compte en banque. *I've emptied my bank account.*
Il s'est fait nettoyer au jeu. *He was cleaned out at gambling.*

le nettoyage *cleaning*   **le nettoyage à sec** *dry cleaning*
le nettoyage de printemps *spring cleaning*

nommer *to appoint, call* tr. **136**

INDICATIVE

Present	Imperfect	Perfect
je nomme	je nommais	j'ai nommé
tu nommes	tu nommais	tu as nommé
il/elle nomme	il/elle nommait	il/elle a nommé
nous nommons	nous nommions	nous avons nommé
vous nommez	vous nommiez	vous avez nommé
ils/elles nomment	ils/elles nommaient	ils/elles ont nommé

Future	Pluperfect	Past Historic
je nommerai	j'avais nommé	je nommai
tu nommeras	tu avais nommé	tu nommas
il/elle nommera	il/elle avait nommé	il/elle nomma
nous nommerons	nous avions nommé	nous nommâmes
vous nommerez	vous aviez nommé	vous nommâtes
ils/elles nommeront	ils/elles avaient nommé	ils/elles nommèrent

Near Future	Future Perfect	Past Anterior
je vais nommer	j'aurai nommé	j'eus nommé

CONDITIONAL   SUBJUNCTIVE

Present	Present	Perfect
je nommerais	je nomme	j'aie nommé
tu nommerais	tu nommes	tu aies nommé
il/elle nommerait	il/elle nomme	il/elle ait nommé
nous nommerions	nous nommions	nous ayons nommé
vous nommeriez	vous nommiez	vous ayez nommé
ils/elles nommeraient	ils/elles nomment	ils/elles aient nommé

Perfect	Imperfect	Pluperfect
j'aurais nommé	je nommasse	j'eusse nommé

PARTICIPLES   IMPERATIVE

nommant, nommé   nomme!, nommons!, nommez!

Il a été nommé chef de service. *He was appointed departmental head.*
On l'a nommée directeur des ventes. *She was appointed sales manager.*
Elle l'a nommé son héritier. *She appointed him as her heir.*
Nommez-moi trois grands fleuves de France. *Give me the names of three big rivers in France.*
Cette personne pour ne pas nommer son nom. *This person whose name I shall not mention.*
Il fut nommé Gaspard. *He was called Gaspard.*

nominativement *by name*
une nomination *an appointment*
être nominé à quelque chose *to be nominated for something*

une liste nominative *a list of names*
le nom de famille *surname*
connaître de nom *to know by name*

137 obéir *to obey* tr.

INDICATIVE

Present	Imperfect	Perfect
j'obéis	j'obéissais	j'ai obéi
tu obéis	tu obéissais	tu as obéi
il/elle obéit	il/elle obéissait	il/elle a obéi
nous obéissons	nous obéissions	nous avons obéi
vous obéissez	vous obéissiez	vous avez obéi
ils/elles obéissent	ils/elles obéissaient	ils/elle ont obéi

Future	Pluperfect	Past Historic
j'obéirai	j'avais obéi	j'obéis
tu obéiras	tu avais obéi	tu obéis
il/elle obéira	il/elle avait obéi	il/elle obéit
nous obéirons	nous avions obéi	nous obéîmes
vous obéirez	vous aviez obéi	vous obéîtes
ils/elles obéiront	ils/elles avaient obéi	ils/elles obéirent

Near Future	Future Perfect	Past Anterior
je vais obéir	j'aurai obéi	j'eus obéi

CONDITIONAL | SUBJUNCTIVE

Present	Present	Perfect
j'obéirais	j'obéisse	j'aie obéi
tu obéirais	tu obéisses	tu aies obéi
il/elle obéirait	il/elle obéisse	il/elle ait obéi
nous obéirions	nous obéissions	nous ayons obéi
vous obéiriez	vous obéissiez	vous ayez obéi
ils/elles obéiraient	ils/elles obéissent	ils/elles aient obéi

Perfect	Imperfect	Pluperfect
j'aurais obéi	j'obéisse	j'eusse obéi

PARTICIPLES | IMPERATIVE

obéissant, obéi | obéis!, obéissons!, obéissez!

Mon chien ne m'obéit pas. *My dog doesn't obey me.*
Est-ce qu'il vous a obéi? *Did he obey you?*
Elle ne m'a pas obéi. *She didn't obey me.*
Le maître d'école sait se faire obéir. *The school master knows how to make himself obeyed.*
Les enfants, vous obéirez à vos grands-parents. *Children, you will obey your grandparents.*
Il fallait obéir, maintenant tu es puni. *You should have obeyed, now you have been punished.*
Il a obéi à une impulsion. *He acted on an impulse.*
La voiture obéit bien aux manœuvres. *The car responds well.*

obéissant(e) *obedient*   **désobéissant(e)** *disobedient*
l'obéissance (f) *obedience*   **désobéir** *disobey*

occuper *to occupy, live in* tr. **138**

INDICATIVE

Present	Imperfect	Perfect
j'occupe	j'occupais	j'ai occupé
tu occupes	tu occupais	tu as occupé
il/elle occupe	il/elle occupait	il/elle a occupé
nous occupons	nous occupions	nous avons occupé
vous occupez	vous occupiez	vous avez occupé
ils/elles occupent	ils/elles occupaient	ils/elles ont occupé

Future	Pluperfect	Past Historic
j'occuperai	j'avais occupé	j'occupai
tu occuperas	tu avais occupé	tu occupas
il/elle occupera	il/elle avait occupé	il/elle occupa
nous occuperons	nous avions occupé	nous occupâmes
vous occuperez	vous aviez occupé	vous occupâtes
ils/elles occuperont	ils/elles avaient occupé	ils/elles occupèrent

Near Future	Future Perfect	Past Anterior
je vais occuper	j'aurai occupé	j'eus occupé

CONDITIONAL   SUBJUNCTIVE

Present	Present	Perfect
j'occuperais	j'occupe	j'aie occupé
tu occuperais	tu occupes	tu aies occupé
il/elle occuperait	il/elle occupe	il/elle ait occupé
nous occuperions	nous occupions	nous ayons occupé
vous occuperiez	vous occupiez	vous ayez occupé
ils/elles occuperaient	ils/elles occupent	ils/elles aient occupé

Perfect	Imperfect	Pluperfect
j'aurais occupé	j'occupasse	j'eusse occupé

PARTICIPLES   IMPERATIVE

occupant, occupé   occupe!, occupons!, occupez!

La maison que nous occupons est très spacieuse. *The house we are living in is very spacious.*
La table de la salle à manger occupait la moitié de la pièce. *The dining room table occupied half of the room.*
Ce travail nous occupera toute la journée. *This work will keep us busy all day.*
Le pays fut occupé plusieurs années. *The country was occupied for many years.*
Mais de quoi il s'occupe? *This is none of his business.* (refl.)
Occupez-vous de vos affaires! *Mind your own business!* (refl.)
Je ne veux pas m'en occuper. *I don't want any part of it.* (refl.)
Quelqu'un s'occupe de vous? *Is anyone attending to you?* (refl.)
Elle s'occupe des enfants. *She takes care of children.* (refl.)

être occupé(e) *to be busy*   **c'est occupé** *it's engaged*
l'Occupation *military occupation of France during WWII*

139 offrir *to offer* tr.

INDICATIVE

Present	Imperfect	Perfect
j'offre	j'offrais	j'ai offert
tu offres	tu offrais	tu as offert
il/elle offre	il/elle offrait	il/elle a offert
nous offrons	nous offrions	nous avons offert
vous offrez	vous offriez	vous avez offert
ils/elles offrent	ils/elles offraient	ils/elles ont offert

Future	Pluperfect	Past Historic
j'offrirai	j'avais offert	j'offris
tu offriras	tu avais offert	tu offris
il/elle offrira	il/elle avait offert	il/elle offrit
nous offrirons	nous avions offert	nous offrîmes
vous offrirez	vous aviez offert	vous offrîtes
ils/elles offriront	ils/elles avaient offert	ils/elles offrirent

Near Future	Future Perfect	Past Anterior
je vais offrir	j'aurai offert	j'eus offert

CONDITIONAL · SUBJUNCTIVE

Present	Present	Perfect
j'offrirais	j'offre	j'aie offert
tu offrirais	tu offres	tu aies offert
il/elle offrirait	il/elle offre	il/elle ait offert
nous offririons	nous offrions	nous ayons offert
vous offririez	vous offriez	vous ayez offert
ils/elles offriraient	ils/elles offrent	ils/elles aient offert

Perfect	Imperfect	Pluperfect
j'aurais offert	j'offrisse	j'eusse offert

PARTICIPLES · IMPERATIVE

offrant, offert

offre!, offrons!, offrez

Je vous offre un apéritif? *Can I offer you an aperitif?*
Combien vous a-t-il offert? *How much did he offer you?*
Pour son anniversaire je lui ai offert un CD. *For his/her birthday I gave him/her a CD.*
Il lui offrait des fleurs tous les ans pour la fête des mères. *He would take her flowers every year for Mother's Day.*
Ce spectacle n'offrait rien de sensationnel. *This show was nothing to write home about.*
Elle s'est offert un magazine. *She treated herself to a magazine.* (refl.)

une offre d'emploi *a job offer*
l'offre et la demande *supply and demand*

offres d'emploi *situations vacant*
une offrande *an offering*

ordonner *to order* tr. **140**

INDICATIVE

Present	Imperfect	Perfect
j'ordonne	j'ordonnais	j'ai ordonné
tu ordonnes	tu ordonnais	tu as ordonné
il/elle ordonne	il/elle ordonnait	il/elle a ordonné
nous ordonnons	nous ordonnions	nous avons ordonné
vous ordonnez	vous ordonniez	vous avez ordonné
ils/elles ordonnent	ils/elles ordonnaient	ils/elles ont ordonné

Future	Pluperfect	Past Historic
j'ordonnerai	j'avais ordonné	j'ordonnai
tu ordonneras	tu avais ordonné	tu ordonnas
il/elle ordonnera	il/elle avait ordonné	il/elle ordonna
nous ordonnerons	nous avions ordonné	nous ordonnâmes
vous ordonnerez	vous aviez ordonné	vous ordonnâtes
ils/elles ordonneront	ils/elles avaient ordonné	ils/elles ordonnèrent

Near Future	Future Perfect	Past Anterior
je vais ordonner	j'aurai ordonné	j'eus ordonné

CONDITIONAL / SUBJUNCTIVE

Present	Present	Perfect
j'ordonnerais	j'ordonne	j'aie ordonné
tu ordonnerais	tu ordonnes	tu aies ordonné
il/elle ordonnerait	il/elle ordonne	il/elle ait ordonné
nous ordonnerions	nous ordonnions	nous ayons ordonné
vous ordonneriez	vous ordonniez	vous ayez ordonné
ils/elles ordonneraient	ils/elles ordonnent	ils/elles aient ordonné

Perfect	Imperfect	Pluperfect
j'aurais ordonné	j'ordonnasse	j'eusse ordonné

PARTICIPLES / IMPERATIVE

ordonnant, ordonné

ordonne!, ordonnons!, ordonnez!

On nous ordonne de sortir. *We have been ordered to leave.*
Il m'a ordonné de garder le silence. *He ordered me to remain silent.*
Elle ordonna de faire le travail de suite. *She gave the order to do the work
straight away.*
Le directeur avait ordonné aux élèves de se taire. *The headteacher had ordered
the pupils to be quiet.*
Il a été ordonné prêtre. *He has been ordained as a priest.*
C'est une personne très ordonnée. *She is a very tidy person.*

en ordre *in order*
je suis à vos ordres *I am at your service*
une ordonnance *a prescription*

par ordre alphabétique *in
alphabetical order*
désordonné(e) *untidy, chaotic*

141 organiser *to organize* tr.

INDICATIVE

Present	Imperfect	Perfect
j'organise	j'organisais	j'ai organisé
tu organises	tu organisais	tu as organisé
il/elle organise	il/elle organisait	il/elle a organisé
nous organisons	nous organisions	nous avons organisé
vous organisez	vous organisiez	vous avez organisé
ils/elles organisent	ils/elles organisaient	ils/elles ont organisé

Future	Pluperfect	Past Historic
j'organiserai	j'avais organisé	j'organisai
tu organiseras	tu avais organisé	tu organisas
il/elle organisera	il/elle avait organisé	il/elle organisa
nous organiserons	nous avions organisé	nous organisâmes
vous organiserez	vous aviez organisé	vous organisâtes
ils/elles organiseront	ils/elles avaient organisé	ils/elles organisèrent

Near Future	Future Perfect	Past Anterior
je vais organiser	j'aurai organisé	j'eus organisé

CONDITIONAL SUBJUNCTIVE

Present	Present	Perfect
j'organiserais	j'organise	j'aie organisé
tu organiserais	tu organises	tu aies organisé
il/elle organiserait	il/elle organise	il/elle ait organisé
nous organiserions	nous organisions	nous ayons organisé
vous organiseriez	vous organisiez	vous ayez organisé
ils/elles organiseraient	ils/elles organisent	ils/elles aient organisé

Perfect	Imperfect	Pluperfect
j'aurais organisé	j'organisasse	j'eusse organisé

PARTICIPLES IMPERATIVE

organisant, organisé   organise!, organisons!, organisez!

Il organise une petite fête pour ce soir. *He's organizing a little party for tonight.*
Ils ont mal organisé ce congrès. *They organized this conference badly.*
Elle va organiser le voyage scolaire cette année. *She's going to organize the school trip this year.*
C'est une personne bien organisée. *He/She is a very well-organized person.*
On s'organisera en fonction de vous. *We'll fit in with you.* (refl.)
Avant les vacances d'été, elle avait déjà organisé son emploi du temps pour la rentrée scolaire. *Before the summer holidays, she had already organized her timetable for the beginning of the school year.*

une organisation *an organization*   **un(e) organisateur, -trice** *an organizer*
un voyage organisé *a package trip*

oublier *to forget* tr. **142**

Present	**Imperfect**	**Perfect**
j'oublie	j'oubliais	j'ai oublié
tu oublies	tu oubliais	tu as oublié
il/elle oublie	il/elle oubliait	il/elle a oublié
nous oublions	nous oubliions	nous avons oublié
vous oubliez	vous oubliiez	vous avez oublié
ils/elles oublient	ils/elles oubliaient	ils/elles ont oublié

Future	**Pluperfect**	**Past Historic**
j'oublierai	j'avais oublié	j'oubliai
tu oublieras	tu avais oublié	tu oublias
il/elle oubliera	il/elle avait oublié	il/elle oublia
nous oublierons	nous avions oublié	nous oubliâmes
vous oublierez	vous aviez oublié	vous oubliâtes
ils/elles oublieront	ils/elles avaient oublié	ils/elles oublièrent

Near Future	**Future Perfect**	**Past Anterior**
je vais oublier	j'aurai oublié	j'eus oublié

CONDITIONAL · SUBJUNCTIVE

Present	**Present**	**Perfect**
j'oublierais	j'oublie	j'aie oublié
tu oublierais	tu oublies	tu aies oublié
il/elle oublierait	il/elle oublie	il/elle ait oublié
nous oublierions	nous oubliions	nous ayons oublié
vous oublieriez	vous oubliiez	vous ayez oublié
ils/elles oublieraient	ils/elles oublient	ils/elles aient oublié

Perfect	**Imperfect**	**Pluperfect**
j'aurais oublié	j'oubliasse	j'eusse oublié

PARTICIPLES · IMPERATIVE

oubliant, oublié · oublie!, oublions!, oubliez!

N'oubliez pas d'éteindre la lumière. *Don't forget to switch off the light.*
Avez-vous oublié quelque chose? *Have you forgotten something?*
Elle avait oublié de fermer la porte à clé. *She had forgotten to lock the door.*
Je n'oublierai jamais ce qu'il a fait pour nous. *I will never forget what he has done for us.*
Auriez-vous oublié de lui dire l'heure du rendezvous? *Might you have forgotten to tell him when to meet?*
Il a été oublié sur la liste. *He has been left off the list.*
Ce chanteur est tombé dans l'oubli. *This singer has fallen into oblivion.*
Il s'est tout à fait oublié. *He completely forgot himself.* (refl.)

oubliable *forgettable*
oublieux(-euse) *forgetful*
inoubliable *unforgettable*
un oubli *a lapse of memory*

143 ouvrir *to open* tr.

INDICATIVE

Present	Imperfect	Perfect
j'ouvre	j'ouvrais	j'ai ouvert
tu ouvres	tu ouvrais	tu as ouvert
il/elle ouvre	il/elle ouvrait	il/elle a ouvert
nous ouvrons	nous ouvrions	nous avons ouvert
vous ouvrez	vous ouvriez	vous avez ouvert
ils/elles ouvrent	ils/elles ouvraient	ils/elles ont ouvert

Future	Pluperfect	Past Historic
j'ouvrirai	j'avais ouvert	j'ouvris
tu ouvriras	tu avais ouvert	tu ouvris
il/elle ouvrira	il/elle avait ouvert	il/elle ouvrit
nous ouvrirons	nous avions ouvert	nous ouvrîmes
vous ouvrirez	vous aviez ouvert	vous ouvrîtes
ils/elles ouvriront	ils/elles avaient ouvert	ils/elles ouvrirent

Near Future	Future Perfect	Past Anterior
je vais ouvrir	j'aurai ouvert	j'eus ouvert

CONDITIONAL — SUBJUNCTIVE

Present	Present	Perfect
j'ouvrirais	j'ouvre	j'aie ouvert
tu ouvrirais	tu ouvres	tu aies ouvert
il/elle ouvrirait	il/elle ouvre	il/elle ait ouvert
nous ouvririons	nous ouvrions	nous ayons ouvert
vous ouvririez	vous ouvriez	vous ayez ouvert
ils/elles ouvriraient	ils/elles ouvrent	ils/elles aient ouvert

Perfect	Imperfect	Pluperfect
j'aurais ouvert	j'ouvrisse	j'eusse ouvert

PARTICIPLES — IMPERATIVE

ouvrant, ouvert

ouvre!, ouvrons!, ouvrez!

Les magasins ouvrent à 9h. *The shops open at 9 o'clock.*
Avez-vous ouvert les volets? *Have you opened the shutters?*
Le centre ouvrira après le week-end. *The centre will open after the weekend.*
J'ai ouvert un compte en banque. *I have opened a bank account.*
J'ouvre la porte à clé. *I'll unlock the door.*
Ouvre le robinet d'eau froide. *Turn the cold water tap on.*
La porte s'ouvrit brusquement. *The door flew open.* (refl.)
Elle s'est ouvert la jambe en tombant d'un arbre. *She cut her leg open falling from a tree.* (refl.)

les heures ouvrables *business hours* **un ouvre-boîtes** *a tin opener*
une ouverture *an opening*

paraître *to appear* intr. **144**

INDICATIVE

Present	Imperfect	Perfect
je parais	je paraissais	j'ai paru
tu parais	tu paraissais	tu as paru
il/elle paraît	il/elle paraissait	il/elle a paru
nous paraissons	nous paraissions	nous avons paru
vous paraissez	vous paraissiez	vous avez paru
ils/elles paraissent	ils/elles paraissaient	ils/elles ont paru

Future	Pluperfect	Past Historic
je paraîtrai	j'avais paru	je parus
tu paraîtras	tu avais paru	tu parus
il/elle paraîtra	il/elle avait paru	il/elle parut
nous paraîtrons	nous avions paru	nous parûmes
vous paraîtrez	vous aviez paru	vous parûtes
ils/elles paraîtront	ils/elles avaient paru	ils/elles parurent

Near Future	Future Perfect	Past Anterior
je vais paraître	j'aurai paru	j'eus paru

CONDITIONAL   SUBJUNCTIVE

Present	Present	Perfect
je paraîtrais	je paraisse	j'aie paru
tu paraîtrais	tu paraisses	tu aies paru
il/elle paraîtrait	il/elle paraisse	il/elle ait paru
nous paraîtrions	nous paraissions	nous ayons paru
vous paraîtriez	vous paraissiez	vous ayez paru
ils/elles paraîtraient	ils/elles paraissent	ils/elles aient paru

Perfect	Imperfect	Pluperfect
j'aurais paru	je parusse	j'eusse paru

PARTICIPLES   IMPERATIVE

paraissant, paru   parais!, paraissons!, paraissez!

Ce feuilleton télévisé paraît tous les soirs. *This TV serial is on every evening.*
Il nous a paru très préoccupé. *He appeared to us very preoccupied.*
Elle n'a pas paru de la journée. *She didn't appear all day.*
Il me paraît important d'aller au bout de nos recherches. *It seems important to me to pursue our enquiries fully.*
Ils vont construire un stade de football paraît-il! *They are going to build a football stadium apparently!*
Il paraîtrait très incorrect de refuser. *It would appear very impolite to refuse.*
Je viens de faire paraître une annonce dans le journal. *I have just put an advertisement in the paper.*
Son dernier roman paraît chez Gallimard. *His/Her latest novel is published by Gallimard.*

---

une apparition *appearance*   **il paraît que** *it appears that*
un parution *a publication*   **disparaître** *disappear*
réapparaître *reappear*

145 pardonner *to forgive* tr.

INDICATIVE

Present	Imperfect	Perfect
je pardonne	je pardonnais	j'ai pardonné
tu pardonnes	tu pardonnais	tu as pardonné
il/elle pardonne	il/elle pardonnait	il/elle a pardonné
nous pardonnons	nous pardonnions	nous avons pardonné
vous pardonnez	vous pardonniez	vous avez pardonné
ils/elles pardonnent	ils/elles pardonnaient	ils/elles ont pardonné

Future	Pluperfect	Past Historic
je pardonnerai	j'avais pardonné	je pardonnai
tu pardonneras	tu avais pardonné	tu pardonnas
il/elle pardonnera	il/elle avait pardonné	il/elle pardonna
nous pardonnerons	nous avions pardonné	nous pardonnâmes
vous pardonnerez	vous aviez pardonné	vous pardonnâtes
ils/elles pardonneront	ils/elles avaient pardonné	ils/elles pardonnèrent

Near Future	Future Perfect	Past Anterior
je vais pardonner	j'aurai pardonné	j'eus pardonné

CONDITIONAL · SUBJUNCTIVE

Present	Present	Perfect
je pardonnerais	je pardonne	j'aie pardonné
tu pardonnerais	tu pardonnes	tu aies pardonné
il/elle pardonnerait	il/elle pardonne	il/elle ait pardonné
nous pardonnerions	nous pardonnions	nous ayons pardonné
vous pardonneriez	vous pardonniez	vous ayez pardonné
ils/elles pardonneraient	ils/elles pardonnent	ils/elles aient pardonné

Perfect	Imperfect	Pluperfect
j'aurais pardonné	je pardonnasse	j'eusse pardonné

PARTICIPLES · IMPERATIVE

pardonnant, pardonné   pardonne!, pardonnons!, pardonnez!

Pardonnez-nous de vous avoir dérangé. *Forgive us for disturbing you.*
Elle m'a pardonné. *She forgave me.*
Je ne lui pardonnerai jamais. *I will never forgive him.*
Si tu avais été à ma place lui aurais-tu pardonné? *If you had been me, would you have forgiven him/her?*
Je vous demande pardon! *I beg your pardon!*
Un accident comme celui-là ça ne pardonne pas. *An accident like this one is very serious.*
Ils furent pardonnés. *They were let off.*
Vous a-t-il demandé pardon? *Did he apologize to you?*
Demande-lui pardon! *Say you are sorry!*

pardonnable *forgivable*   **impardonnable** *unforgivable*
un pardon *forgiveness*   **Pardon!** *Excuse me!, Sorry!*

parler *to speak, talk* intr. **146**

INDICATIVE

Present	**Imperfect**	**Perfect**
je parle	je parlais	j'ai parlé
tu parles	tu parlais	tu as parlé
il/elle parle	il/elle parlait	il/elle a parlé
nous parlons	nous parlions	nous avons parlé
vous parlez	vous parliez	vous avez parlé
ils/elles parlent	ils/elles parlaient	ils/elles ont parlé

Future	**Pluperfect**	**Past Historic**
je parlerai	j'avais parlé	je parlai
tu parleras	tu avais parlé	tu parlas
il/elle parlera	il/elle avait parlé	il/elle parla
nous parlerons	nous avions parlé	nous parlâmes
vous parlerez	vous aviez parlé	vous parlâtes
ils/elles parleront	ils/elles avaient parlé	ils/elles parlèrent

Near Future	**Future Perfect**	**Past Anterior**
je vais parler	j'aurai parlé	j'eus parlé

CONDITIONAL SUBJUNCTIVE

Present	**Present**	**Perfect**
je parlerais	je parle	j'aie parlé
tu parlerais	tu parles	tu aies parlé
il/elle parlerait	il/elle parle	il/elle ait parlé
nous parlerions	nous parlions	nous ayons parlé
vous parleriez	vous parliez	vous ayez parlé
ils/elles parleraient	ils/elles parlent	ils/elles aient parlé

Perfect	**Imperfect**	**Pluperfect**
j'aurais parlé	je parlasse	j'eusse parlé

PARTICIPLES IMPERATIVE

parlant, parlé parle!, parlons!, parlez!

De quoi parlez-vous? *What are you talking about?*
Je ne lui ai pas parlé de nos projets. *I didn't tell him about our plans.*
Parlez plus fort s'il vous plaît. *Speak louder please.*
Elle nous parlera plus tard. *She will talk to us later.*
De quoi parle cette histoire? *What is that story about?*
Quand on parle du loup (on n'en voit que la queue). *Speak of the devil (and he will appear).*
N'en parlons plus. *Let's forget about it.*
Je ne veux plus en entendre parler. *I don't want to hear any more about it.*
Il n'est pas très parlant. *He is not very talkative.*

la parole *speech*
tenir sa parole *keep one's word*
des haut-parleurs *loudspeakers*

prendre la parole *to speak*
sans parler de... *not to mention...*

147 *partir *to leave* intr.

INDICATIVE

Present	Imperfect	Perfect
je pars	je partais	je suis parti(e)
tu pars	tu partais	tu es parti(e)
il/elle part	il/elle partait	il/elle est parti(e)
nous partons	nous partions	nous sommes parti(e)s
vous partez	vous partiez	vous êtes parti(e)(s)
ils/elles partent	ils/elles partaient	ils/elles sont parti(e)s

Future	Pluperfect	Past Historic
je partirai	j'étais parti(e)	je partis
tu partiras	tu étais parti(e)	tu partis
il/elle partira	il/elle était parti(e)	il/elle partit
nous partirons	nous étions parti(e)s	nos partîmes
vous partirez	vous étiez parti(e)(s)	vous partîtes
ils/elles partiront	ils/elles étaient parti(e)s	ils/elles partirent

Near Future	Future Perfect	Past Anterior
je vais partir	je serai parti(e)	je fus parti(e)

CONDITIONAL — SUBJUNCTIVE

Present	Present	Perfect
je partirais	je parte	je sois parti(e)
tu partirais	tu partes	tu sois parti(e)
il/elle partirait	il/elle parte	il/elle soit parti(e)
nous partirions	nous partions	nous soyons parti(e)s
vous partiriez	vous partiez	vous soyez parti(e)(s)
ils/elles partiraient	ils/elles partent	ils/elles soient parti(e)s

Perfect	Imperfect	Pluperfect
je serais parti(e)	je partisse	je fusse parti(e)

PARTICIPLES — IMPERATIVE

partant, parti

pars!, partons!, partez!

On part en vacances samedi. *We're going on holiday on Saturday.*
Il est parti en voiture. *He went off in his car.*
Nous ne partirons pas sans lui. *We won't leave without him.*
Il faut que vous partiez à 8h30. *You must leave at 8.30 a.m.*
La balle est partie à toute vitesse. *The ball shot off at speed.*
Est-ce que la tache sur la moquette est partie? *Has the stain on the carpet come off?*
Nous allons planter des arbres à partir d'ici. *We're going to plant trees from here onwards.*
À partir de demain, vous aurez les tarifs d'été. *From tomorrow you'll have the summer prices.*
Chaussures à partir de 40 €. *Shoes from 40 euros.*
En partant de ce principe on ne ferait rien. *On that basis one would never do anything.*
L'affaire est mal partie. *Things got off to a bad start.*

le train en partance pour Paris *the train leaving for Paris*

*parvenir *to get to, reach,* tr. *manage* **148**

INDICATIVE

Present	Imperfect	Perfect
je parviens	je parvenais	je suis parvenu(e)
tu parviens	tu parvenais	tu es parvenu(e)
il/elle parvient	il/elle parvenait	il/elle est parvenu(e)
nous parvenons	nous parvenions	nous sommes parvenu(e)s
vous parvenez	vous parveniez	vous êtes parvenu(e)(s)
ils/elles parviennent	ils/elles parvenaient	ils/elles sont parvenu(e)s

Future	Pluperfect	Past Historic
je parviendrai	j'étais parvenu(e)	je parvins
tu parviendras	tu étais parvenu(e)	tu parvins
il/elle parviendra	il/elle était parvenu(e)	il/elle parvint
nous parviendrons	nous étions parvenu(e)s	nous parvînmes
vous parviendrez	vous étiez parvenu(e)(s)	vous parvîntes
ils/elles parviendront	ils/elles étaient parvenu(e)s	ils/elles parvinrent

Near Future	Future Perfect	Past Anterior
je vais parvenir	je serai parvenu(e)	je fus parvenu(e)

CONDITIONAL   SUBJUNCTIVE

Present	Present	Perfect
je parviendrais	je parvienne	je sois parvenu(e)
tu parviendrais	tu parviennes	tu sois parvenu(e)
il/elle parviendrait	il/elle parvienne	il/elle soit parvenu(e)
nous parviendrions	nous parvenions	nous soyons parvenu(e)s
vous parviendriez	vous parveniez	vous soyez parvenu(e)(s)
ils/elles parviendraient	ils/elles parviennent	ils/elles soient parvenu(e)s

Perfect	Imperfect	Pluperfect
je serais parvenu(e)	je parvinsse	je fusse parvenu(e)

PARTICIPLES   IMPERATIVE

parvenant, parvenu   parviens!, parvenons!, parvenez!

Je ne parviens pas à découvrir la vérité. *I don't get to discover the truth.*
Nous y parviendrons. *We'll manage it.*
Mon message lui est parvenu. *My message reached him/her.*
Faites-lui parvenir ce document. *Make sure this document reaches him/her.*
Elle n'y parviendrait jamais sans aide. *She would never manage without help.*
J'y suis enfin parvenu(e). *I managed it at last.*
Il faut que je parvienne à comprendre ce mode d'emploi. *I must manage to understand these instructions.*
Je parviendrai à mes fins. *I will achieve my ends.*

quel parvenu! *what an upstart!*

149 passer *to pass, spend* intr./tr.

INDICATIVE

Present	Imperfect	Perfect
je passe	je passais	j'ai passé
tu passes	tu passais	tu as passé
il/elle passe	il/elle passait	il/elle a passé
nous passons	nous passions	nous avons passé
vous passez	vous passiez	vous avez passé
ils/elles passent	ils/elles passaient	ils/elles ont passé

Future	Pluperfect	Past Historic
je passerai	j'avais passé	je passai
tu passeras	tu avais passé	tu passas
il/elle passera	il/elle avait passé	il/elle passa
nous passerons	nous avions passé	nous passâmes
vous passerez	vous aviez passé	vous passâtes
ils/elles passeront	ils/elles avaient passé	ils/elles passèrent

Near Future	Future Perfect	Past Anterior
je vais passer	j'aurai passé	j'eus passé

CONDITIONAL   SUBJUNCTIVE

Present	Present	Perfect
je passerais	je passe	j'aie passé
tu passerais	tu passes	tu aies passé
il/elle passerait	il/elle passe	il/elle ait passé
nous passerions	nous passions	nous ayons passé
vous passeriez	vous passiez	vous ayez passé
ils/elles passeraient	ils/elles passent	ils/elles aient passé

Perfect	Imperfect	Pluperfect
j'aurais passé	je passasse	j'eusse passé

PARTICIPLES   IMPERATIVE

passant, passé	passe!, passons!, passez!

Si tu passes devant la boulangerie, achète un pain.   *If you're passing the baker's, buy a loaf of bread.*
Je passerai vous voir cet après-midi.   *I'll come round to see you this afternoon.*
Le facteur n'est pas encore passé.   *The postman hasn't come yet.*
Passez-moi un coup de fil un de ces jours.   *Give me a ring one of these days.*
Prenez la N13 en passant par Bayeux.   *Take the N13 going via Bayeux.*
Qu'est-ce qui passe à la télévision ce soir?   *What's on television tonight?*
Au mois de juin nous passons des examens.   *In June we're taking exams.*
Cette couleur a passé au soleil.   *This colour has faded in the sun.*
Comment s'est passé votre week-end?   *How did your weekend go?* (refl.)
Comment ça s'est passé?   *How did it happen?*
Qu'est-ce qui se passe?   *What's going on?* (refl.)
Je m'en passe.   *I can do without it.*

un(e) passant(e)   *a passer-by*   **passé(e) de mode**   *out of fashion*
passer l'aspirateur   *to vacuum*   **un passe-temps**   *a hobby*

patienter *to wait, be patient* intr. **150**

INDICATIVE

Present	**Imperfect**	**Perfect**
je patiente	je patientais	j'ai patienté
tu patientes	tu patientais	tu as patienté
il/elle patiente	il/elle patientait	il/elle a patienté
nous patientons	nous patientions	nous avons patienté
vous patientez	vous patientiez	vous avez patienté
ils/elles patientent	ils/elles patientaient	ils/elles ont patienté

Future	**Pluperfect**	**Past Historic**
je patienterai	j'avais patienté	je patientai
tu patienteras	tu avais patienté	tu patientas
il/elle patientera	il/elle avait patienté	il/elle patienta
nous patienterons	nous avions patienté	nous patientâmes
vous patienterez	vous aviez patienté	vous patientâtes
ils/elles patienteront	ils/elles avaient patienté	ils/elles patientèrent

| **Near Future** | **Future Perfect** | **Past Anterior** |
| je vais patienter | j'aurai patienté | j'eus patienté |

CONDITIONAL   SUBJUNCTIVE

Present	**Present**	**Perfect**
je patienterais	je patiente	j'aie patienté
tu patienterais	tu patientes	tu aies patienté
il/elle patienterait	il/elle patiente	il/elle ait patienté
nous patienterions	nous patientions	nous ayons patienté
vous patienteriez	vous patientiez	vous ayez patienté
ils/elles patienteraient	ils/elles patientent	ils/elles aient patienté

| **Perfect** | **Imperfect** | **Pluperfect** |
| j'aurais patienté | je patientasse | j'eusse patienté |

PARTICIPLES   IMPERATIVE

patientant, patienté   patiente!, patientons!, patientez!

Voulez-vous patienter un instant? *Could you wait a moment?*
J'ai patienté un moment, puis je suis parti(e). *I waited a moment, then I left.*
S'il n'avait pas commencé à pleuvoir, nous aurions patienté plus longtemps. *If it hadn't started to rain, we would have waited longer.*
Pour patienter elle avait fait le tour du jardin. *To pass the time away she had walked round the garden.*
Armez-vous de patience avec ces enfants. *You must have a lot of patience with those children.*
Je suis à bout de patience. *My patience is exhausted.*
Elle a une patience d'ange. *She has the patience of a saint.*

patiemment *patiently*   **impatiemment** *impatiently*
un(e) patient(e) *a patient*

151 payer *to pay* tr.

INDICATIVE

Present	Imperfect	Perfect
je paye	je payais	j'ai payé
tu payes	tu payais	tu as payé
il/elle paye	il/elle payait	il/elle a payé
nous payons	nous payions	nous avons payé
vous payez	vous payiez	vous avez payé
ils/elles payent	ils/elles payaient	ils/elles ont payé

Future	Pluperfect	Past Historic
je payerai	j'avais payé	je payai
tu payeras	tu avais payé	tu payas
il/elle payera	il/elle avait payé	il/elle paya
nous payerons	nous avions payé	nous payâmes
vous payerez	vous aviez payé	vous payâtes
ils/elles payeront	ils/elles avaient payé	ils/elles payèrent

Near Future	Future Perfect	Past Anterior
je vais payer	j'aurai payé	j'eus payé

CONDITIONAL SUBJUNCTIVE

Present	Present	Perfect
je payerais	je paye	j'aie payé
tu payerais	tu payes	tu aies payé
il/elle payerait	il/elle paye	il/elle ait payé
nous payerions	nous payions	nous ayons payé
vous payeriez	vous payiez	vous ayez payé
ils/elles payeraient	ils/elles payent	ils/elles aient payé

Perfect	Imperfect	Pluperfect
j'aurais payé	je payasse	j'eusse payé

PARTICIPLES IMPERATIVE

payant, payé

paye!, payons!, payez!

C'est moi qui paye. *I'm paying.*
Comment voulez-vous payer? Je paye avec ma carte bancaire. *How do you want to pay? I want to pay by credit card.*
Qui a payé l'addition? *Who paid the bill?*
Je payerai comptant. *I will pay cash.*
À la fin du mois j'aurai payé ce que je dois. *At the end of the month I will have paid what I owe.*
Nous sommes mal payé(e)s pour ce genre de travail. *We're badly paid for this kind of work.*
Je me suis payé sa tête. *I took the mickey.* (refl.)
On va se payer un bon petit repas. *We're going to treat ourselves to a good meal.* (refl.)

la paye/la paie *salary/wages*
payable en six versements mensuels *payable in six monthly instalments*

le payement/paiement *payment*
c'est payant / entrée payante *there's an entry fee*

penser _to think_ intr./tr. **152**

INDICATIVE

Present	Imperfect	Perfect
je pense	je pensais	j'ai pensé
tu penses	tu pensais	tu as pensé
il/elle pense	il/elle pensait	il/elle a pensé
nous pensons	nous pensions	nous avons pensé
vous pensez	vous pensiez	vous avez pensé
ils/elles pensent	ils/elles pensaient	ils/elles ont pensé

Future	Pluperfect	Past Historic
je penserai	j'avais pensé	je pensai
tu penseras	tu avais pensé	tu pensas
il/elle pensera	il/elle avait pensé	il/elle pensa
nous penserons	nous avions pensé	nous pensâmes
vous penserez	vous aviez pensé	vous pensâtes
ils/elles penseront	ils/elles avaient pensé	ils/elles pensèrent

Near Future	Future Perfect	Past Anterior
je vais penser	j'aurai pensé	j'eus pensé

CONDITIONAL   SUBJUNCTIVE

Present	Present	Perfect
je penserais	je pense	j'aie pensé
tu penserais	tu penses	tu aies pensé
il/elle penserait	il/elle pense	il/elle ait pensé
nous penserions	nous pensions	nous ayons pensé
vous penseriez	vous pensiez	vous ayez pensé
ils/elles penseraient	ils/elles pensent	ils/elles aient pensé

Perfect	Imperfect	Pluperfect
j'aurais pensé	je pensasse	j'eusse pensé

PARTICIPLES   IMPERATIVE

pensant, pensé   pense!, pensons!, pensez!

Qu'est-ce que vous pensez du discours? _What do you think of the speech?_
Je pense souvent à eux. _I often think of them._
Avez-vous pensé à lui téléphoner? _Did you think of telephoning him/her?_
Il pensa qu'il était perdu. _He thought he was lost._
Qu'est-ce que tu en penses? _What do you think of it?_
Faites-moi penser à ne pas oublier mon parapluie. _Remind me not to forget my umbrella._
Cette chanson me fait penser aux vacances. _This song reminds me of the holidays._
Elle pense partir lundi. _She's thinking of leaving on Monday._
Ce n'était pas si simple, il fallait y penser. _It wasn't so simple, you had to think about it._

---

un penseur / penseuse _a thinker_   **ce n'est pas pensable** _it's unthinkable_
une pensée _a thought_   **Pensées de...** _Regards,..._
pensif(-ive) _thoughtful_

153 perdre *to lose* intr./tr.

INDICATIVE

Present	Imperfect	Perfect
je perds	je perdais	j'ai perdu
tu perds	tu perdais	tu as perdu
il/elle perd	il/elle perdait	il/elle a perdu
nous perdons	nous perdions	nous avons perdu
vous perdez	vous perdiez	vous avez perdu
ils/elles perdent	ils/elles perdaient	ils/elles ont perdu

Future	Pluperfect	Past Historic
je perdrai	j'avais perdu	je perdis
tu perdras	tu avais perdu	tu perdis
il/elle perdra	il/elle avait perdu	il/elle perdit
nous perdrons	nous avions perdu	nous perdîmes
vous perdrez	vous aviez perdu	vous perdîtes
ils/elles perdront	ils/elles avaient perdu	ils/elles perdirent

Near Future	Future Perfect	Past Anterior
je vais perdre	j'aurai perdu	j'eus perdu

CONDITIONAL   SUBJUNCTIVE

Present	Present	Perfect
je perdrais	je perde	j'aie perdu
tu perdrais	tu perdes	tu aies perdu
il/elle perdrait	il/elle perde	il/elle ait perdu
nous perdrions	nous perdions	nous ayons perdu
vous perdriez	vous perdiez	vous avez perdu
ils/elles perdraient	ils/elles perdent	ils/elles aient perdu

Perfect	Imperfect	Pluperfect
j'aurais perdu	je perdisse	j'eusse perdu

PARTICIPLES   IMPERATIVE

perdant, perdu   perds!, perdons!, perdez!

Décidément je perds toujours quelque chose, j'ai perdu mon porte feuille.
I am indeed always losing something; I've lost my wallet.
Ne perds pas courage! *Don't lose courage!*
Ils avaient perdu énormément de temps à l'attendre. *They had lost a lot of time waiting for him/her.*
Leur maison avait perdu de la valeur. *Their house had lost value.*
Le réservoir perd de l'essence. *The tank is leaking petrol.*
Vous n'y êtes pas allé et vous n'avez rien perdu! *You didn't go (there) and you didn't miss much.*
Il ne perd pas le nord! *He keeps his wits about him!*
C'est de l'argent perdu. *It's money down the drain.*
Rien ne se perd. *Nothing is wasted.* (refl.)

être perdant(e) *to be the loser*
une perte *a loss*

partir perdant *to have lost before one starts*
perdre du poids *to lose weight*

permettre *to permit, allow* tr. **154**

INDICATIVE

Present	Imperfect	Perfect
je permets	je permettais	j'ai permis
tu permets	tu permettais	tu as permis
il/elle permet	il/elle permettait	il/elle a permis
nous permettons	nous permettions	nous avons permis
vous permettez	vous permettiez	vous avez permis
ils/elles permettent	ils/elles permettaient	ils/elles ont permis

Future	Pluperfect	Past Historic
je permettrai	j'avais permis	je permis
tu permettras	tu avais permis	tu permis
il/elle permettra	il/elle avait permis	il/elle permit
nous permettrons	nous avions permis	nous permîmes
vous permettrez	vous aviez permis	vous permîtes
ils/elles permettront	ils/elles avaient permis	ils/elles permirent

Near Future	Future Perfect	Past Anterior
je vais permettre	j'aurai permis	j'eus permis

CONDITIONAL / SUBJUNCTIVE

Present	Present	Perfect
je permettrais	je permette	j'aie permis
tu permettrais	tu permettes	tu aies permis
il/elle permettrait	il/elle permette	il/elle ait permis
nous permettrions	nous permettions	nous ayons permis
vous permettriez	vous permettiez	vous ayez permis
ils/elles permettraient	ils/elles permettant	ils/elles aient permis

Perfect	Imperfect	Pluperfect
j'aurais permis	je permisse	j'eusse permis

PARTICIPLES / IMPERATIVE

permettant, permis

permets!, permettons!, permettez!

Permettez-moi de vous demander un verre. *May I ask you for a glass?*
Ces deux jours de repos m'ont permis de récupérer. *Those two days of rest allowed me to recuperate.*
Je ne te permettrai pas de lui dire. *I will allow you to tell him/her.*
Cette carte me permet d'entrer dans le bâtiment. *This card enables me to enter the building.*
Vous permettez que je parte? *Do you mind if I go?*
Je ne peux pas me permettre de faire des dépenses aujourd'hui. *I can't afford to spend any money today.* (refl.)
Je me suis permis la liberté de les emmener chez vous. *I took the liberty of taking them round to your house.* (refl.)

le permis de conduire *driving licence*　　**le permis de séjour** *residence permit*
un permis de construction *planning permission*

155 peser *to weigh* intr./tr.

INDICATIVE

Present	Imperfect	Perfect
je pèse	je pesais	j'ai pesé
tu pèses	tu pesais	tu as pesé
il/elle pèse	il/elle pesait	il/elle a pesé
nous pesons	nous pesions	nous avons pesé
vous pesez	vous pesiez	vous avez pesé
ils/elles pèsent	ils/elles pesaient	ils/elles ont pesé

Future	Pluperfect	Past Historic
je pèserai	j'avais pesé	je pesai
tu pèseras	tu avais pesé	tu pesas
il/elle pèsera	il/elle avait pesé	il/elle pesa
nous pèserons	nous avions pesé	nous pesâmes
vous pèserez	vous aviez pesé	vous pesâtes
ils/elles pèseront	ils/elles avaient pesé	ils/elles pesèrent

Near Future	Future Perfect	Past Anterior
je vais peser	j'aurai pesé	j'eus pesé

CONDITIONAL

SUBJUNCTIVE

Present	Present	Perfect
je pèserais	je pèse	j'aie pesé
tu pèserais	tu pèses	tu aies pesé
il/elle pèserait	il/elle pèse	il/elle ait pesé
nous pèserions	nous pesions	nous ayons pesé
vous pèseriez	vous pesiez	vous ayez pesé
ils/elles pèseraient	ils/elles pèsent	ils/elles aient pesé

Perfect	Imperfect	Pluperfect
j'aurais pesé	je pesasse	j'eusse pesé

PARTICIPLES

IMPERATIVE

pesant, pesé

pèse!, pesons!, pesez!

Attention, ce sac pèse lourd. *Careful, this bag is heavy.*
Combien pesez-vous? *How much do you weigh?*
Je vais me peser. *I'm going to weigh myself.*
Avez-vous pesé les ingrédients? *Did you weigh the ingredients?*
Il faut peser le pour et le contre. *You must weigh up the pros and cons.*
Cette responsabilité pèse sur sa conscience. *This responsibility lies heavy on his/her conscience.*
Ce chagrin lui pèse sur le cœur. *This sorrow makes him/her heavy-hearted.*
Ce repas pèse sur l'estomac. *This meal lies heavy on the stomach.*

le poids *weight*　　　　　　　　　　**la pesanteur** *gravity*
un pèse-lettres *letter scales*　　　　**pesant(e)** *heavy*

*se plaindre *to complain* refl. 156

INDICATIVE

Present	Imperfect	Perfect
je me plains	je me plaignais	je me suis plaint(e)
tu te plains	tu te plaignais	tu t'es plaint(e)
il/elle se plaint	il/elle se plaignait	il/elle s'est plaint(e)
nous nous plaignons	nous nous plaignions	nous nous sommes plaint(e)s
vous vous plaignez	vous vous plaigniez	vous vous êtes plaint(e)(s)
ils/elles se plaignent	ils/elles se plaignaient	ils/elles se sont plaint(e)s

Future	Pluperfect	Past Historic
je me plaindrai	je m'étais plaint(e)	je me plaignis
tu te plaindras	tu t'étais plaint(e)	tu te plaignis
il/elle se plaindra	il/elle s'était plaint(e)	il/elle se plaignit
nous nous plaindrons	nous nous étions plaint(e)s	nous nous plaignîmes
vous vous plaindrez	vous vous étiez plaint(e)(s)	vous vous plaignîtes
ils/elles se plaindront	ils/elles s'étaient plaint(e)s	ils/elles se plaignirent

Near Future	Future Perfect	Past Anterior
je vais me plaindre	je me serai plaint(e)	je me fus plaint(e)

CONDITIONAL / SUBJUNCTIVE

Present	Present	Perfect
je me plaindrais	je me plaigne	je me sois plaint(e)
tu te plaindrais	tu te plaignes	tu te sois plaint(e)
il/elle se plaindrait	il/elle se plaigne	il/elle se soit plaint(e)
nous nous plaindrions	nous nous plaignions	nous nous soyons plaint(e)s
vous vous plaindriez	vous vous plaigniez	vous vous soyez plaint(e)(s)
ils/elles se plaindraient	ils/elles se plaignent	ils/elles se soient plaint(e)s

Perfect	Imperfect	Pluperfect
je me serais plaint(e)	je me plaignisse	je me fusse plaint(e)

PARTICIPLES / IMPERATIVE

se plaignant, plaint

plains-toi!, plaignons-nous!, plaignez-vous!
ne te plains pas!, ne nous plaignons pas!
ne vous plaignez pas!

Elle se plaint sans arrêt. *She complains all the time.*
Ne vous plaignez pas, il y a pire que vous. *Don't complain, there are worse than you.*
De quoi vous plaignez-vous? *What are you complaining about?*
Il se sont plaints au directeur de l'école. *They complained to the headteacher.*
Ne va pas te plaindre si tu te fais mal. *Don't come and complain if you hurt yourself.*
Je ne vous plains pas. *I don't pity you.*
Il faut le plaindre. *One must pity him.*
J'ai déposé une plainte. *I have made a complaint.*

une plainte *a complaint, moan*　　　　**porter plainte** *to lodge a complaint*
plaintif(-ive) *plaintive*

157 pleuvoir *to rain* imp.

INDICATIVE

Present	Imperfect	Perfect
il pleut	il pleuvait	il a plu
Future	**Pluperfect**	**Past Historic**
il pleuvra	il avait plu	il plut
Near Future il va pleuvoir	**Future Perfect** il aura plu	**Past Anterior** il eut plu

CONDITIONAL SUBJUNCTIVE

Present	Present	Perfect
il pleuvrait	il pleuve	il ait plu
Perfect il aurait plu	**Imperfect** il plût	**Pluperfect** il eût plu

PARTICIPLES IMPERATIVE

pleuvant, plu	(Not applicable)

Il pleut depuis dix jours matin et soir. *It has been raining for ten days non-stop.*
Quand est-ce qu'il va s'arrêter de pleuvoir? *When is it going to stop raining?*
On dirait qu'il va pleuvoir. *It looks like it's going to rain.*
Il pleuvait à grosses gouttes. *Heavy drops of rain were falling.*
Pourvu qu'il ne pleuve pas dimanche. *Provided it doesn't rain on Sunday.*
Il pleut des cordes. *It's raining cats and dogs.*
Il ramasse de l'argent comme s'il en pleuvait. *He is raking in the money.*

la pluie *the rain*
pleuvasser *to spit with rain*

un parapluie *an umbrella*
parler de la pluie et du beau temps *to talk about this and that*

porter *to wear, carry* intr./tr. **158**

INDICATIVE

Present	**Imperfect**	**Perfect**
je porte	je portais	j'ai porté
tu portes	tu portais	tu as porté
il/elle porte	il/elle portait	il/elle a porté
nous portons	nous portions	nous avons porté
vous portez	vous portiez	vous avez porté
ils/elles portent	ils/elles portaient	ils/elles ont porté

Future	**Pluperfect**	**Past Historic**
je porterai	j'avais porté	je portai
tu porteras	tu avais porté	tu portas
il/elle portera	il/elle avait porté	il/elle porta
nous porterons	nous avions porté	nous portâmes
vous porterez	vous aviez porté	vous portâtes
ils/elles porteront	ils/elles avaient porté	ils/elles portèrent

Near Future	**Future Perfect**	**Past Anterior**
je vais porter	j'aurai porté	j'eus porté

CONDITIONAL   SUBJUNCTIVE

Present	**Present**	**Perfect**
je porterais	je porte	j'aie porté
tu porterais	tu portes	tu aies porté
il/elle porterait	il/elle porte	il/elle ait porté
nous porterions	nous portions	nous ayons porté
vous porteriez	vous portiez	vous ayez porté
ils/elles porteraient	ils/elles portent	ils/elles aient porté

Perfect	**Imperfect**	**Pluperfect**
j'aurais porté	je portasse	j'eusse porté

PARTICIPLES   IMPERATIVE

portant, porté   porte!, portons!, portez!

Elle porte son bébé dans ses bras. *She carries her baby in her arms.*
Portez-moi ma valise en haut s'il vous plaît. *Carry my suitcase upstairs please.*
Nous avons porté les bagages dans le coffre de la voiture. *We carried the luggage (out and put it) into the car boot.*
Va me porter cette lettre à la poste. *Go and take this letter to the postbox.*
Il portait un jean et un T-shirt. *He was wearing jeans and a T-shirt.*
Cet article porte sur la campagne électorale. *This article is about the election campaign.*
Ces vêtements ne se portent plus. *Nobody wears those clothes any more.*
Elle est portée disparue. *She is reported missing.*
Cette lettre porte la date du 15 juin. *This letter bears the date of 15 June.*
Comment vous portez-vous? *How are you feeling?*

se porter garant *to vouch for*   **un(e) porte-parole** *spokesperson*
à la portée de la main *within reach, on hand*
être porté à croire *to be inclined to believe*

159 pouvoir *to be able, can* aux.

INDICATIVE

Present	Imperfect	Perfect
je peux/puis	je pouvais	j'ai pu
tu peux	tu pouvais	tu as pu
il/elle peut	il/elle pouvait	il/elle a pu
nous pouvons	nous pouvions	nous avons pu
vous pouvez	vous pouviez	vous avez pu
ils/elles peuvent	ils/elles pouvaient	ils/elles ont pu

Future	Pluperfect	Past Historic
je pourrai	j'avais pu	je pus
tu pourras	tu avais pu	tu pus
il/elle pourra	il/elle avait pu	il/elle put
nous pourrons	nous avions pu	nous pûmes
vous pourrez	vous aviez pu	vous pûtes
ils/elles pourront	ils/elles avaient pu	ils/elles purent

Near Future	Future Perfect	Past Anterior
je vais pouvoir	j'aurai pu	j'eus pu

CONDITIONAL · SUBJUNCTIVE

Present	Present	Perfect
je pourrais	je puisse	j'aie pu
tu pourrais	tu puisses	tu aies pu
il/elle pourrait	il/elle puisse	il/elle ait pu
nous pourrions	nous puissions	nous ayons pu
vous pourriez	vous puissiez	vous ayez pu
ils/elles pourraient	ils/elles puissent	ils/elles aient pu

Perfect	Imperfect	Pluperfect
j'aurais pu	je pusse	j'eusse pu

PARTICIPLES · IMPERATIVE

pouvant, pu   (Not applicable)

Je peux vous aider? *Can I help you?*
Pouvez-vous venir samedi? *Can you come on Saturday?*
Je n'ai pas pu aller travailler hier. *I couldn't go to work yesterday.*
Pourrais-je avoir son nom? *Could I have his/her name?*
Elle aurait pu nous dire à quelle heure elle rentrait ce soir. *She could have told us what time she was coming in tonight.*
Qu'est-ce que cela peut bien te faire? *What's that got to do with you?*
Il se peut qu'il vienne. *He might well come.* (refl.)
Il se pourrait bien que nous soyons en retard. *It may well be that we are late.* (refl.)
Cela ne se peut pas que ce soit lui qui l'ait fait. *It surely can't be him who did it.* (refl.)
Elle n'en peut plus. *She can't take any more.*
Ça se peut. *It's possible.* (refl.)

le pouvoir *the power*   **le pouvoir d'achat** *purchasing power*

préférer *to prefer* tr. **160**

183 of 256

INDICATIVE

Present	**Imperfect**	**Perfect**
je préfère	je préférais	j'ai préféré
tu préfères	tu préférais	tu as préféré
il/elle préfère	il/elle préférait	il/elle a préféré
nous préférons	nous préférions	nous avons préféré
vous préférez	vous préfériez	vous avez préféré
ils/elles préfèrent	ils/elles préféraient	ils/elles ont préféré

Future	**Pluperfect**	**Past Historic**
je préférerai	j'avais préféré	je préférai
tu préféreras	tu avais préféré	tu préféras
il/elle préférera	il/elle avait préféré	il/elle préféra
nous préférerons	nous avions préféré	nous préférâmes
vous préférerez	vous aviez préféré	vous préférâtes
ils/elles préféreront	ils/elles avaient préféré	ils/elles préférèrent

Near Future	**Future Perfect**	**Past Anterior**
je vais préférer	j'aurai préféré	j'eus préféré

CONDITIONAL · SUBJUNCTIVE

Present	**Present**	**Perfect**
je préférerais	je préfère	j'aie préféré
tu préférerais	tu préfères	tu aies préféré
il/elle préférerait	il/elle préfère	il/elle ait préféré
nous préférerions	nous préférions	nous ayons préféré
vous préféreriez	vous préfériez	vous ayez préféré
ils/elles préféreraient	ils/elles préfèrent	ils/elles aient préféré

Perfect	**Imperfect**	**Pluperfect**
j'aurais préféré	je préférasse	j'eusse préféré

PARTICIPLES · IMPERATIVE

préférant, préféré   préfère!, préférons!, préférez!

Lequel des deux préférez-vous? *Which one of the two do you prefer?*
Elle préfère ce pull à l'autre. *She prefers this sweater to the other one.*
C'est comme vous préférez. *It's as you prefer.*
Nous aurions préféré attendre. *We would have preferred to wait.*
Quel est votre auteur préféré? *Who is your favourite author?*
Cet enfant est son petit préféré. *This child is her/his favourite.*
J'ai une préférence pour les fruits de mer. *I have a preference for shellfish.*

de préférence *preferably*
préférable *preferable*

donner la préférence à *to give preference to*

161 prendre *to take* tr.

INDICATIVE

Present	Imperfect	Perfect
je prends	je prenais	j'ai pris
tu prends	tu prenais	tu as pris
il/elle prend	il/elle prenait	il/elle a pris
nous prenons	nous prenions	nous avons pris
vous prenez	vous preniez	vous avez pris
ils/elles prennent	ils/elles prenaient	ils/elles ont pris

Future	Pluperfect	Past Historic
je prendrai	j'avais pris	je pris
tu prendras	tu avais pris	tu pris
il/elle prendra	il/elle avait pris	il/elle prit
nous prendrons	nous avions pris	nous prîmes
vous prendrez	vous aviez pris	vous prîtes
ils/elles prendront	ils/elles avaient pris	ils/elles prirent

Near Future	Future Perfect	Past Anterior
je vais prendre	j'aurai pris	j'eus pris

CONDITIONAL / SUBJUNCTIVE

Present	Present	Perfect
je prendrais	je prenne	j'aie pris
tu prendrais	tu prennes	tu aies pris
il/elle prendrait	il/elle prenne	il/elle ait pris
nous prendrions	nous prenions	nous ayons pris
vous prendriez	vous preniez	vous ayez pris
ils/elles prendraient	ils/elles prennent	ils/elles aient pris

Perfect	Imperfect	Pluperfect
j'aurais pris	je prisse	j'eusse pris

PARTICIPLES / IMPERATIVE

prenant, pris

prends!, prenons!, prenez!

Moi, je prends un Orangina. *I'll have an Orangina.*
Prenez les couverts du tiroir. *Take the cutlery out of the drawer.*
Qui a pris le journal qui était sur la table? *Who took the newspaper that was on the table?*
Il ne prenait jamais de petit déjeuner. *He never used to have breakfast.*
Je vais prendre un bain à moins que je ne prenne une douche. *I am going to take a bath unless I take a shower.*
Je sais comment le prendre. *I know how to handle him.*
Qu'est-ce qui te prend? *What's come over you?*
Pour qui vous prenez-vous? *Who do you think you are?* (refl.)
Il se prend pour un athlète. *He likes to think he is an athlete.* (refl.)

à tout prendre *on the whole*
un preneur/une preneuse *a taker, purchaser*
un travail prenant *an absorbing piece of work*

prévoir *to foresee* tr. **162**

INDICATIVE

Present	Imperfect	Perfect
je prévois	je prévoyais	j'ai prévu
tu prévois	tu prévoyais	tu as prévu
il/elle prévoit	il/elle prévoyait	il/elle a prévu
nous prévoyons	nous prévoyions	nous avons prévu
vous prévoyez	vous prévoyiez	vous avez prévu
ils/elles prévoient	ils/elles prévoyaient	ils/elles ont prévu

Future	Pluperfect	Past Historic
je prévoirai	j'avais prévu	je prévis
tu prévoirais	tu avais prévu	tu prévis
il/elle prévoiras	il/elle avait prévu	il/elle prévit
nous prévoirons	nous avions prévu	nous prévîmes
vous prévoirez	vous aviez prévu	vous prévîtes
ils/elles prévoiront	ils/elles avaient prévu	ils/elles prévirent

Near Future	Future Perfect	Past Anterior
je vais prévoir	j'aurai prévu	j'eus prévu

CONDITIONAL | SUBJUNCTIVE

Present	Present	Perfect
je prévoirais	je prévoie	j'aie prévu
tu prévoirais	tu prévoies	tu aies prévu
il/elle prévoirait	il/elle prévoie	il/elle ait prévu
nous prévoirions	nous prévoyions	nous ayons prévu
vous prévoiriez	vous prévoyiez	vous ayez prévu
ils/elles prévoiraient	ils/elles prévoient	ils/elles aient prévu

Perfect	Imperfect	Pluperfect
j'aurais prévu	je prévisse	j'eusse prévu

PARTICIPLES | IMPERATIVE

prévoyant, prévu

prévois!, prévoyons!, prévoyez!

Qu'est-ce que vous avez prévu de faire aujourd'hui? *What are you expecting to do today?*
A la météo ils prévoient de la pluie pour le week-end. *The weather forecast predicts rain for the weekend.*
Nous n'avions pas prévu autant de monde. *We hadn't anticipated so many people.*
Ils sont partis plus tôt que prévu. *They left earlier than anticipated.*
Rien ne laissait prévoir que ceci serait arrivé. *There was nothing to make us think that this would have happened.*
Ceci est prévu dans le contrat. *This is provided for in the contract.*
Je n'ai rien de prévu pour cet après-midi. *I've nothing planned for this afternoon.*

les prévisions météorologiques *the weather forecast*

la prévoyance *foresight*
prévoyant(e) *provident*

163 produire *to produce* tr.

INDICATIVE

Present	Imperfect	Perfect
je produis	je produisais	j'ai produit
tu produis	tu produisais	tu as produit
il/elle produit	il/elle produisait	il/elle a produit
nous produisons	nous produisions	nous avons produit
vous produisez	vous produisiez	vous avez produit
ils/elles produisent	ils/elles produisaient	ils/elles ont produit

Future	Pluperfect	Past Historic
je produirai	j'avais produit	je produisis
tu produiras	tu avais produit	tu produisis
il/elle produira	il/elle avait produit	il/elle produisit
nous produirons	nous avions produit	nous produisîmes
vous produirez	vous aviez produit	vous produisîtes
ils/elles produiront	ils/elle avaient produit	ils/elles produisirent

Near Future	Future Perfect	Past Anterior
je vais produire	j'aurai produit	j'eus produit

CONDITIONAL SUBJUNCTIVE

Present	Present	Perfect
je produirais	je produise	j'aie produit
tu produirais	tu produises	tu aies produit
il/elle produirait	il/elle produise	il/elle ait produit
nous produirions	nous produisions	nous ayons produit
vous produiriez	vous produisiez	vous ayez produit
ils/elles produiraient	ils/elles produisent	ils/elles aient produit

Perfect	Imperfect	Pluperfect
j'aurais produit	je produisisse	j'eusse produit

PARTICIPLES IMPERATIVE

produisant, produit   produis!, produisons!, produisez!

Les cultivateurs de la région produisent du houblon. *The farmers of the region produce hops.*
L'année dernière nos arbres fruitiers ont produit énormément. *Last year our fruit trees produced an enormous crop.*
Nous produirons des légumes de qualité. *We will produce quality vegetables.*
Ce pays produira du pétrole bien à l'avenir. *This country will produce petrol well into the future.*
C'est le dernier film qu'il a produit. *It's the last film he produced.*
Il s'est produit un accident grave sur l'autoroute. *There has been a serious accident on the motorway.* (refl.)
Elle a produit une bonne impression. *She made a great impression.*
Il s'est produit beaucoup de changements. *A lot of changes have taken place.* (refl.)

un produit *a product*
les produits de beauté *beauty products*
produit national brut (PNB) *gross national product (GNP)*
les produits alimentaires *foodstuffs*
productif(-ive) *productive*

promener　*to take for a walk*　tr. **164**

INDICATIVE

Present	Imperfect	Perfect
je promène	je promenais	j'ai promené
tu promènes	tu promenais	tu as promené
il/elle promène	il/elle promenait	il/elle a promené
nous promenons	nous promenions	nous avons promené
vous promenez	vous promeniez	vous avez promené
ils/elles promènent	ils/elles promenaient	ils/elles ont promené

Future	Pluperfect	Past Historic
je promènerai	j'avais promené	je promenai
tu promèneras	tu avais promené	tu promenas
il/elle promènera	il/elle avait promené	il/elle promena
nous promènerons	nous avions promené	nous promenâmes
vous promènerez	vous aviez promené	vous promenâtes
ils/elles promèneront	ils/elles avaient promené	ils/elles promenèrent

Near Future	Future Perfect	Past Anterior
je vais promener	j'aurai promené	j'eus promené

CONDITIONAL　　SUBJUNCTIVE

Present	Present	Perfect
je promènerais	je promène	j'aie promené
tu promènerais	tu promènes	tu aies promené
il/elle promènerait	il/elle promène	il/elle ait promené
nous promènerions	nous promenions	nous ayons promené
vous promèneriez	vous promeniez	vous ayez promené
ils/elles promèneraient	ils/elles promènent	ils/elles aient promené

Perfect	Imperfect	Pluperfect
j'aurais promené	je promenasse	j'eusse promené

PARTICIPLES　　IMPERATIVE

promenant, promené　　promène!, promenons!, promenez!

Je vais promener le chien.　*I'm going to walk the dog.*
Ils ont promené leur petite sœur.　*They took their little sister for a walk.*
On promènera nos amis en ville.　*We'll take our friends for a walk in town.*
On va se promener à la campagne.　*We're going for a walk in the country.* (refl.)
Nous nous sommes promenés ensemble.　*We went for a walk together.* (refl.)
Je m'étais promené(e) au bord de la mer.　*I had gone for a walk at the seaside.* (refl.)
On va se promener en voiture.　*We're going for a drive.* (refl.)
Il a tout envoyé promener.　*He has given the whole thing up.*

une promenade à pied　*a walk*
une promenade à bicyclette　*a bike ride*
une promenade en bateau　*a sail*
une promenade en voiture　*a drive*
un promeneur/une promeneuse　*a walker*

165 promettre *to promise* tr.

INDICATIVE

Present	Imperfect	Perfect
je promets	je promettais	j'ai promis
tu promets	tu promettais	tu as promis
il/elle promet	il/elle promettait	il/elle a promis
nous promettons	nous promettions	nous avons promis
vous promettez	vous promettiez	vous avez promis
ils/elles promettent	ils/elles promettaient	ils/elles ont promis

Future	Pluperfect	Past Historic
je promettrai	j'avais promis	je promis
tu promettras	tu avais promis	tu promis
il/elle promettra	il/elle avait promis	il/elle promit
nous promettrons	nous avions promis	nous promîmes
vous promettrez	vous aviez promis	vous promîtes
ils/elles promettront	ils/elles avaient promis	ils/elles promirent

Near Future	Future Perfect	Past Anterior
je vais promettre	j'aurai promis	j'eus promis

CONDITIONAL   SUBJUNCTIVE

Present	Present	Perfect
je promettrais	je promette	j'aie promis
tu promettrais	tu promettes	tu aies promis
il/elle promettrait	il/elle promette	il/elle ait promis
nous promettrions	nous promettions	nous ayons promis
vous promettriez	vous promettiez	vous ayez promis
ils/elles promettraient	ils/elles promettent	ils/elles aient promis

Perfect	Imperfect	Pluperfect
j'aurais promis	je promisse	j'eusse promis

PARTICIPLES   IMPERATIVE

promettant, promis   promets!, promettons!, promettez!

Promettez-moi de ne rien dire à personne. *Promise me you won't tell anyone anything.*
Il a promis de bien travailler. *He promised to work well.*
Tu nous avais promis de nous emmener au cinéma. *You had promised to take us to the cinema.*
Il faut que tu promettes de ne plus recommencer. *You must promise not to do it again.*
Voilà la pluie, ça promet pour aujourd'hui! *Here comes the rain, that looks promising for today!*
Je me promets de faire le jardinage. *I mean to do the gardening.* (refl.)
Chose promise chose due. *Promises are meant to be kept.*

une promesse *a promise*
une promesse en l'air *an empty promise*
une promesse d'achat / de vente *a commitment to buy/sell*

proposer *to propose, suggest* tr. **166**

INDICATIVE

Present	Imperfect	Perfect
je propose	je proposais	j'ai proposé
tu proposes	tu proposais	tu as proposé
il/elle propose	il/elle proposait	il/elle a proposé
nous proposons	nous proposions	nous avons proposé
vous proposez	vous proposiez	vous avez proposé
ils/elles proposent	ils/elles proposaient	ils/elles ont proposé

Future	Pluperfect	Past Historic
je proposerai	j'avais proposé	je proposai
tu proposeras	tu avais proposé	tu proposas
il/elle proposera	ils/elle avait proposé	il/elle proposa
nous proposerons	nous avions proposé	nous proposâmes
vous proposerez	vous aviez proposé	vous proposâtes
ils/elles proposeront	ils/elles avaient proposé	ils/elles proposèrent

Near Future	Future Perfect	Past Anterior
je vais proposer	j'aurai proposé	j'eus proposé

CONDITIONAL   SUBJUNCTIVE

Present	Present	Perfect
je proposerais	je propose	j'aie proposé
tu proposerais	tu proposes	tu aies proposé
il/elle proposerait	il/elle propose	il/elle ait proposé
nous proposcrions	nous proposions	nous ayons proposé
vous proposeriez	vous proposiez	vous ayez proposé
ils/elles proposeraient	ils/elles proposent	ils/elles aient proposé

Perfect	Imperfect	Pluperfect
j'aurais proposé	je proposasse	j'eusse proposé

PARTICIPLES   IMPERATIVE

proposant, proposé   propose!, proposons!, proposez!

Je vous propose d'attendre jusqu'à demain. *I suggest that you wait until tomorrow.*
Qu'est-ce qu'il vous a proposé? *What did he propose to you?*
Il nous proposa sa maison en juillet. *He offered us his house for July.*
Le conseil municipal avait proposé un nouveau projet. *The town council had put forward a new plan.*
Nathalie s'est proposée pour garder le chien. *Nathalie offered to look after the dog.* (refl.)
Il m'a téléphoné à propos de la réunion. *He rang me about the meeting.*
À quel propos veut-elle me voir? *What does she want to see me about?*
À propos, êtes-vous allé à Paris? *By the way, did you go to Paris?*
Vous tombez à propos. *You couldn't have come at a better time.*

une proposition *a proposal, suggestion*   **une proposition de loi** *a private bill*

167 quitter *to leave* tr.

INDICATIVE

Present	Imperfect	Perfect
je quitte	je quittais	j'ai quitté
tu quittes	tu quittais	tu as quitté
il/elle quitte	il/elle quittait	il/elle a quitté
nous quittons	nous quittions	nous avons quitté
vous quittez	vous quittiez	vous avez quitté
ils/elles quittent	ils/elles quittaient	ils/elles ont quitté

Future	Pluperfect	Past Historic
je quitterai	j'avais quitté	je quittai
tu quitteras	tu avais quitté	tu quittas
il/elle quittera	il/elle avait quitté	il/elle quitta
nous quitterons	nous avions quitté	nous quittâmes
vous quitterez	vous aviez quitté	vous quittâtes
ils/elles quitteront	ils/elles avaient quitté	ils/elles quittèrent

Near Future	Future Perfect	Past Anterior
je vais quitter	j'aurai quitté	j'eus quitté

CONDITIONAL   SUBJUNCTIVE

Present	Present	Perfect
je quitterais	je quitte	j'aie quitté
tu quitterais	tu quittes	tu aies quitté
il/elle quitterait	il/elle quitte	il/elle ait quitté
nous quitterions	nous quittions	nous ayons quitté
vous quitteriez	vous quittiez	vous ayez quitté
ils/elles quitteraient	ils/elles quittent	ils/elles aient quitté

Perfect	Imperfect	Pluperfect
j'aurais quitté	je quittasse	j'eusse quitté

PARTICIPLES   IMPERATIVE

quittant, quitté   quitte!, quittons!, quittez!

À quelle heure quittes-tu la maison? *What time do you leave home?*
Elle a quitté son pays il y a plusieurs années. *She left her country many years ago.*
Il faisait noir lorsqu'il quitta la maison. *It was dark when he left the house.*
Vous quittez l'autoroute à la prochaine sortie. *You leave the motorway at the next exit.*
Le train vient de quitter le quai. *The train has just departed from the platform.*
Je ne les quitte pas des yeux une seconde. *I don't take my eyes off them for one second.*
Ils se sont quittés après plusieurs années de mariage. *They parted after many years of marriage.* (refl.)
Ne quittez pas, je vous la passe. *Hold the line, I'll hand you over to her.*

être quitte *to be quits*   **quitte à...** *even if it means...*
quitte ou double *double or quits*

raccourcir *to shorten* tr. **168**

INDICATIVE

Present	Imperfect	Perfect
je raccourcis	je raccourcissais	j'ai raccourci
tu raccourcis	tu raccourcissais	tu as raccourci
il/elle raccourcit	il/elle raccourcissait	il/elle a raccourci
nous raccourcissons	nous raccourcissions	nous avons raccourci
vous raccourcissez	vous raccourcissiez	vous avez raccourci
ils/elle raccourcissent	ils/elles raccourcissaient	ils/elles ont raccourci

Future	Pluperfect	Past Historic
je raccourcirai	j'avais raccourci	je raccourcis
tu raccourciras	tu avais raccourci	tu raccourcis
il/elle raccourcira	il/elle avait raccourci	il/elle raccourcit
nous raccourcirons	nous avions raccourci	nous raccourcîmes
vous raccourcirez	vous aviez raccourci	vous raccourcîtes
ils/elles raccourciront	ils/elles avaient raccourci	ils/elles raccourcirent

Near Future	Future Perfect	Past Anterior
je vais raccourcir	j'aurai raccourci	j'eus raccourci

CONDITIONAL · SUBJUNCTIVE

Present	Present	Perfect
je raccourcirais	je raccourcisse	j'aie raccourci
tu raccourcirais	tu raccourcisses	tu aies raccourci
il/elle raccourcirait	il/elle raccourcisse	il/elle ait raccourci
nous raccourcirions	nous raccourcissions	nous ayons raccourci
vous raccourciriez	vous raccourcissiez	vous ayez raccourci
ils/elles raccourciraient	ils/elles raccourcissent	ils/elles aient raccourci

Perfect	Imperfect	Pluperfect
j'aurais raccourci	je raccourcisse	j'eusse raccourci

PARTICIPLES · IMPERATIVE

raccourcissant, raccourci   raccourcis!, raccourcissons!, raccourcissez!

Ma robe était trop longue, je l'ai raccourcie. *My dress was too long, I shortened it.*
Les journées raccourcissent. *Days are drawing in.*
Nous raccourcirons notre chemin en passant par là. *We will take a short cut if we go this way.*
Ces chaussettes ont raccourci au lavage. *These socks have shrunk in the wash.*
Je vais faire raccourcir mes cheveux. *I am going to have my hair cut short.*
Il faut que je raccourcisse cette veste. *I must shorten this jacket.*
Nous avons dû raccourcir nos vacances. *We had to cut short our holiday.*
Voici l'histoire en raccourci. *Here is the story in brief.*

le raccourcissement *shortening, curtailing*   **un raccourci** *a short cut*
l'histoire en raccourci *the story in brief*

169 raconter *to tell, relate* tr.

INDICATIVE

Present	Imperfect	Perfect
je raconte	je racontais	j'ai raconté
tu racontes	tu racontais	tu as raconté
il/elle raconte	il/elle racontait	il/elle a raconté
nous racontons	nous racontions	nous avons raconté
vous racontez	vous racontiez	vous avez raconté
ils/elles racontent	ils/elles racontaient	ils/elles ont raconté

Future	Pluperfect	Past Historic
je raconterai	j'avais raconté	je racontai
tu raconteras	tu avais raconté	tu racontas
il/elle racontera	il/elle avait raconté	il/elle raconta
nous raconterons	nous avions raconté	nous racontâmes
vous raconterez	vous aviez raconté	vous racontâtes
ils/elles raconteront	ils/elles avaient raconté	ils/elles racontèrent

Near Future	Future Perfect	Past Anterior
je vais raconter	j'aurai rconté	j'eus raconté

CONDITIONAL

SUBJUNCTIVE

Present	Present	Perfect
je raconterais	je raconte	j'aie raconté
tu raconterais	tu racontes	tu aies raconté
il/elle raconterait	il/elle raconte	il/elle ait reconté
nous raconterions	nous racontions	nous ayons raconté
vous raconteriez	vous racontiez	vous ayez raconté
ils/elles raconteraient	ils/elles racontent	ils/elles aient raconté

Perfect	Imperfect	Pluperfect
j'aurais raconté	je racontasse	j'eusse raconté

PARTICIPLES

IMPERATIVE

racontant, raconté

raconte!, racontons!, racontez!

Raconte-moi ta journée à l'école. *Tell me about your day at school.*
Il leur racontait des histoires drôles. *He would tell them funny stories.*
Est-ce qu'il t'a raconté ce qui s'est passé? *Has he told you what happened?*
Je ne raconterai rien à personne. *I won't tell anything to anyone.*
Mais qu'est-ce qu'il raconte? *What on earth is he talking about?*
Tu racontes n'importe quoi. *You are talking nonsense.*
Il raconte des histoires. *He is telling stories.*

racontable *tellable, relatable*
un racontar *a story, hearsay*

un raconteur / une raconteuse
a storyteller

rafraîchir *to refresh, cool* tr. **170**

INDICATIVE

Present	Imperfect	Perfect
je rafraîchis	je rafraîchissais	j'ai rafraîchi
tu rafraîchis	tu rafraîchissais	tu as rafraîchi
il/elle rafraîchit	il/elle rafraîchissait	il/elle a rafraîchi
nous rafraîchissons	nous rafraîchissions	nous avons rafraîchi
vous rafraîchissez	vous rafraîchissiez	vous avez rafraîchi
ils/elles rafraîchissent	ils/elles rafraîchissaient	ils/elles ont rafraîchi

Future	Pluperfect	Past Historic
je rafraîchirai	j'avais rafraîchi	je rafraîchis
tu rafraîchiras	tu avais rafraîchi	tu rafraîchis
il/elle rafraîchira	il/elle avait rafraîchi	il/elle rafraîchit
nous rafraîchirons	nous avions rafraîchi	nous rafraîchîmes
vous rafraîchirez	vous aviez rafraîchi	vous rafraîchîtes
ils/elle rafraîchiront	ils/elles avaient rafraîchi	ils/elles rafraîchirent

Near Future	Future Perfect	Past Anterior
je vais rafraîchir	j'aurai rafraîchi	j'eus rafraîchi

CONDITIONAL / SUBJUNCTIVE

Present	Present	Perfect
je rafraîchirais	je rafraîchisse	j'aie rafraîchi
tu rafraîchirais	tu rafraîchisses	tu aies rafraîchi
il/elle rafraîchirait	il/elle rafraîchisse	il/elle ait rafraîchi
nous rafraîchirions	nous rafraîchissions	nous ayons rafraîchi
vous rafraîchiriez	vous rafraîchissiez	vous ayez rafraîchi
ils/elles rafraîchiraient	ils/elles rafraîchissent	ils/elles aient rafraîchi

Perfect	Imperfect	Pluperfect
j'aurais rafraîchi	je rafraîchisse	j'eusse rafraîchi

PARTICIPLES / IMPERATIVE

rafraîchissant, rafraîchi

rafraîchis!, rafraîchissons!, rafraîchissez!

Laissez-moi rafraîchir ma coiffure. *Let me freshen up my hair.*
Elle a rafraîchi sa toilette. *She has freshened herself up.*
Je vais te rafraîchir la mémoire. *I am going to jog your memory.*
As-tu fait rafraîchir le champagne? *Did you chill the champagne.*
Le temps se rafraîchit. *The weather is getting cooler.* (refl.)
Je me rafraîchirais bien avec une bonne boisson. *A good drink would refresh me.* (refl.)
Un peu d'eau fraîche sur le visage, ça rafraîchit. *A little cool water on the face, that freshens one up.*
Cette histoire est très rafraîchissante. *This story is very refreshing.*

des rafraîchissements *refreshments*
un rafraîchissement de la température *cooler temperatures*

171 ranger *to tidy* tr.

INDICATIVE

Present	Imperfect	Perfect
je range	je rangeais	j'ai rangé
tu ranges	tu rangeais	tu as rangé
il/elle range	il/elle rangeait	il/elle a rangé
nous rangeons	nous rangions	nous avons rangé
vous rangez	vous rangiez	vous avez rangé
ils/elles rangent	ils/elles rangeaient	ils/elles ont rangé

Future	Pluperfect	Past Historic
je rangerai	j'avais rangé	je rangeai
tu rangeras	tu avais rangé	tu rangeas
il/elle rangera	il/elle avait rangé	il/elle rangea
nous rangerons	nous avions rangé	nous rangeâmes
vous rangerez	vous aviez rangé	vous rangeâtes
ils/elles rangeront	ils/elles avaient rangé	ils/elles rangèrent

Near Future	Future Perfect	Past Anterior
je vais ranger	j'aurai rangé	j'eus rangé

CONDITIONAL

SUBJUNCTIVE

Present	Present	Perfect
je rangerais	je range	j'aie rangé
tu rangerais	tu ranges	tu aies rangé
il/elle rangerait	il/elle range	il/elle ait rangé
nous rangerions	nous rangions	nous ayons rangé
vous rangeriez	vous rangiez	vous ayez rangé
ils/elles rangeraient	ils/elles rangent	ils/elles aient rangé

Perfect	Imperfect	Pluperfect
j'aurais rangé	je rangeasse	j'eusse rangé

PARTICIPLES

IMPERATIVE

rangeant, rangé

range!, rangeons!, rangez!

Benoît, range ta chambre, elle est en désordre! *Benoît, tidy up your room, it's a mess!*
Où avez-vous rangé mes affaires? *Where did you put my things?*
Elle rangeait sa maison avec soin. *She carefully tidied her house.*
Je rangerai les vêtements dans l'armoire. *I will put the clothes in the wardrobe.*
Elle avait rangé la liste par ordre alphabétique. *She had compiled the list in alphabetical order.*
Ils se rangèrent sur le côté pour la laisser passer. *They stepped aside to let her go past.*
Rangez-vous deux par deux. *Line up in twos.* (refl.)
Range ta voiture sur le côté du trottoir. *Pull up your car next to the kerb.* (refl.)
Ils se sont rangés du côté du plus fort. *They took sides with the strongest.* (refl.)

un range / une rangée *a row*   **un rangement** *putting away, tidying*

rappeler *to call back, remind* tr. **172**

INDICATIVE

Present	Imperfect	Perfect
je rappelle	je rappelais	j'ai rappelé
tu rappelles	tu rappelais	tu as rappelé
il/elle rappelle	il/elle rappelait	il/elle a rappelé
nous rappelons	nous rappelions	nous avons rappelé
vous rappelez	vous rappeliez	vous avez rappelé
ils/elles rappellent	ils/elles rappelaient	ils/elles ont rappelé

Future	Pluperfect	Past Historic
je rappellerai	j'avais rappelé	je rappelai
tu rappelleras	tu avais rappelé	tu rappelas
il/elle rappellera	il/elle avait rappelé	il/elle rappela
nous rappellerons	nous avions rappelé	nous rappelâmes
vous rappellerez	vous aviez rappelé	vous rappelâtes
ils/elles rappelleront	ils/elles avaient rappelé	ils/elles rappelèrent

Near Future	Future Perfect	Past Anterior
je vais rappeler	j'aurai rappelé	j'eus rappelé

CONDITIONAL · SUBJUNCTIVE

Present	Present	Perfect
je rappellerais	je rappelle	j'aie rappelé
tu rappellerais	tu rappelles	tu aies rappelé
il/elle rappellerait	il/elle rappelle	il/elle ait rappelé
nous rappellerions	nous rappelions	nous ayons rappelé
vous rappelleriez	vous rappeliez	vous ayez rappelé
ils/elles rappelleraient	ils/elles rappellent	ils/elles aient rappelee

Perfect	Imperfect	Pluperfect
j'aurais rappelé	je rappelasse	j'eusse rappelé

PARTICIPLES · IMPERATIVE

rappelant, rappelé

rappelle!, rappelons!, rappelez!

Il rappellera plus tard. *He will call back later.*
Cette maison lui rappelait des souvenirs d'enfance. *This house brought back her childhood memories.*
Rappelle-moi d'apporter mon livre demain. *Remind me to bring my book tomorrow.*
Cela me rappelle quelque chose. *That rings a bell.*
Les pompiers ont fait tous les efforts nécessaires pour le rappeler à la vie. *The firemen made every effort to bring him back to life.*
Je ne me rappelle pas où je l'ai mis. *I don't remember where I have put it.* (refl.)
Vous vous rappellerez de venir? *You will remember to come?* (refl.)
Elle s'est rappelée de lui téléphoner. *She remembered to ring him/her.* (refl.)
Je me rappelle à votre bon souvenir. *I am sending you my kindest regards.* (refl.)

un rappel *recall*
toucher un rappel de salaire *to get back pay*

un rappelé *recall soldier*
faire un rappel *to abseil*

173 recevoir *to receive, get* tr.

INDICATIVE

Present	Imperfect	Perfect
je reçois	je recevais	j'ai reçu
tu reçois	tu recevais	tu as reçu
il/elle reçoit	il/elle recevait	il/elle a reçu
nous recevons	nous recevions	nous avons reçu
vous recevez	vous receviez	vous avez reçu
ils/elles reçoivent	ils/elles recevaient	ils/elles ont reçu

Future	Pluperfect	Past Historic
je recevrai	j'avais reçu	je reçus
tu recevras	tu avais reçu	tu reçus
il/elle recevra	il/elle avait reçu	il/elle reçut
nous recevrons	nous avions reçu	nous reçûmes
vous recevrez	vous aviez reçu	vous reçûtes
ils/elles recevront	ils/elles avaient reçu	ils/elles reçurent

Near Future	Future Perfect	Past Anterior
je vais recevoir	j'aurai reçu	j'eus reçu

CONDITIONAL SUBJUNCTIVE

Present	Present	Perfect
je recevrais	je reçoive	j'aie reçu
tu recevrais	tu reçoives	tu aies reçu
il/elle recevrait	il/elle reçoive	il/elle ait reçu
nous revevrions	nous recevions	nous ayons reçu
vous recevriez	vous receviez	vous ayez reçu
ils/elles recevraient	ils/elles reçoivent	ils/elles aient reçu

Perfect	Imperfect	Pluperfect
j'aurais reçu	je reçusse	j'eusse reçu

PARTICIPLES IMPERATIVE

recevant, reçu

reçois!, recevons!, recevez!

Je reçois du courrier de France régulièrement. *I receive mail from France regularly.*
Avez-vous reçu ma carte postale? *Have you received my postcard?*
Nous avons reçu votre lettre hier matin. *We received your letter yesterday.*
Vous recevrez votre commande dans les prochains jours. *You will get your order in the next few days.*
Elle a été reçue aux examens. *She has been successful in her exams.*
Il a reçu un coup de pied dans les jambes. *He got kicked in the legs.*
Recevez, Monsieur, Madame, l'expression de mes meilleurs sentiments. *Yours faithfully.*
Nous recevons souvent du monde à dîner. *We often entertain people to dinner.*

un receveur des postes *a postmaster*   **un reçu** *a receipt*

réclamer *to ask for, reclaim* intr./tr. **174**

INDICATIVE

Present	**Imperfect**	**Perfect**
je réclame	je réclamais	j'ai réclamé
tu réclames	tu réclamais	tu as réclamé
il/elle réclame	il/elle réclamait	il/elle a réclamé
nous réclamons	nous réclamions	nous avons réclamé
vous réclamez	vous réclamiez	vous avez réclamé
ils/elles réclament	ils/elles réclamaient	ils/elles ont réclamé

Future	**Pluperfect**	**Past Historic**
je réclamerai	j'avais réclamé	je réclamai
tu réclameras	tu avais réclamé	tu réclamas
il/elle réclamera	il/elle avait réclamé	il/elle réclama
nous réclamerons	nous avions réclamé	nous réclamâmes
vous réclamerez	vous aviez réclamé	vous réclamâtes
ils/elles réclameront	ils/elles avaient réclamé	ils/elles réclamèrent

Near Future	**Future Perfect**	**Past Anterior**
je vais réclamer	j'aurai réclamé	j'eus réclamé

CONDITIONAL   SUBJUNCTIVE

Present	**Present**	**Perfect**
je réclamerais	je réclame	j'aie réclamé
tu réclamerais	tu réclames	tu aies réclamé
il/elle réclamerait	il/elle réclame	il/elle ait réclamé
nous réclamerions	nous réclamions	nous ayons réclamé
vous réclameriez	vous réclamiez	vous ayez réclamé
ils/elles réclameraient	ils/elles réclament	ils/elles aient réclamé

Perfect	**Imperfect**	**Pluperfect**
j'aurais réclamé	je réclamasse	j'eusse réclamé

PARTICIPLES   IMPERATIVE

réclamant, réclamé   réclame!, réclamons!, réclamez!

Nous réclamons le silence. *We ask for silence.*
Il a réclamé son argent. *He has asked for his money back.*
L'enfant malade réclamait sa mère. *The sick child was asking for his mother.*
Je lui réclamerai mes affaires plus tard. *I will reclaim my things later.*
Ces hommes réclament contre l'injustice. *Those men are crying out against injustice.*
Pour toutes réclamations adresez-vous à la caisse. *All complaints should be referred to the cashier.*
Elle se réclame de l'école des beaux-arts. *She claims to take her inspiration from the art school.* (refl.)

une réclame publicitaire *an advertisement*
un article en réclame *a special offer*
une réclamation *a complaint*
une réclame lumineuse *a neon sign*

175 reconnaître *to recognize* tr.

INDICATIVE

Present	Imperfect	Perfect
je reconnais	je reconnaissais	j'ai reconnu
tu reconnais	tu reconnaissais	tu as reconnu
il/elle reconnaît	il/elle reconnaissait	il/elle a reconnu
nous reconnaissons	nous reconnaissions	nous avons reconnu
vous reconnaissez	vous reconnaissiez	vous avez reconnu
ils/elles reconnaissent	ils/elles reconnaissaient	ils/elles ont reconnu

Future	Pluperfect	Past Historic
je reconnaîtrai	j'avais reconnu	je reconnus
tu reconnaîtras	tu avais reconnu	tu reconnus
il/elle reconnaîtra	il/elle avait reconnu	il/elle reconnut
nous reconnaîtrons	nous avions reconnu	nous reconnûmes
vous reconnaîtrez	vous aviez reconnu	vous reconnûtes
ils/elles reconnaîtront	ils/elles avaient reconnu	ils/elles reconnurent

Near Future	Future Perfect	Past Anterior
je vais reconnaître	j'aurai reconnu	j'eus reconnu

CONDITIONAL / SUBJUNCTIVE

Present	Present	Perfect
je reconnaîtrais	je reconnaisse	j'aie reconnu
tu reconnaîtrais	tu reconnaisses	tu aies reconnu
il/elle reconnaîtrait	il/elle reconnaisse	il/elle ait reconnu
nous reconnaîtrions	nous reconnaissions	nous ayons reconnu
vous reconnaîtriez	vous reconnaissiez	vous ayez reconnu
ils/elles reconnaîtraient	ils/elles reconnaissent	ils/elles aient reconnu

Perfect	Imperfect	Pluperfect
j'aurais reconnu	je reconnusse	j'eusse reconnu

PARTICIPLES / IMPERATIVE

reconnaissant, reconnu

reconnais!, reconnaissons!, reconnaissez!

Je l'ai reconnu tout de suite. *I recognized him straight away.*
Reconnaissez-vous cette musique? *Do you recognize this music?*
Sous ce déguisement vous ne l'auriez pas reconnu. *In this disguise you wouldn't have recognized him.*
Il faut que tu reconnaisses tes torts. *You must admit your faults.*
Je vous serais reconnaissant(e) de me répondre par retour de courrier. *I would be grateful for a reply by return of post.*
Il a été reconnu coupable. *He was found guilty.*
Nous allons reconnaître les lieux. *We are going to see how the land lies.*
Le père a reconnu l'enfant. *The father has acknowledged the child as his own.*
On reconnaît ce fruit à ses feuilles. *One recognizes this fruit by its leaves.*

reconnaissable *recognizable*   **la reconnaissance** *gratitude*

reculer _to step back_ intr./tr. **176**

INDICATIVE

Present	Imperfect	Perfect
je recule	je reculais	j'ai reculé
tu recules	tu reculais	tu as reculé
il/elle recule	il/elle reculait	il/elle a reculé
nous reculons	nous reculions	nous avons reculé
vous reculez	vous reculiez	vous avez reculé
ils/elles reculent	ils/elles reculaient	ils/elles ont reculé

Future	Pluperfect	Past Historic
je reculerai	j'avais reculé	je reculai
tu reculeras	tu avais reculé	tu reculas
il/elle reculera	il/elle avait reculé	il/elle recula
nous reculerons	nous avions reculé	nous reculâmes
vous reculerez	vous aviez reculé	vous reculâtes
ils/elles reculeront	ils/elles avaient reculé	ils/elles reculèrent

Near Future	Future Perfect	Past Anterior
je vais reculer	j'aurai reculé	j'eus reculé

CONDITIONAL　　SUBJUNCTIVE

Present	Present	Perfect
je reculerais	je recule	j'aie reculé
tu reculerais	tu recules	tu aies reculé
il/elle reculerait	il/elle recule	il/elle ait reculé
nous reculerions	nous reculions	nous ayons reculé
vous reculeriez	vous reculiez	vous ayez reculé
ils/elles reculeraient	ils/elles reculent	ils/elles aient reculé

Perfect	Imperfect	Pluperfect
j'aurais reculé	je reculasse	j'eusse reculé

PARTICIPLES　　IMPERATIVE

reculant, reculé　　　　recule!, reculons!, reculez!

Reculez de quelques pas s'il vous plaît. _Move a few paces back please._
Elle a reculé dans une flaque d'eau. _She stepped back into a puddle._
Peux-tu reculer la voiture un petit peu? _Can you move the car back a little?_
Nous reculerons la date de quelques jours. _We'll move the date back by a few days._
C'est reculer pour mieux sauter. _It's just delaying the day of reckoning._
Je me suis reculé(e) pour attraper la balle. _I stepped back to catch the ball._ (refl.)
Il s'est reculé en apercevant l'araignée. _He shrank back when he saw the spider._ (refl.)
Nous avons fait reculer l'incendie. _We have got the fire under control._

aller à reculons _to go backwards_　　　**avec le recul du temps** _with the_
un recul _a retreat_　　　　　　　　　　_passing of time_

177 réduire *to reduce, decrease* tr.

INDICATIVE

Present	Imperfect	Perfect
je réduis	je réduisais	j'ai réduit
tu réduis	tu réduisais	tu as réduit
il/elle réduit	il/elle réduisait	il/elle a réduit
nous réduisons	nous réduisions	nous avons réduit
vous réduisez	vous réduisiez	vous avez réduit
ils/elles réduisent	ils/elles réduisaient	ils/elles ont réduit

Future	Pluperfect	Past Historic
je réduirai	j'avais réduit	je réduisis
tu réduiras	tu avais réduit	tu réduisis
il/elle réduira	il/elle avait réduit	il/elle réduisit
nous réduirons	nous avions réduit	nous réduisîmes
vous réduirez	vous aviez réduit	vous réduisîtes
ils/elles réduiront	ils/elles avaient réduit	ils/elles réduisirent

Near Future	Future Perfect	Past Anterior
je vais réduire	j'aurai réduit	j'eus réduit

CONDITIONAL   SUBJUNCTIVE

Present	Present	Perfect
je réduirais	je réduise	j'aie réduit
tu réduirais	tu réduises	tu aies réduit
il/elle réduirait	il/elle réduise	il/elle ait réduit
nous réduirions	nous réduisions	nous ayons réduit
vous réduiriez	vous réduisiez	vous ayez réduit
ils/elles réduiraient	ils/elles réduisent	ils/elles aient réduit

Perfect	Imperfect	Pluperfect
j'aurais réduit	je réduisisse	j'eusse réduit

PARTICIPLES   IMPERATIVE

réduisant, réduit   réduis!, réduisons!, réduisez!

Je réduis la vitesse de ma voiture en ville. *I reduce the speed of my car in town.*
Michèle, réduis le son de ta radio! *Michèle, turn your radio down!*
Le prix de ce tableau a été réduit. *The price of this picture has been reduced.*
Il faut que tu réduises la cuisson. *You must reduce the cooking time.*
Nous avons réduit notre train de vie. *We have cut down our spending.*
Nous en sommes réduit à vendre notre maison. *We are left with no alternative but to sell our house.*
Vous laissez réduire la sauce de moitié. *You simmer the sauce to reduce by half.*
Avec cette carte vous bénéficiez d'un tarif réduit. *With this card you get a reduced price.*

un modèle réduit *a small-scale model*   **un petit réduit** *a tiny room*
une réduction *a reduction, discount*

INDICATIVE

Present	Imperfect	Perfect
je réfléchis	je réfléchissais	j'ai réfléchi
tu réfléchis	tu réfléchissais	tu as réfléchi
il/alle réfléchit	il/elle réfléchissait	il/elle a réfléchi
nous réfléchissons	nous réfléchissions	nous avons réfléchi
vous réfléchissez	vous réfléchissiez	vous avez réfléchi
ils/elles réfléchissent	ils/elles réfléchissaient	ils/elles ont réfléchi

Future	Pluperfect	Past Historic
je réfléchirai	j'avais réfléchi	je réfléchis
tu réfléchiras	tu avais réfléchi	tu réfléchis
il/elle réfléchira	il/elle avait réfléchi	il/elle réfléchit
nous réfléchirons	nous avions réfléchi	nous réfléchîmes
vous réfléchirez	vous aviez réfléchi	vous réfléchîtes
ils/elles réfléchiront	ils/elles avaient réfléchi	ils/elles réfléchirent

Near Future	Future Perfect	Past Anterior
je vais réfléchir	j'aurai réfléchi	j'eus réfléchi

CONDITIONAL / SUBJUNCTIVE

Present	Present	Perfect
je réfléchiris	je réfléchisse	j'aie réfléchi
tu réfléchirais	tu réfléchisses	tu aies réfléchi
il/elle réfléchirait	il/elle réfléchisse	il/elle ait réfléchi
nous réfléchirions	nous réfléchissions	nous ayons réfléchi
vous réfléchiriez	vous réfléchissiez	vous ayez réfléchi
ils/elles réfléchiraient	ils/elles réfléchissent	ils/elles aient réfléchi

Perfect	Imperfect	Pluperfect
j'aurais réfléchi	je réfléchisse	j'eusse réfléchi

PARTICIPLES / IMPERATIVE

réfléchissant, réfléchi

réfléchis!, réfléchissons!, réfléchissez!

Réfléchissez-y quelques jours. *Think about it for a few days.*
Nous avons beaucoup réfléchi à ce que vous avez dit. *We have given a lot of thought to what you said.*
J'y réfléchirais plus longtemps si j'étais à ta place. *I would give it more consideration if I were you.*
Cela demande à réfléchir. *I must have time to think it over.*
La mer réfléchit la couleur bleue du ciel. *The sea reflects the blue colour of the sky.*
Le miroir réfléchissait son image. *The mirror reflected her image.*
Le blanc réfléchit la lumière. *White reflects the light.*

---

tout réfléchi *after careful consideration* **réflecteur(-trice)** *reflecting*
un reflet *a reflection, glint, highlight (hair)* **une réflexion** *a remark*
la réflexion *thought, reflection*

179 regarder *to look (at), watch* tr.

INDICATIVE

Present	Imperfect	Perfect
je regarde	je regardais	j'ai regardé
tu regardes	tu regardais	tu as regardé
il/elle regarde	il/elle regardait	il/elle a regardé
nous regardons	nous regardions	nous avons regardé
vous regardez	vous regardiez	vous avez regardé
ils/elles regardent	ils/elles regardaient	ils/elles ont regardé

Future	Pluperfect	Past Historic
je regarderai	j'avais regardé	je regardai
tu regarderas	tu avais regardé	tu regardas
il/elle regardera	il/elle avait regardé	il/elle regarda
nous regarderons	nous avions regardé	nous regardâmes
vous regarderez	vous aviez regardé	vous regardâtes
ils/elles regarderont	ils/elles avaient regardé	ils/elles regardèrent

Near Future	Future Perfect	Past Anterior
je vais regarder	j'aurai regardé	j'eus regardé

CONDITIONAL · SUBJUNCTIVE

Present	Present	Perfect
je regarderais	je regarde	j'aie regardé
tu regarderais	tu regardes	tu aies regardé
il/elle regarderait	il/elle regarde	il/elle ait regardé
nous regarderions	nous regardions	nous ayons regardé
vous regarderiez	vous regardiez	vous ayez regardé
ils/elles regarderaient	ils/elles regardent	ils/elles aient regardé

Perfect	Imperfect	Pluperfect
j'aurais regardé	je regardasse	j'eusse regardé

PARTICIPLES · IMPERATIVE

regardant, regardé

regarde!, regardons!, regardez!

Regarde bien avant de traverser. *Look carefully before crossing the road.*
Avez-vous regardé dans le placard? *Did you look in the cupboard?*
Nous regarderons un film à la télévision ce soir. *We will watch a film on television this evening.*
Il regarda l'heure à la pendule. *He looked at the time on the clock.*
Il ne s'est pas regardé dans la glace. *He should take a look at himself.* (refl.)
Il nous a regardé de travers. *He scowled at us.*
Cette affaire ne te regarde pas. *This matter is none of your business.*
Quand ils achètent ils ne regardent pas à la dépense. *When they buy, they don't worry about the cost.*
Regarde-moi ça! *Just look at that!*

jeter un regard *to glance*
attirer tous les regards *to catch everyone's eye*
être regardant(e) *to be careful with money*
ne pas être regardant(e) *to be generous*

remercier _to thank_ tr. **180**

INDICATIVE

Present	Imperfect	Perfect
je remercie	je remerciais	j'ai remercié
tu remercies	tu remerciais	tu as remercié
il/elle remercie	il/elle remerciait	il/elle a remercié
nous remercions	nous remerciions	nous avons remercié
vous remerciez	vous remerciiez	vous avez remercié
ils/elles remercient	ils/elles remerciaient	ils/elles ont remercié

Future	Pluperfect	Past Historic
je remercierai	j'avais remercié	je remerciai
tu remercieras	tu avais remercié	tu remercias
il/elle remerciera	il/elle avait remercié	il/elle remercia
nous remercierons	nous avions remercié	nous remerciâmes
vous remercierez	vous aviez remercié	vous remerciâtes
ils/elles remercieront	ils/elles avaient remercié	ils/elles remercièrent

Near Future	Future Perfect	Past Anterior
je vais remercier	j'aurai remercié	j'eus remercié

CONDITIONAL   SUBJUNCTIVE

Present	Present	Perfect
je remercierais	je remercie	j'aie remercié
tu remercierais	tu remercies	tu aies remercié
il/elle remercierait	il/elle remercie	il/elle ait remercié
nous remercierions	nous remerciions	nous ayons remercié
vous remercieriez	vous remerciiez	vous ayez remercié
ils/elles remercieraient	ils/elles remercient	ils/elles aient remercié

Perfect	Imperfect	Pluperfect
j'aurais remercié	je remerciasse	j'eusse remercié

PARTICIPLES   IMPERATIVE

remerciant, remercié   remercie!, remercions!, remerciez!

Je vous remercie beaucoup. _Thank you very much._
L'avez-vous remercié? _Did you thank him?_
Nous ne savons pas comment les remercier. _We can't thank them enough._
Elle m'a remercié(e) de mon hospitalité. _She thanked me for my hospitality._
Puis-je vous offrir une boisson? Je vous remercie. _Can I offer you a drink? No, thank you._
Je les remercierai par écrit. _I will thank them in writing._
Ils nous remercièrent. _They thanked us._
Recevez tous mes remerciements. _With many thanks._
Ils nous ont envoyé une lettre de remerciements. _They sent us a thank-you letter._

avec les remerciements à... (in a book) _acknowledgements to..._

181 remplir *to fill, fulfil* tr.

INDICATIVE

Present	Imperfect	Perfect
je remplis	je remplissais	j'ai rempli
tu remplis	tu remplissais	tu as rempli
il/elle remplit	il/elle remplissait	il/elle a rempli
nous remplissons	nous remplissions	nous avons rempli
vous remplissez	vous remplissiez	vous avez rempli
ils/elles remplissent	ils/elles remplissaient	ils/elles ont rempli

Future	Pluperfect	Past Historic
je remplirai	j'avais rempli	je remplis
tu rempliras	tu avais rempli	tu remplis
il/elle remplira	il/elle avait rempli	il/elle remplit
nous remplirons	nous avions rempli	nous remplîmes
vous remplirez	vous aviez rempli	vous remplîtes
ils/elles rempliront	ils/elles avaient rempli	ils/elles remplirent

Near Future	Future Perfect	Past Anterior
je vais remplir	j'aurai rempli	j'eus rempli

CONDITIONAL SUBJUNCTIVE

Present	Present	Perfect
je remplirais	je remplisse	j'aie rempli
tu remplirais	tu remplisses	tu aies rempli
il/elle remplirait	il/elle remplisse	il/elle ait rempli
nous remplirions	nous remplissions	nous ayons rempli
vous rempliriez	vous remplissiez	vous ayez rempli
ils/elles rempliraient	ils/elles remplissent	ils/elles aient rempli

Perfect	Imperfect	Pluperfect
j'aurais rempli	je remplisse	j'eusse rempli

PARTICIPLES IMPERATIVE

remplissant, rempli   remplis!, remplissons!, remplissez!

Vous remplissez la casserole d'eau. *You fill the pan with water.*
Avez-vous rempli votre verre? *Have you filled up your glass?*
Cette nouvelle nous a rempli de joie. *This news filled us with joy.*
Il faut que je remplisse ces papiers. *I must fill in those papers.*
Voulez-vous remplir la fiche? *Will you fill in the form?*
Mes journées sont très remplies. *My days are very full.*
Il remplit des fonctions importantes. *He fulfils important functions.*
Elle n'a pas rempli ses engagements. *She didn't fulfil her engagements.*
Il se sont bien remplis les poches. *They lined their pockets.* (refl.)

le remplissage *filling up*   **faire du remplissage** *to pad out*
   (a barrel, a pond)   (a speech, a book)

rendre *to give back, render, vomit* tr. **182**

INDICATIVE

Present	**Imperfect**	**Perfect**
je rends	je rendais	j'ai rendu
tu rends	tu rendais	tu as rendu
il/elle rend	il/elle rendait	il/elle a rendu
nous rendons	nous rendions	nous avons rendu
vous rendez	vous rendiez	vous avez rendu
ils/elles rendent	ils/elles rendaient	ils/elles ont rendu

Future	**Pluperfect**	**Past Historic**
je rendrai	j'avais rendu	je rendis
tu rendras	tu avais rendu	tu rendis
il/elle rendra	il/elle avait rendu	il/elle rendit
nous rendrons	nous avions rendu	nous rendîmes
vous rendrez	vous aviez rendu	vous rendîtes
ils/elles rendront	ils/elles avaient rendu	ils/elles rendirent

Near Future	**Future Perfect**	**Past Anterior**
je vais rendre	j'aurai rendu	j'eus rendu

CONDITIONAL

SUBJUNCTIVE

Present	**Present**	**Perfect**
je rendrais	je rende	j'aie rendu
tu rendrais	tu rendes	tu aies rendu
il/elle rendrait	il/elle rende	il/elle ait rendu
nous rendrions	nous rendions	nous ayons rendu
vous rendriez	vous rendiez	vous ayez rendu
ils/elles rendraient	ils/elles rendent	ils/elles aient rendu

Perfect	**Imperfect**	**Pluperfect**
j'aurais rendu	je rendisse	j'eusse rendu

PARTICIPLES

IMPERATIVE

rendant, rendu

rends!, rendons!, rendez!

Voilà, je vous rends la monnaie. *Here you are, here's your change.*
Catherine m'a rendu mon livre. *Catherine gave me my book back.*
Est-ce que tu as rendu tes devoirs? *Did you give in your homework?*
Vous lui rendrez cette lettre de ma part. *You will give him/her this letter on my behalf.*
Je vais te rendre visite. *I'm going to visit you.*
Je n'ai pas de compte à lui rendre. *I don't have to account to him/her.*
Il s'est rendu à la police. *He gave himself up to the police.* (refl.)
Elle se rend au travail en voiture. *She goes to work by car.* (refl.)
Est-ce que vous vous rendez compte de la situation? *Are you aware of the situation?* (refl.)
Il a rendu tout son dîner. *He brought up all his dinner.*

---

rendre hommage à *to pay homage to*
un compte rendu *a report*
être rendu(e)(s) *to have arrived*

rendre honneur à *to pay tribute to*

183 repasser

to pass again, intr./tr. *iron*

INDICATIVE

Present	Imperfect	Perfect
je repasse	je repassais	j'ai repassé
tu repasses	tu repassais	tu as repassé
il/elle repasse	il/elle repassait	il/elle a repassé
nous repassons	nous repassions	nous avons repassé
vous repassez	vous repassiez	vous avez repassé
ils/elles repassent	ils/elles repassaient	ils/elles ont repassé

Future	Pluperfect	Past Historic
je repasserai	j'avais repassé	je repassai
tu repasseras	tu avais repassé	tu repassas
il/elle repassera	il/elle avait repassé	il/elle repassa
nous repasserons	nous avions repassé	nous repassâmes
vous repasserez	vous aviez repassé	vous repassâtes
ils/elles repasseront	ils/elles avaient repassé	ils/elles repassèrent

Near Future	Future Perfect	Past Anterior
je vais repasser	j'aurai repassé	j'eus repassé

CONDITIONAL / SUBJUNCTIVE

Present	Present	Perfect
je repasserais	je repasse	j'aie repassé
tu repasserais	tu repasses	tu aies repassé
il/elle repasserait	il/elle repasse	il/elle ait repassé
nous repasserions	nous repassions	nous ayons repassé
vous repasseriez	vous repassiez	vous ayez repassé
ils/elles repasseraient	ils/elles repassent	ils/elles aient repassé

Perfect	Imperfect	Pluperfect
j'aurais repassé	je repassasse	j'eusse repassé

PARTICIPLES / IMPERATIVE

repassant, repassé

repasse!, repassons!, repassez!

Il va repasser son permis de conduire. *He is going to retake his driving test.*
Elle repasse son examen. *She is retaking her exam.*
On repassera par là à notre retour. *We'll come back this way.*
Ils ont repassé la même émission à la télévision. *They showed the same programme again on television.*
Les éboueurs repassent vendredi prochain. *The dustmen will come back next Friday.*
Je serais bien repassé chez elle si j'avais eu le temps. *I would have come back to her place if I had had the time.*
Elle écoutait la radio en repassant les vêtements. *She was listening to the radio while ironing the clothes.*

un fer à repasser *an iron*   **le repassage** *the ironing*
une planche à repasser *an ironing board*

répondre *to respond, reply* intr./tr. **184**

INDICATIVE

Present	**Imperfect**	**Perfect**
je réponds	je répondais	j'ai répondu
tu réponds	tu répondais	tu as répondu
il/elle répond	il/elle répondait	il/elle a répondu
nous répondons	nous répondions	nous avons répondu
vous répondez	vous répondiez	vous avez répondu
ils/elles répondent	ils/elles répondaient	ils/elles ont répondu

Future	**Pluperfect**	**Past Historic**
je répondrai	j'avais répondu	je répondis
tu répondras	tu avais répondu	tu répondis
il/elle répondra	il/elle avait répondu	il/elle répondit
nous répondrons	nous avions répondu	nous répondîmes
vous répondrez	vous aviez répondu	vous répondîtes
ils/elles répondront	ils/elles avaient répondu	ils/elles répondirent

Near Future	**Future Perfect**	**Past Anterior**
je vais répondre	j'aurai répondu	j'eus répondu

CONDITIONAL SUBJUNCTIVE

Present	**Present**	**Perfect**
je répondrais	je réponde	j'aie répondu
tu répondrais	tu répondes	tu aies répondu
il/elle répondrait	il/elle réponde	il/elle ait répondu
nous répondrions	nous répondions	nous ayons répondu
vous répondriez	vous répondiez	vous ayez répondu
ils/elles répondraient	ils/elles répondent	ils/elles aient répondu

Perfect	**Imperfect**	**Pluperfect**
j'aurais répondu	je répondisse	j'eusse répondu

PARTICIPLES IMPERATIVE

répondant, répondu   réponds!, répondons!, répondez!

Ça ne répond pas. *There's no answer. (telephone)*
Répondez aux questions de l'exercice numéro deux. *Answer the questions in exercise number two.*
Qu'est-ce qu'il vous a répondu? *What did he reply?*
J'avais répondu à sa lettre. *I had answered his letter.*
Elle me répondit en hochant la tête. *She nodded to me in reply.*
Cet enfant répond à ses parents. *This child answers back to his/her parents.*
Les freins ne répondent plus. *The brakes no longer respond.*
J'en réponds de son innocence. *I'll vouch for his/her innocence.*
Si vous vous comportez ainsi je ne réponds plus de rien. *If you behave like this I accept no further responsibility.*

une réponse *an answer*
un(e) répondant(e) *a guarantor*

un répondeur téléphonique *an answering machine*

185 *se reposer *to rest* refl.

INDICATIVE

Present	Imperfect	Perfect
je me repose	je me reposais	je me suis reposé(e)
tu te reposes	tu te reposais	tu t'es reposé(e)
il/elle se repose	il/elle se reposait	il/elle s'est reposé(e)
nous nous reposons	nous nous reposions	nous nous sommes reposé(e)s
vous vous reposez	vous vous reposiez	vous vous êtes reposé(e)(s)
ils/elles se reposent	ils/elles se reposaient	ils/elles se sont reposé(e)s

Future	Pluperfect	Past Historic
je me reposerai	je m'étais reposé(e)	je me reposai
tu te reposeras	tu t'étais reposé(e)	tu te reposas
il/elle se reposera	il/elle s'était reposé(e)	il/elle se reposa
nous nous reposerons	nous nous étions reposé(e)s	nous nous reposâmes
vous vous reposerez	vous vous étiez reposé(e)(s)	vous vous reposâtes
ils/elles se reposeront	ils/elles s'étaient reposé(e)s	ils/elles se reposèrent

Near Future	Future Perfect	Past Anterior
je vais me reposer	je me serai reposé(e)	je me fus reposé(e)

CONDITIONAL   SUBJUNCTIVE

Present	Present	Perfect
je me reposerais	je me repose	je me sois reposé(e)
tu te reposerais	tu te reposes	tu te sois reposé(e)
il/elle se reposerait	il/elle se repose	il/elle se soit reposé(e)
nous nous reposerions	nous nous reposions	nous nous soyons reposé(e)s
vous vous reposeriez	vous vous reposiez	vous vous soyez reposé(e)(s)
ils/elles se reposeraient	ils/elles se reposent	ils/elles se soient reposé(e)s

Perfect	Imperfect	Pluperfect
je me serais reposé(e)	je me reposasse	je me fusses reposé(e)

PARTICIPLES   IMPERATIVE

se reposant, reposé

repose-toi!, reposons-nous!, reposez-vous!
ne te repose pas!, ne nous reposons pas!,
ne vous reposez pas!

Repose-toi! *Have a rest!*
On m'a recommandé de me reposer. *I was recommended to rest.*
Reposons-nous un peu. *Let's have a little rest.*
Si j'étais à ta place je me reposerais cet après-midi. *If I were you I would have a rest this afternoon.*
Il faut qu'elle se repose après le match. *She must have a rest after the match.*
Elle s'est trop reposée sur lui pour faire des décisions. *She has relied too much on him to make decisions.*
Nous avons travaillé sans repos. *We worked without stopping.*

un repos *a rest*   **reposant(e)** *restful/relaxing*
un repose-tête *a headrest*

résoudre *to solve, resolve* tr. **186**

INDICATIVE

Present	Imperfect	Perfect
je résous	je résolvais	j'ai résolu
tu résous	tu résolvais	tu as résolu
il/elle résout	il/elle résolvait	il/elle a résolu
nous résolvons	nous résolvions	nous avons résolu
vous résolvez	vous résolviez	vous avez résolu
ils/elles résolvent	ils/elles résolvaient	ils/elles ont résolu

Future	Pluperfect	Past Historic
je résoudrai	j'avais résolu	je résolus
tu résoudras	tu avais résolu	tu résolus
il/elle résoudra	il/elle avait résolu	il/elle résolut
nous résoudrons	nous avions résolu	nous résolûmes
vous résoudrez	vous aviez résolu	vous résolûtes
ils/elles résoudront	ils/elles avaient résolu	ils/elles résolurent

Near Future	Future Perfect	Past Anterior
je vais résoudre	j'aurai résolu	j'eus résolu

CONDITIONAL · SUBJUNCTIVE

Present	Present	Perfect
je résoudrais	je résolve	j'aie résolu
tu résoudrais	tu résolves	tu aies résolu
il/elle résoudrait	il/elle résolve	il/elle ait résolu
nous résoudrions	nous résolvions	nous ayons résolu
vous résoudriez	vous résolviez	vous ayez résolu
ils/elles résoudraient	ils/elles résolvent	ils/elles aient résolu

Perfect	Imperfect	Pluperfect
j'aurais résolu	je résolusse	j'eusse résolu

PARTICIPLES · IMPERATIVE

résolvant, résolu

résous!, résolvons!, résolvez!

Nous avons résolu ensemble ce mystère. *We solved this mystery together.*
Ils résoudront leurs problèmes entre eux. *They will sort out their problems between themselves.*
Avez-vous résolu cette énigme? *Have you solved this enigma?*
Il faudra résoudre cette situation ensemble. *We will have to solve this situation together.*
Je ne sais pas comment ces difficultés vont se résoudre. *I don't know how these difficulties are going to be resolved.* (refl.)
Je me suis résolue à rester encore quelques années. *I made up my mind to stay a few more years.* (refl.)
Les nuages se résolvent en pluie. *The clouds are turning into rain.* (refl.)

résolu(e) *resolute*
résolument *resolutely*
résoluble *resolvable*
une résolution *a resolution*

187 **respirer** *to breathe* intr./tr.

INDICATIVE

Present	Imperfect	Perfect
je respire	je respirais	j'ai respiré
tu respires	tu respirais	tu as respiré
il/elle respire	il/elle respirait	il/elle a respiré
nous respirons	nous respirions	nous avons respiré
vous respirez	vous respiriez	vous avez respiré
ils/elles respirent	ils/elles respiraient	ils/elles ont respiré

Future	Pluperfect	Past Historic
je respirerai	j'avais respiré	je respirai
tu respireras	tu avais respiré	tu respiras
il/elle respirera	il/elle avait respiré	il/elle respira
nous respirerons	nous avions respiré	nous respirâmes
vous respirerez	vous aviez respiré	vous respirâtes
ils/elles respireront	ils/elles avaient respiré	ils/elles respirèrent

Near Future	Future Perfect	Past Anterior
je vais respirer	j'aurai respiré	j'eus respiré

CONDITIONAL

SUBJUNCTIVE

Present	Present	Perfect
je respirerais	je respire	j'aie respiré
tu respirerais	tu respires	tu aies respiré
il/elle respirerait	il/elle respire	il/elle ait respiré
nous respirerions	nous respirions	nous ayons respiré
vous respireriez	vous respiriez	vous ayez respiré
ils/elles respireraient	ils/elles respirent	ils/elles aient respiré

Perfect	Imperfect	Pluperfect
j'aurais respiré	je respirasse	j'eusse respiré

PARTICIPLES

IMPERATIVE

respirant, respiré

respire!, respirons!, respirez!

Respirez encore une fois, respirez profondément! *Breathe in once more, take a deep breath!*
Elle respire par la bouche. *She breathes through her mouth.*
Il respirait encore mais avec difficulté. *He was still breathing but with difficulty.*
Il ment comme il respire. *He lies through his teeth.*
Nous respirons l'air frais de la montagne. *We are breathing the fresh mountain air.*
Tu respires la santé. *You exude health.*
Son comportement respire l'ennui. *His/Her behaviour is clearly one of boredom.*

la respiration *breathing*
le système respiratoire *respiratory tract*
les maladies respiratoires *illnesses of the respiratory system*

un respirateur *a respirator*
respirable *breathable*

*rester *to stay, remain* intr. **188**

INDICATIVE

Present	Imperfect	Perfect
je reste	je restais	je suis resté(e)
tu restes	tu restais	tu es resté(e)
il/elle reste	il/elle restait	il/elle est resté(e)
nous restons	nous restions	nous sommes resté(e)s
vous restez	vous restiez	vous êtes resté(e)(s)
ils/elles restent	ils/elles restaient	ils/elles sont resté(e)s

Future	Pluperfect	Past Historic
je resterai	j'étais resté(e)	je restai
tu resteras	tu étais resté(e)	tu restas
il/elle restera	il/elle était resté(e)	il/elle resta
nous resterons	nous étions resté(e)s	nous restâmes
vous resterez	vous étiez resté(e)(s)	vous restâtes
ils/elles resteront	ils/elles étaient resté(e)s	ils/elles restèrent

Near Future	Future Perfect	Past Anterior
je vais rester	je serai resté(e)	je fus resté(e)

CONDITIONAL   SUBJUNCTIVE

Present	Present	Perfect
je resterais	je reste	je sois resté(e)
tu resterais	tu restes	tu sois resté(e)
il/elle resterait	il/elle reste	il/elle soit resté(e)
nous resterions	nous restions	nous soyons resté(e)s
vous resteriez	vous restiez	vous soyez resté(e)(s)
ils/elles resteraient	ils/elles restent	ils/elles soient resté(e)s

Perfect	Imperfect	Pluperfect
je serais resté(e)	je restasse	je fusse resté(e)

PARTICIPLES   IMPERATIVE

restant, resté   reste!, restons!, restez!

Je suis resté(e) à la maison. *I stayed at home.*
J'espère que nous ne resterons pas longtemps chez le docteur. *I hope we won't be a long time at the doctor's.*
On est resté toute la soirée au café. *We stayed at the café all evening.*
Je serais resté(e) au lit si le téléphone n'avait pas sonné. *I would have stayed in bed if the phone hadn't rung.*
Il ne reste plus rien dans le frigo. *There is nothing left in the fridge.*
Il te reste dix minutes pour te préparer. *You have ten minutes left to get ready.*
Il n'en reste pas moins que c'était ta décision. *The fact remains none the less that it was your decision.*
Les choses en sont restées là. *Nothing more happened.*
Restons-en là! *Let's leave it at that!*

le restant *the remains*   **le reste** *the rest, what is left*
les restes *left-overs*

189 réussir *to succeed in* intr./tr.

INDICATIVE

Present	Imperfect	Perfect
je réussis	je réussissais	j'ai réussi
tu réussis	tu réussissais	tu as réussi
il/elle réussit	il/elle réussissait	il/elle a réussi
nous réussissons	nous réussissions	nous avons réussi
vous réussissez	vous réussissiez	vous avez réussi
ils/elles réussissent	ils/elles réussissaient	ils/elles ont réussi

Future	Pluperfect	Past Historic
je réussirai	j'avais réussi	je réussis
tu réussiras	tu avais réussi	tu réussis
il/elle réussira	il/elle avait réussi	il/elle réussit
nous réussirons	nous avions réussi	nous réussîmes
vous réussirez	vous aviez réussi	vous réussîtes
ils/elles réussiront	ils/elles avaient réussi	ils/elles réussirent

Near Future	Future Perfect	Past Anterior
je vais réussir	j'aurai réussi	j'eus réussi

CONDITIONAL · SUBJUNCTIVE

Present	Present	Perfect
je réussirais	je réussisse	j'aie réussi
tu réussirais	tu réussisses	tu aies réussi
il/elle réussirait	il/elle réussisse	il/elle ait réussi
nous réussirions	nous réussissions	nous ayons réussi
vous réussiriez	vous réussissiez	vous ayez réussi
ils/elles réussiraient	ils/elles réussissent	ils/elles aient réussi

Perfect	Imperfect	Pluperfect
j'aurais réussi	je réussisse	j'eusse réussi

PARTICIPLES · IMPERATIVE

réussissant, réussi

réussis!, réussissons!, réussissez!

Tu vas réussir ton projet. J'en suis sûr. *You'll make a success of your project. I'm sure of it.*
Il a réussi à son épreuve de français. *He has succeeded in his French test.*
Vous ne réussirez à le convaincre. *You won't succeed in convincing him.*
Comment auriez-vous réussi tout seul? *How would you have managed all on your own?*
L'affaire a réussi. *The deal turned out to be a success.*
Tout lui réussit. *Everything goes right for him/her.*
La nourriture épicée ne lui réussit pas. *Spicy food doesn't agree with him/her.*
L'air de la montagne me réussit. *Mountain air agrees with me.*
Son dîner était très réussi. *Her/His dinner was a success.*
Cela ne lui aurait pas réussi de devenir célèbre. *It wouldn't have done him/her any good to become famous.*
Cette plante ne réussit nulle part. *This plant doesn't thrive anywhere.*

une soirée réussie *a successful evening* **la réussite** *success*

réveiller *to wake up* tr. 190

INDICATIVE

Present	Imperfect	Perfect
je réveille	je réveillais	j'ai réveillé
tu réveilles	tu réveillais	tu as réveillé
il/elle réveille	il/elle réveillait	il/elle a réveillé
nous réveillons	nous réveillions	nous avons réveillé
vous réveillez	vous réveilliez	vous avez réveillé
ils/elles réveillent	ils/elles réveillaient	ils/elles ont réveillé

Future	Pluperfect	Past Historic
je réveillerai	j'avais réveillé	je réveillai
tu réveilleras	tu avais réveillé	tu réveillas
il/elle réveillera	il/elle avait réveillé	il/elle réveilla
nous réveillerons	nous avions réveillé	nous réveillâmes
vous réveillerez	vous aviez réveillé	vous réveillâtes
ils/elles réveilleront	ils/elles avaient réveillé	ils/elles réveillèrent

Near Future	Future Perfect	Past Anterior
je vais réveiller	j'aurai réveillé	j'eus réveillé

CONDITIONAL · SUBJUNCTIVE

Present	Present	Perfect
je réveillerais	je réveille	j'aie réveillé
tu réveillerais	tu réveilles	tu aies réveillé
il/elle réveillerait	il/elle réveille	il/elle ait réveillé
nous réveillerions	nous réveillions	nous ayons réveillé
vous réveilleriez	vous réveilliez	vous ayez réveillé
ils/elles réveilleraient	ils/elles réveillent	ils/elles aient réveillé

Perfect	Imperfect	Pluperfect
j'aurais réveillé	je réveillasse	j'eusse réveillé

PARTICIPLES · IMPERATIVE

réveillant, réveillé

réveille!, réveillons!, réveillez!

Je réveille tous les matins les enfants. *I wake the children up every morning.*
La tempête m'a réveillé(e) dans la nuit. *The storm woke me up in the night.*
Excusez-moi si je vous ai réveillé(e). *Forgive me if I have woken you up.*
Nous avions été réveillés par les éboueurs dans la rue. *We had been woken up by the dustmen in the street.*
Réveillez-vous! *Wake up!*
Voir son ennemi avait réveillé sa jalousie. *Seeing his enemy had reawakened his jealousy.*
Je me suis réveillé(e) de bonne heure. *I woke up early.* (refl.)
La douleur peu à peu se réveillait. *The pain was gradually coming back.* (refl.)

le réveil *waking up*
un réveil matin *an alarm clock*
le réveillon de Noël / du nouvel an *Christmas / New Year's Eve celebration*
réveillonner *to celebrate Christmas / New Year's Eve*

191 rire *to laugh* intr.

INDICATIVE

Present	Imperfect	Perfect
je ris	je riais	j'ai ri
tu ris	tu riais	tu as ri
il/elle rit	il/elle riait	il/elle a ri
nous rions	nous riions	nous avons ri
vous riez	vous riiez	vous avez ri
ils/elles rient	ils/elles riaient	ils/elles ont ri

Future	Pluperfect	Past Historic
je rirai	j'avais ri	je ris
tu riras	tu avais ri	tu ris
il/elle rira	il/elle avait ri	il/elle rit
nous rirons	nous avions ri	nous rîmes
vous rirez	vous aviez ri	vous rîtes
ils/elles riront	ils/elles avaient ri	ils/elles rirent

Near Future	Future Perfect	Past Anterior
je vais rire	j'aurai ri	j'eus ri

CONDITIONAL SUBJUNCTIVE

Present	Present	Perfect
je rirais	je rie	j'aie ri
tu rirais	tu ries	tu aies ri
il/elle rirait	il/elle rie	il/elle ait ri
nous ririons	nous riions	nous ayons ri
vous ririez	vous riiez	vous ayez ri
ils/elles riraient	ils/elles rient	ils/elles aient ri

Perfect	Imperfect	Pluperfect
j'aurais ri	je risse	j'eusse ri

PARTICIPLES IMPERATIVE

riant, ri	ris!, rions!, riez!

Nous avons beaucoup ri en regardant ce film. *We laughed a lot watching this film.*
Lorsque je suis entré(e) il riait aux éclats. *When I walked in he was laughing his head off.*
Vous allez bien rire avec eux. *You are going to have a good laugh with them.*
Ce spectacle t'aurait fait rire. *This show would have made you laugh.*
Ne riez pas trop fort! *Don't laugh too loud!*
Il éclata de rire. *He burst out laughing.*
Tu veux rire! *You must be joking!*
Elle se rit de nous. *She is laughing at us.* (refl.)
Il vaut mieux en rire qu'en pleurer. *It is better to laugh about it than to cry.*
Sans rire, c'est vrai? *But seriously, is it true?*

---

avoir le fou rire *to have the giggles*
rigoler *to giggle*

avoir un rire moqueur *sarcastic laugh*
risible *laughable, ridiculous*

savoir _to know_ tr./aux. **192**

INDICATIVE

Present	Imperfect	Perfect
je sais	je savais	j'ai su
tu sais	tu savais	tu as su
il/elle sait	il/elle savait	il/elle a su
nous savons	nous savions	nous avons su
vous savez	vous saviez	vous avez su
ils/elles savent	ils/elles savaient	ils/elles ont su

Future	Pluperfect	Past Historic
je saurai	j'avais su	je sus
tu sauras	tu avais su	tu sus
il/elle saura	il/elle avait su	il/elle sut
nous saurons	nous avions su	nous sûmes
vous saurez	vous avez su	vous sûtes
ils/elles sauront	ils/elles avaient su	ils/elles surent

Near Future	Future Perfect	Past Anterior
je vais savoir	j'aurai su	j'eus su

CONDITIONAL · SUBJUNCTIVE

Present	Present	Perfect
je saurais	je sache	j'aie su
tu saurais	tu saches	tu aies su
il/elle saurait	il/elle sache	il/elle ait su
nous saurions	nous sachions	nous ayons su
vous sauriez	vous sachiez	vous ayez su
ils/elles sauraient	ils/elles sachent	ils/elles aient su

Perfect	Imperfect	Pluperfect
j'aurais su	je susse	j'eusse su

PARTICIPLES · IMPERATIVE

sachant, su

sache!, sachons!, sachez!

Je ne sais pas où il est! _I don't know where he is!_

Elle savait au fond d'elle-même que c'était fini. _She knew deep inside that it was finished._

Si j'avais su ça plus tôt! _If I had known that earlier!_

Autant que je sache nous serons six ce soir. _As far as I know there will be six of us tonight._

Sachez bien que ceci ne se reproduira plus. _Be quite clear about it. This won't happen again._

Qui sait? _Who knows?_

Je sais conduire maintenant. _I can drive now._

Il n'est pas sans savoir que nous l'attendons. _He is not unaware of the fact that we are waiting for him._

Ils n'ont aucun savoir vivre. _They have no idea how to behave._

le savoir _knowledge_

193 sentir *to smell, feel* tr.

INDICATIVE

Present	Imperfect	Perfect
je sens	je sentais	j'ai senti
tu sens	tu sentais	tu as senti
il/elle sent	il/elle sentait	il/elle a senti
nous sentons	nous sentions	nous avons senti
vous sentez	vous sentiez	vous avez senti
ils/elles sentent	ils/elles sentaient	ils/elles ont senti

Future	Pluperfect	Past Historic
je sentirai	j'avais senti	je sentis
tu sentiras	tu avais senti	tu sentis
il/elle sentira	il/elle avait senti	il/elle sentit
nous sentirons	nous avions senti	nous sentîmes
vous sentirez	vous aviez senti	vous sentîtes
ils/elles sentiront	ils/elles avaient senti	ils/elles sentirent

Near Future	Future Perfect	Past Anterior
je vais sentir	j'aurai senti	j'eus senti

CONDITIONAL

SUBJUNCTIVE

Present	Present	Perfect
je sentirais	je sente	j'aie senti
tu sentirais	tu sentes	tu aies senti
il/elle sentirait	il/elle sente	il/elle ait senti
nous sentirions	nous sentions	nous ayons senti
vous sentiriez	vous sentiez	vous ayez senti
ils/elles sentiraient	ils/elles sentent	ils/elles aient senti

Perfect	Imperfect	Pluperfect
j'aurais senti	je sentisse	j'eusse senti

PARTICIPLES

IMPERATIVE

sentant, senti

sens!, sentons!, sentez!

Ce parfum sent fort. *This perfume is strong.*
On sentait une odeur de brûlé qui venait de la cuisine. *There was a smell of burning coming from the kitchen.*
Ça sent bon! *That smells good!*
Je ne sens plus mes doigts. *I can't feel my fingers.*
Elle ne pouvait pas sentir son arrogance. *She couldn't stand his/her arrogance.*
Il sentait en elle un manque de confiance. *He sensed in her a lack of confidence.*
Comment vous sentez-vous aujourd'hui? *How do you feel today?* (refl.)
Nous nous sommes sentis très mal à l'aise. *We felt very uncomfortable.* (refl.)
Te sens-tu fatigué(e)? *Do you feel tired?* (refl.)

la senteur *scent, perfume*　　　　**les pois de senteur** *sweet peas*
des propos bien sentis *heartfelt words*

suivre *to follow* intr./tr. **194**

INDICATIVE

Present	Imperfect	Perfect
je suis	je suivais	j'ai suivi
tu suis	tu suivais	tu as suivi
il/elle suit	il/elle suivait	il/elle a suivi
nous suivons	nous suivions	nous avons suivi
vous suivez	vous suiviez	vous avez suivi
ils/elles suivent	ils/elles suivaient	ils/elles ont suivi

Future	Pluperfect	Past Historic
je suivrai	j'avais suivi	je suivis
tu suivras	tu avais suivi	tu suivis
il/elle suivra	il/elle avait suivi	il/elle suivit
nous suivrons	nous avions suivi	nous suivîmes
vous suivrez	vous aviez suivi	vous suivîtes
ils/elles suivront	ils/elles avaient suivi	ils/elles suivirent

Near Future	Future Perfect	Past Anterior
je vais suivre	j'aurai suivi	j'eus suivi

CONDITIONAL / SUBJUNCTIVE

Present	Present	Perfect
je suivrais	je suive	j'aie suivi
tu suivrais	tu suives	tu aies suivi
il/elle suivrait	il/elle suive	il/elle ait suivi
nous suivrions	nous suivions	nous ayons suivi
vous suivriez	vous suiviez	vous ayez suivi
ils/elles suivraient	ils/elles suivent	ils/elles aient suivi

Perfect	Imperfect	Pluperfect
j'aurais suivi	je suivisse	j'eusse suivi

PARTICIPLES / IMPERATIVE

suivant, suivi

suis!, suivons!, suivez!

Cette voiture nous suit. *That car is following us.*
Suis-moi! *Follow me!*
Vous suivez la N27 jusqu'à Rouen. *You follow the N27 as far as Rouen.*
Nous allons faire suivre notre courier. *We're going to have our mail forwarded.*
Excusez-moi, je n'ai pas très bien suivi. *I'm sorry, I didn't quite follow that.*
C'est un feuilleton très suivi. *It's a very popular television serial.*
Elle suivait des cours à la Sorbonne. *She was attending courses at the Sorbonne.*
S'il avait suivi les informations à la télé il aurait vu les images de l'accident. *If he had followed the news on TV he would have seen the pictures of the accident.*

par la suite *afterwards*
le suivant *the following*

trois jours de suite *three days in succession*
à suivre *to be continued*

195 tenir *to hold* intr./tr.

INDICATIVE

Present	Imperfect	Perfect
je tiens	je tenais	j'ai tenu
tu tiens	tu tenais	tu as tenu
il/elle tient	il/elle tenait	il/elle a tenu
nous tenons	nous tenions	nous avons tenu
vous tenez	vous teniez	vous avez tenu
ils/elles tiennent	ils/elles tenaient	ils/elles ont tenu

Future	Pluperfect	Past Historic
je tiendrai	j'avais tenu	je tins
tu tiendras	tu avais tenu	tu tins
il/elle tiendra	il/elle avait tenu	il/elle tint
nous tiendrons	nous avions tenu	nous tînmes
vous tiendrez	vous aviez tenu	vous tîntes
ils/elles tiendront	ils/elles avaient tenu	ils/elles tinrent

Near Future	Future Perfect	Past Anterior
je vais tenir	j'aurai tenu	j'eus tenu

CONDITIONAL / SUBJUNCTIVE

Present	Present	Perfect
je tiendrais	je tienne	j'aie tenu
tu tiendrais	tu tiennes	tu aies tenu
il/elle tiendrait	il/elle tienne	il/elle ait tenu
nous tiendrions	nous tenions	nous ayons tenu
vous tiendriez	vous teniez	vous ayez tenu
ils/elles tiendraient	ils/elles tiennent	ils/elles aient tenu

Perfect	Imperfect	Pluperfect
j'aurais tenu	je tinsse	j'eusse tenu

PARTICIPLES / IMPERATIVE

tenant, tenu

tiens!, tenons!, tenez!

Elle tenait son enfant par la main. *She held her child by the hand.*
Je ne sais pas si la corde va tenir. *I don't know if the rope will hold.*
Mets ton gilet, ça te tiendra chaud. *Put your cardigan on, it will keep you warm.*
Nous avons été tenus au courant. *We have been kept up to date.*
Tenez! *Here you are!*
Tout ceci ne tient pas debout. *All this doesn't make sense.*
Il tient beaucoup à elle. *He is very fond of her.*
Je tiens à ce que vous veniez. *I'm anxious that you should come.*
Elle se tenait au milieu de la pièce. *She was standing in the middle of the room.* (refl.)
Tenir au frais. *Keep cool.* (of food)

le tenant du titre *the title holder*   **séance tenante** *forthwith*

INDICATIVE

Present	Imperfect	Perfect
je travaille	je travaillais	j'ai travaillé
tu travailles	tu travaillais	tu as travaillé
il/elle travaille	il/elle travaillait	il/elle a travaillé
nous travaillons	nous travaillions	nous avons travaillé
vous travaillez	vous travailliez	vous avez travaillé
ils/elles travaillent	ils/elles travaillaient	ils/elles ont travaillé

Future	Pluperfect	Past Historic
je travaillerai	j'avais travaillé	je travaillai
tu travailleras	tu avais travaillé	tu travaillas
il/elle travaillera	il/elle avait travaillé	il/elle travailla
nous travaillerons	nous avions travaillé	nous travaillâmes
vous travaillerez	vous aviez travaillé	vous travaillâtes
ils/elles travailleront	ils/elles avaient travaillé	ils/elles travaillèrent

Near Future	Future Perfect	Past Anterior
je vais travailler	j'aurai travaillé	j'eus travaillé

CONDITIONAL — SUBJUNCTIVE

Present	Present	Perfect
je traveillerais	je travaille	j'aie travaillé
tu travaillerais	tu travailles	tu aies travaillé
il/elle travaillerait	il/elle travaille	il/elle ait travaillé
nous travaillcrions	nous travaillions	nous ayons travaillé
vous travailleriez	vous travailliez	vous ayez travaillé
ils/elles travailleraient	ils/elles travaillent	ils/elles aient travaillé

Perfect	Imperfect	Pluperfect
j'aurais travaillé	je travaillasse	j'eusse travaillé

PARTICIPLES — IMPERATIVE

travaillant, travaillé | travaille!, travaillons!, travaillez!

Est-ce que vous travaillez ici? *Do you work here?*
On travaille jusqu'à 7h du soir. *Work goes on till 7 p.m.*
Tu as bien travaillé. *You've worked well. / You have done a good job.*
Il y a trois ans je travaillais à Paris. *Three years ago I was working in Paris.*
Il faut que je travaille la nuit. *I have to work at night.*
Paul travaille au noir. *Paul is moonlighting.*
Le temps travaille pour nous. *Time is on our side.*
Ce problème le/la travaille. *This problem is worrying him/her.*
Aline fait travailler son argent. *Aline is making her money work for her.*

un travailleur / une travailleuse *a (hard) worker*
le travail *work*
travaux: attention *roadworks ahead*
un travailliste *a member of the labour party*
le parti du travail *labour party*

197 valoir *to be worth, deserve* intr./tr.

INDICATIVE

Present	Imperfect	Perfect
je vaux	je valais	j'ai valu
tu vaux	tu valais	tu as valu
il/elle vaut	il/elle valait	il/elle a valu
nous valons	nous valions	nous avons valu
vous valez	vous valiez	vous avez valu
ils/elles valent	ils/elles valaient	ils/elles ont valu

Future	Pluperfect	Past Historic
je vaudrai	j'avais valu	je valus
tu vaudras	tu avais valu	tu valus
il/elle vaudra	il/elle avait valu	il/elle valut
nous vaudrons	nous avions valu	nous valûmes
vous vaudrez	vous aviez valu	vous valûtes
ils/elles vaudront	ils/elles avaient valu	ils/elles valurent

Near Future	Future Perfect	Past Anterior
je vais valoir	j'aurai valu	j'eus valu

CONDITIONAL / SUBJUNCTIVE

Present	Present	Perfect
je vaudrais	je vaille	j'aie valu
tu vaudrais	tu vailles	tu aies valu
il/elle vaudrait	il/elle vaille	il/elle ait valu
nous vaudrions	nous valions	nous ayons valu
vous vaudriez	vous valiez	vous ayez valu
ils/elles vaudraient	ils/elles vaillent	ils/elles aient valu

Perfect	Imperfect	Pluperfect
j'aurais valu	je valusse	j'eusse valu

PARTICIPLES / IMPERATIVE

valant, valu

vaux!, valons!, valez!

Cette maison vaut cher. *This house is worth a lot.*
Ça ne valait pas la peine d'y aller. *It wasn't worth going there.*
Il vaudrait mieux partir maintenant. *It would be best to leave now.*
Il aurait mieux valu les prévenir d'abord. *It would have been worthwhile warning them first.*
Ce restaurant vaut le détour. *This restaurant is worth a detour.*
Nous le ferons vaille que vaille. *We will do it somehow or other.*
Ça valait le coup. *It was worth a go.*
Ça se vaut. *It's all the same, one way or the other.*

la valeur *value, worth*
la plus-value *increase in value*
valoriser *enhance the value*

l'impôt (m) **sur les plus-values** *capital gains tax*

vivre *to live* intr./tr. **198**

INDICATIVE

Present	Imperfect	Perfect
je vis	je vivais	j'ai vécu
tu vis	tu vivais	tu as vécu
il/elle vit	il/elle vivait	il/elle a vécu
nous vivons	nous vivions	nous avons vécu
vous vivez	vous viviez	vous avez vécu
ils/elles vivent	ils/elles vivaient	ils/elles ont vécu

Future	Pluperfect	Past Historic
je vivrai	j'avais vécu	je vécus
tu vivras	tu avais vécu	tu vécus
il/elle vivra	il/elle avait vécu	il/elle vécut
nous vivrons	nous avions vécu	nous vécûmes
vous vivrez	vous aviez vécu	vous vécûtes
ils/elles vivront	ils/elles avaient vécu	ils/elles vécurent

Near Future	Future Perfect	Past Anterior
je vais vivre	j'aurai vécu	j'eus vécu

CONDITIONAL / SUBJUNCTIVE

Present	Present	Perfect
je vivrais	je vive	j'aie vécu
tu vivrais	tu vives	tu aies vécu
il/elle vivrait	il/elle vive	il/elle ait vécu
nous vivrions	nous vivions	nous ayons vécu
vous vivriez	vous viviez	vous ayez vécu
ils/elles vivraient	ils/elles vivent	ils/elles aient vécu

Perfect	Imperfect	Pluperfect
j'aurais vécu	je vécusse	j'eusse vécu

PARTICIPLES / IMPERATIVE

vivant, vécu

vive!, vivons!, vivez!

Elle vit à Paris. *She lives in Paris.*
Ils vivent ensemble. *They are living together.*
Les Robert vivaient près de chez nous. *The Roberts used to live near us.*
On vivrait mieux si on gagnait plus. *We would live better if we earned more.*
Ils ont vécu une pèriode difficile. *They went through a difficult time.*
Vive le roi! *Long live the king!*
Vivement les vacances! *I can't wait for the holidays!*
Je veux vivre ma vie. *I want to live my own life.*

la vie *life*
de son vivant *in his/her lifetime*

à vie *for life*
les vivres *provisions*

199 voir *to see* tr.

INDICATIVE

Present	Imperfect	Perfect
je vois	je voyais	j'ai vu
tu vois	tu voyais	tu as vu
il/elle voit	il/elle voyait	il/elle a vu
nous voyons	nous voyions	nous avons vu
vous voyez	vous voyiez	vous avez vu
ils/elles voient	ils/elles voyaient	ils/elles ont vu

Future	Pluperfect	Past Historic
je verrai	j'avais vu	je vis
tu verras	tu avais vu	tu vis
il/elle verra	il/elle avait vu	il/elle vit
nous verrons	nous avions vu	nous vîmes
vous verrez	vous aviez vu	vous vîtes
ils/elles verront	ils/elles avaient vu	ils/elles virent

Near Future	Future Perfect	Past Anterior
je vais voir	j'aurai vu	j'eus vu

CONDITIONAL SUBJUNCTIVE

Present	Present	Perfect
je verrais	je voie	j'aie vu
tu verrais	tu voies	tu aies vu
il/elle verrait	il/elle voie	il/elle ait vu
nous verrions	nous voyions	nous ayons vu
vous verriez	vous voyiez	vous ayez vu
ils/elles verraient	ils/elles voient	ils/elles aient vu

Perfect	Imperfect	Pluperfect
j'aurais vu	je visse	j'eusse vu

PARTICIPLES IMPERATIVE

voyant, vu   vois!, voyons!, voyez!

Elle vit l'accident de ses propres yeux. *She saw the accident with her own eyes.*
Nous verrons plus clair demain. *We'll see things better tomorrow.*
Je ne l'ai jamais vu dans cet état-là! *I've never seen him in that state!*
On voyait bien qu'il y avait quelque chose qui n'allait pas. *One could see there was something wrong.*
Êtes-vous allé(e)(s) les voir chez eux? *Did you go and see them at their house?*
Faites voir. *Let's see!*
Ils se voient souvent. *They often see each other.* (refl.)
Cela se voit à vue d'œil. *That's obvious to the eyes.* (refl.)
Mais voyons, vous exagérez! *Come on, you are exaggerating!*
On aura tout vu! *That beats all!*
Il se voit dans l'obligation d'annuler son départ. *He finds himself obliged to cancel his departure.* (refl.)

se faire bien voir *to be looked upon favourably*
se faire mal voir *to be frowned upon*

vouloir *to want* tr./aux. **200**

INDICATIVE

Present	Imperfect	Perfect
je veux	je voulais	j'ai voulu
tu veux	tu voulais	tu as voulu
il/elle veut	il/elle voulait	il/elle a voulu
nous voulons	nous voulions	nous avons voulu
vous voulez	vous vouliez	vous avez voulu
ils/elles veulent	ils/elles voulaient	ils/elles ont voulu

Future	Pluperfect	Past Historic
je voudrai	j'avais voulu	je voulus
tu voudras	tu avais voulu	tu voulus
il/elle voudra	il/elle avait voulu	il/elle voulut
nous voudrons	nous avions voulu	nous voulûmes
vous voudrez	vous aviez voulu	vous voulûtes
ils/elles voudront	ils/elles avaient voulu	ils/elles voulurent

Near Future	Future Perfect	Past Anterior
je vais vouloir	j'aurai voulu	j'eus voulu

CONDITIONAL | SUBJUNCTIVE

Present	Present	Perfect
je voudrais	je veuille	j'aie voulu
tu voudrais	tu veuilles	tu aies voulu
il/elle voudrait	il/elle veuille	il/elle ait voulu
nous voudrions	nous voulions	nous ayons voulu
vous voudriez	vous vouliez	vous ayez voulu
ils/elles voudraient	ils/elles veuillent	ils/elles aient voulu

Perfect	Imperfect	Pluperfect
j'aurais voulu	je voulusse	j'eusse voulu

PARTICIPLES | IMPERATIVE

voulant, voulu

veuille!, veuillons!, veuillez!

Tu veux jouer! Oui, je veux bien. *Do you want to play! Yes, I'd love to.*
Je voudrais une tasse de café. *I would like a cup of coffee.*
Voulez-vous patienter quelques minutes? *Do you mind waiting for a few minutes?*
Le moteur ne veut pas partir. *The engine won't start.*
Veuillez vous asseoir je vous prie! *Please do sit down!*
Elle ne voulait pas qu'il vienne. *She didn't want him to come.*
Il se veut expert en la matière. *He thinks he's an expert on the subject.*
Faites comme vous voulez. *Do as you wish.*
Qu'est-ce que ce mot veut dire? *What does this word mean?*
Il lui en veut beaucoup. *He holds a tremendous grudge against her/him.*
C'était voulu. *It was done on purpose.*

le temps voulu *the time required* **le bon vouloir** *goodwill*
le mauvais vouloir *ill will, reluctance*

French–English verb list

On the following pages you will find approximately 3000 French verbs, with their meanings and the number of the model verb they follow. If the number is in **bold print**, the verb is one of the 200 modelled in full.

abaisser *lower* tr. 11
abandonner *give up* tr. 1
abîmer *damage* tr. 11
abjurer *recant* tr. 11
abolir *abolish* tr. 100
abominer *loathe* tr. 11
abonder (en) *abound (in)* intr. 11
abonner (à) *enrol (in)* intr. 11
aborder *land, accost* intr./tr. 11
aboutir (à/dans/en) *result (in)* intr. 100
aboyer *bark* intr. 135
abreuver *water (animals)* tr. 11
abriter (contre/de) *shelter (from)* tr. 11
abroger *abrogate* tr. 120
abrutir *brutalize* tr. 100
*s'absenter (de) *absent oneself (from)* refl. 11
absorber *absorb* tr. 11
absoudre (de) *pardon (for)* tr. 186
*s'abstenir (de) *refrain (from)* refl. 195
abuser (de qch.) *misuse (sth.)* tr. 11
accabler *overwhelm* tr. 11
accaparer *hoard, monopolize* tr. 11
accéder à qch. *have access to sth.* tr. 160
accélérer *accelerate* intr./tr. 160
accentuer *stress* tr. 11
accepter (de + inf.) *accept, agree to* tr. 2

accidenter *vary, damage* tr. 11
acclamer *acclaim* tr. 11
accommoder *suit* tr. 11
accompagner *accompany* tr. 11
accomplir *accomplish* tr. 100
accorder *admit, grant* tr. 11
*s'accorder (pour + inf./avec) *agree (to/with)* refl. 11
accoster *accost* tr. 11
(*)accoucher (de) *give birth (to)* intr./tr. 11
*s'accouder (à) *lean one's elbows (on)* refl. 11
accoupler *couple* tr. 11
*accourir *run up* intr. 58
accoutumer qn. à *get sb. used to* tr. 11
accrocher (à) *hook (up) (on)* tr. 11
accroire *believe (falsely)* (only used in inf.) 62
accroître *increase* tr. 3
*s'accroupir *squat* refl. 100
accueillir *welcome* tr. 4
accumuler *accumulate* tr. 11
accuser (de) *accuse (of)* tr. 11
*s'acharner (sur qn.) *hound (sb.)* refl. 11
acheminer (qn. vers/sur) *direct (sb. towards)* tr. 11
acheter *buy* tr. 5
achever (de + inf.) *finish (doing)* tr. 5

acquérir *acquire* tr. **6**
acquiescer à *acquiesce in* intr. 44
acquitter de *release from* tr. 11
activer *rouse* tr. 11
actualiser *bring up to date* tr. 11
adapter *fit* tr. 11
additionner *add up* tr. 11
adhèrer à *adhere to* tr. 160
adjoindre (à) *associate (with)* tr. 60
adjuger *award* tr. 120
admettre *admit* tr. **7**
administrer *administer* tr. 11
admirer *admire* tr. **8**
adopter *adopt* tr. 11
adorer (+ inf.) *adore (doing)* tr. 11
adoucir *soften* tr. 100
adresser *address* tr. **9**
*advenir *occur* intr. imp. 195
affadir *make dull* tr. 100
affaiblir *weaken* tr. 100
*s'affaisser *subside* refl. 11
*s'affaler *flop down* refl. 11
affamer *starve* tr. 11
affecter de + inf. *pretend to* tr. 11
affermir *strengthen* tr. 100
afficher *display* tr. 11
affliger de *afflict with* tr. 120
affluer *abound* intr. 11
affranchir *set free, stamp* tr. 100
affronter *confront* tr. 11
agacer *irritate* tr. 44
*s'agenouiller *kneel (down)* refl. 11
*s'agglomérer *crowd together* refl. 160
aggraver *make worse* tr. 11
agir (sur) *act (on)* intr. **10**
*s'agir de *be a matter of* imp. 10
agiter *wave* tr. 11
agrandir *enlarge* tr. 100
agréer *accept* tr. 61
agrémenter de *embellish with* tr. 11
agresser *attack* tr. 11
ahurir *bewilder* tr. 100
aider (à + inf.) *help (to)* intr./tr. **11**
aigrir *sour* tr. 100
aiguiller *shunt* tr. 11
aimer (+ inf.) *like, love (doing)* tr. **12**
ajourner *postpone* tr. 11
ajouter (à) *add (to)* tr. 11
ajuster *adjust* tr. 11
alarmer *alarm* tr. 11
alerter (de) *warn (about)* tr. 11
aligner *align* tr. 11
alimenter (de) *feed (with)* tr. 11
alléguer *allege* tr. 160

*aller (+ inf.) *go (and), be going to (do)* intr. **13**
*s'en aller *go away* refl. **14**
allier (à/avec) *unite (to/with)* tr. 180
allonger *stretch out* intr./tr. 120
allumer *light* tr. 11
alourdir (de) *weigh down (with)* tr. 100
altérer *spoil* tr. 160
amarrer *moor* tr. 11
amasser *pile up* tr. 11
ambitionner de + inf. *aspire to* tr. 11
améliorer *improve* tr. 11
aménager *fit out* tr. 120
amener (à + inf.) *bring (to)* tr. **15**
amoindrir *reduce* tr. 100
amonceler *pile up* tr. 18
amorcer *initiate* tr. 44
amplifier de *amplify with/by* tr. 180
amputer *amputate* tr. 11
amuser *amuse* tr. 11
*s'amuser (à + inf.) *have fun (doing)* refl. 11
anéantir *annihilate* tr. 100
angoisser *distress* tr. 11
animer *animate* tr. 11
annexer *annex* tr. 11
annoncer *announce* tr. 44
anticiper *anticipate* tr. 11
apaiscr *calm* tr. 11
apercevoir *see, glimpse* tr. **16**
apeurer *scare* tr. 11
apitoyer *move (to pity)* tr. 135
*s'apitoyer (sur qch./qn) *feel pity for sth./sb.* refl. 135
aplatir *flatten* tr. 100
(*)apparaître *appear* intr. 144
appareiller *install* tr. 11
*s'apparenter à *resemble; ally oneself to* refl. v. 11
appartenir à *belong to* tr. **17**
appeler *call* intr./tr. **18**
applaudir (de) *applaud (for)* tr. 100
appliquer *apply* tr. 11
apporter *bring* tr. **19**
apprécier *appreciate* tr. 180
apprendre (à + inf.) *learn* tr. **20**
apprêter *prepare* tr. 11
apprivoiser *tame* tr. 11
approcher *approach, bring near* tr. **21**
approfondir *deepen* tr. 100
*s'approprier *appropriate* refl. 180
approuver (de) *approve of* tr. 11
approvisionner *supply* tr. 11

appuyer (sur) *press, lean (on)* intr./tr. 22
arbitrer *arbitrate* tr. 11
argenter *silver* tr. 11
arguer (de) *deduce (from)* tr. 11
argumenter (contre) *argue (against)* intr. 11
armer (de) *arm (with)* tr. 11
aromatiser (de) *flavour (with)* tr. 11
arpenter *survey* tr. 11
arracher (qch. à qn.) *snatch (sth. from sb.)* tr. 11
arranger *arrange* tr. 23
arrêter *stop, halt* tr. 24
*s'arrêter (de + inf.) *stop (doing sth.)* refl. 24
*arriver (à + inf.) *arrive, manage (to)* intr. 25
arrondir *round (off)* tr. 100
arroser *water* tr. 11
articuler *articulate* tr. 11
asphyxier *asphyxiate* tr. 180
aspirer *suck in* tr. 11
assagir *make wiser* tr. 100
assaillir *assault* tr. 4
assainir *cleanse, set in order* tr. 100
assaisonner (de) *season (with)* tr. 11
assassiner *murder* tr. 11
assembler *assemble* tr. 11
asseoir *place, seat* tr. 26
*s'asseoir *sit down* refl. 26
asservir *enslave* tr. 100
assiéger (de) *besiege (with)* tr. 160
assigner *assign* tr. 11
assimiler *assimilate* tr. 11
assister (à qch.) *assist, attend (sth.)* tr. 27
associer (à) *join (to)* tr. 180
assombrir *darken* tr. 100
assommer (de) *fell, overwhelm (with)* tr. 11
assortir (à) *match (with)* tr. 100
assoupir *send to sleep* tr. 100
assouvir (de) *satisfy (with)* tr. 100
assujettir *subjugate* tr. 100
assumer *assume, take charge* tr. 11
assurer *ensure* tr. 11
attacher *tie (up)* tr. 11
attaquer *attack* tr. 11
attarder *delay* tr. 11
atteindre *reach* tr. 60
atteler *harness* tr. 16
attendre (qn.) *wait (for)* tr. 28
attendrir *soften* tr. 100
atténuer *reduce* tr. 11

atterrir *land* intr. 100
attirer *attract* tr. 11
attraper *catch* tr. 29
attribuer (à) *allot (to)* tr. 11
attrister *sadden* tr. 11
auditionner *audition* tr. 11
augmenter (de) *increase (by)* tr. 11
automatiser *automate* tr. 11
autoriser qn. à + inf. *authorize sb. to (do sth.)* tr. 11
*s'avachir *get flabby* refl. 100
avaler *swallow* tr. 11
avancer *move forward, advance* intr./tr. 30
avantager *favour* tr. 120
avarier *spoil* tr. 180
aventurer *venture* tr. 11
*s'avérer *prove* rel. 160
avertir (de) *warn (about)* tr. 100
aveugler *blind* tr. 11
aviser (de) *warn (of)* tr. 11
avoir *have* tr. (aux.) 31
avorter *have an abortion* intr. 11
avouer *admit* tr. 11
axer sur *centre on* tr. 11

babiller (sur) *gossip about* intr. 11
bâcler *bodge* tr. 11
badigeonner *whitewash* tr. 11
bafouer (qn.) *jeer at (sb.)* tr. 11
bafouiller *stammer* intr. 11
bagarrer *brawl* intr. 11
baigner *bathe* tr. 11
bâiller *yawn* tr. 11
bâillonner *gag* tr. 11
baiser *kiss, have intercourse with* tr. 11
baisser *lower* tr. 11
balader *take for a walk* tr. 11
balancer *sway, weigh* tr. 44
balayer *sweep (aside)* tr. 32
balbutier *stammer* intr. 180
ballotter *shake about* intr. 11
banaliser *vulgarize* tr. 11
bannir (de) *banish (from)* tr. 100
barboter *paddle* intr. 11
barbouiller (de) *daub (with)* tr. 11
barrer (de/à) *bar (door etc.) (with/against)* tr. 11
barricader (contre) *barricade (against)* tr. 11
basculer *rock, totter* intr./tr. 11
baser (sur) *base (on)* tr. 11
bateler *convey by boat* tr. 18
batifoler *play around* intr. 11

bâtir *build* tr. 100
bâtonner *cudgel* tr. 11
battre *beat, hit* intr./tr. 33
bavarder *gossip* intr. 11
baver *slaver* intr. 11
bêcher *dig* tr. 11
bégayer *stammer* intr./tr. 94
bêler *bleat* intr. 11
bénéficier (de) *profit (from/by)* tr.
  180
bénir (de) *bless (with)* tr. 100
bercer *rock* tr. 44
berner (de) *ridicule, put off (with)* tr.
  11
besogner *work hard* intr. 11
bêtiser *talk stupidly* intr. 11
beurrer *butter* tr. 11
biaiser *skew* tr. 11
biffer *cross out* tr. 11
bifurquer *fork* intr. 11
bivouaquer *bivouac* intr. 11
blager *joke* intr./tr. 11
blâmer (de) *blame (for)* tr. 11
blanchir *whiten* tr. 100
*se blaser (de/sur) *become indifferent
  (to)* refl. 11
blasphémer *blaspheme* intr./tr. 160
blêmir *turn pale* intr. 100
blesser *wound* tr. 1
blondir *go blond, turn yellow* intr.
  100
bloquer *block up* tr. 11
*se blottir *cower* refl. 100
bluffer *bluff* intr. 11
boire *drink* tr. 34
boiser *afforest, panel* tr. 11
boiter *limp* intr. 11
bombarder *shell* tr. 11
bomber *bulge* intr./tr. 11
bondir *leap* intr. 100
border (qch.) *border (on sth.)* tr. 11
borner *limit* tr. 11
bosseler *emboss, dent* tr. 11
bosser *work hard* intr. 11
boucher *block up* tr. 11
boucler *buckle* tr. 11
bouder *sulk* intr. 11
bouffir *swell* intr./tr. 100
bouger *move* intr./tr. 120
bouillir *boil* intr./tr. 35
bouillonner *bubble up* intr. 11
bouler *roll* intr. 11
bouleverser *upset* tr. 11
bouquiner *browse* intr./tr. 11
bourdonner *buzz* intr. 11

bourgeonner *bud* intr. 11
boursoufler *bloat* tr. 11
bousculer *barge into, jostle* tr. 11
braconner *poach* intr. 11
brader *sell off* intr./tr. 11
braiser *braise* tr. 11
brancher (sur) *connect up (to)* tr. 11
brandir *brandish* tr. 100
branler *shake* tr. 11
braquer (sur) *aim (at)* tr. 11
braser *braze* tr. 11
bredouiller *mumble* intr./tr. 11
bricoler *do odd jobs* intr./tr. 11
brider *curb* tr. 11
briller *shine* intr. 36
brimer *bully* tr. 11
briser *break* tr. 11
broder *embroider* tr. 11
broncher *flinch* intr. 11
bronzer *tan* intr./tr. 11
brosser *brush* tr. 11
brouiller *jumble up* tr. 11
broyer *crush* tr. 135
bruire *rumble, hum* intr. 48
brûler *burn* intr./tr. 11
brunir *brown* intr./tr. 100
brusquer *be rude to* tr. 11
brutaliser *ill-treat* tr. 11
budgétiser qch. *budget for (sth.)* tr.
  11
*se buter (à) *come up (against)* refl.
  11

câbler *cable* tr. 11
cabrer *rear (up)* tr. 11
cabrioler *caper (about)* intr. 11
cacher (à) *hide (from)* tr. 37
cacheter *seal* tr. 5
cadenasser *padlock* tr. 11
cadencer *give rhythm to* tr. 44
cadrer (avec) *conform (to)* intr./tr. 11
cahoter *jolt* intr./tr. 11
*se cailler *clot* refl. 11
calculer *calculate* intr./tr. 11
caler *wedge* tr. 11
câliner *pet* tr. 11
calomnier *libel, slander* tr. 180
calmer *calm* tr. 11
cambrer *bend* tr. 11
cambrioler *burgle* tr. 11
camoufler *camouflage* tr. 11
camper *camp* intr./tr. 11
canaliser *channel* tr. 11
canneler *groove* tr. 18
canoter *row, sail* intr. 11

cantonner *billet* intr./tr. 11
capituler (devant) *capitulate (to)* intr. 11
capter *collect* tr. 11
captiver *captivate* tr. 11
capturer *capture* tr. 11
caramboler *cannon (into)* intr./tr. 11
carboniser *char* tr. 11
caresser *caress* tr. 11
caricaturer *caricature* tr. 11
carillonner *chime* intr./tr. 11
carreler *tile* tr. 18
caser *stow away* tr. 11
casser *break* intr./tr. 38
castrer *castrate* tr. 11
causer *cause, chat* intr./tr. 11
cautériser *cauterize* tr. 11
cautionner (qn.) *bail (sb.) out* tr. 11
céder *give up* intr./tr. 39
ceindre (de) *encircle (with)* tr. 60
ceinturer (de) *surround (with)* tr. 11
célébrer *celebrate* tr. 160
celer *conceal* tr. 5
censurer *censure* tr. 11
centrer (sur) *centre (on)* tr. 11
cercler (de) *encircle (with)* tr. 11
cesser (de + inf.) *stop (doing)* intr./tr. 11
chagriner *distress* tr. 11
chahuter *make a row* intr./tr. 11
*se chamailler (avec) *squabble (with)* refl. 11
chanceler *stagger* intr. 16
changer (de qch.) *change (sth.)* intr./tr. 40
chanter *sing* intr./tr. 11
chantonner *sing to oneself* intr./tr. 11
charger de *load with* tr. 120
*se charger (de + inf.) *undertake (to do sth.)* refl. 120
charpenter *construct* tr. 11
charrier *transport* tr. 180
chasser *hunt* tr. 11
châtier *punish* tr. 180
chatouiller *tickle* tr. 11
chauffer (à) *heat, warm up* intr./tr. 41
chausser *put shoes on* tr. 11
chausser du... *take size... (in shoes)* 11
chavirer *turn over, spin round* intr./tr. 11
cheminer *tramp along* intr. 11
chercher *look for* tr. 42
chérir *cherish* tr. 100
chevaucher (sur) *ride, sit astride* tr. 11

chiffonner *rumple* tr. 11
chiffrer *calculate* tr. 11
chiper *pinch, steal* tr. 11
chipoter *nibble* intr. 11
choisir *choose* tr. 43
chômer *be unemployed* tr. 11
choquer *shock* tr. 11
chouchouter *fondle* tr. 11
choyer *cherish* tr. 135
chronométrer *time* tr. 160
chuchoter *whisper* intr. 11
chuter *fall, flop* intr. 11
cicatriser *heal (up)* tr. 11
ciller *blink* intr. 11
cimenter *cement* tr. 11
cingler *lash* tr. 11
cintrer *bend* tr. 11
circonscrire *circumscribe* tr. 87
*circonvenir *circumvent* tr. 195
circuler *circulate* intr. 11
cirer *polish* tr. 11
cisailler *shear* tr. 11
ciseler *engrave* tr. 5
citer *quote* tr. 11
civiliser *civilize* tr. 11
clamer *proclaim, protest* tr. 11
claquer *bang, clap* intr. 11
clarifier *clarify* tr. 180
classer *classify* tr. 11
classifier *classify* tr. 180
cligner *blink* tr. 11
clignoter *flash* intr. 11
climatiser *air-condition* tr. 11
cloisonner *partition (off)* tr. 11
cloîtrer *shut away in a convent* tr. 11
clopiner *hobble away* intr. 11
clôturer *fence in* tr. 11
clouer *nail* tr. 11
coaguler *coagulate* intr./tr. 11
cocher *tick* tr. 11
coder *encode* tr. 11
coexister *coexist* intr. 11
cogner *hit, knock* tr. 11
cohabiter *live together* intr. 11
coiffer *do sb.'s hair* tr. 11
coincer *wedge, jam* tr. 44
coïncider *coincide* intr. 11
collaborer *collaborate* intr. 11
collectionner *collect* tr. 11
coller (à) *stick (to)* tr. 11
colorier *colour, paint* tr. 180
combattre *combat* intr./tr. 33
combiner *combine* tr. 11
combler (de) *fill up (with)* tr. 11
commander (à qn. de + inf.) *order (sb. to)* tr. 11

convaincre (de) *convince (of),*
   persuade tr. 54
convenir *agree, suit* tr. 195
converger (sur) *converge (on)* intr.
   120
convertir (à) *convert (to)* tr. 100
convoiter *covet* tr. 11
convoquer (à) *summon (to)* tr. 11
convoyer *convoy* tr. 135
coopérer (avec/à) *co-operate*
   (with/on) intr. 160
coordonner *co-ordinate* tr. 11
copier (sur qn.) *copy (from sb.)* tr.
   180
correspondre (à) *correspond (to)*
   intr./tr. 182
corriger *correct* tr. 120
corroder *corrode* tr. 11
costumer *dress (up)* tr. 11
coter *assess* tr. 11
cotiser (pour) *contribute (towards)*
   intr. 11
cotonner *pad* tr. 11
côtoyer (qch.) *border on (sth.)* tr.
   135
coucher (qn.) *put (sb.) to bed* tr. 55
*se coucher *go to bed, lie down* refl.
   55
coudoyer (qn.) *rub shoulders with*
   (sb.) tr. 135
coudre *sew* tr. 56
couler *flow* intr. 11
couper *cut* tr. 57
coupler *couple* tr. 11
courber *bend* tr. 11
courir *run* intr./tr. 58
couronner (de) *crown (with)* tr. 11
court-circuiter *short-circuit* tr. 11
courtiser *court* tr. 11
coûter *cost* tr. 11
couvrir (de) *cover (with)* tr. 59
cracher *spit* intr./tr. 11
craindre (de + inf.) *fear, be afraid (to)*
   tr. 60
cramponner *clamp* tr. 11
crâner *swank* intr. 11
cranter *notch* tr. 11
craquer *crack* intr. 11
créditer (de) *credit (with)* tr. 11
créer *create* tr. 61
crépir *roughcast* tr. 100
creuser *dig* tr. 11
crevasser *crack* tr. 11
crever (de) *burst (with)* tr. 5
crier *cry out, shout* tr. 180
criqueter *chirp* intr. 11

crisper *contract* tr. 11
critiquer (de) *criticize (for)* tr. 11
crocheter *hook (up)* tr. 5
croire (qn.) *believe (sb.)* tr. 62
croire à/en (qn./qch.) *believe in*
   (sb./sth.) intr. 62
croiser *cross* tr. 11
croître *grow* intr. 3
croquer *crunch* tr. 11
crouler *collapse* intr. 11
croupir *wallow, stagnate* intr. 100
croustiller *be crusty* intr. 11
crucifier *crucify* tr. 180
cueillir *pick, gather* tr. 63
cuire (à) *cook (by)* intr./tr. 48
cuisiner *cook* tr. 64
culbuter *somersault, knock over*
   intr./tr. 11
culminer (à) *peak (at)* intr. 11
cultiver *cultivate* tr. 11
cumuler *have more than one job* tr.
   11
cuver *ferment* intr./tr. 11

daigner + inf. *deign to* tr. 11
daller *pave* tr. 11
danser *dance* intr./tr. 65
dater de *date from* intr. 11
déambuler *saunter* intr. 11
débacler *clear* tr. 11
déballer *unpack* tr. 11
débander *relax, go limp* intr./tr. 11
*se débarbouiller *wash one's face*
   refl. 11
débarquer (de) *disembark (from)* intr.
   11
débarrasser (de) *get rid (of), clear* tr.
   66
débattre *debate* tr. 33
débaucher *entice away* tr. 11
débiter *retail* tr. 11
déblayer (de) *clear (of)* tr. 94
débloquer *free* tr. 11
déboiser *deforest* tr. 11
déborder (de) *overflow (with)* intr./tr.
   67
déboucher *unblock* tr. 11
déboutonner *unbutton* tr. 11
débrancher *disconnected* tr. 11
débrayer *disengage, declutch* intr. 94
débrouiller *disentangle* tr. 11
débuter *begin* tr. 11
décacheter *break open* tr. 5
décaisser *unpack* tr. 11
décalquer *trace* tr. 11
décaper *scour* tr. 11

décapiter *decapitate* tr. 11
décéder *die* intr. 160
déceler *disclose* tr. 5
décentraliser *decentralise* tr. 11
décerner *award* tr. 11
décevoir *disappoint* tr. 68
déchaîner *let loose* tr. 11
déchanter *become disillusioned* tr. 11
décharger *unload* tr. 120
décharger (qn. de qch.) *let (sb.) off (sth.)* tr. 120
*se déchausser *take off one's shoes* refl. 11
déchiffrer *puzzle out* tr. 11
déchiqueter *shred* tr. 16
déchirer *tear* tr. 69
décider (de + inf.) *decide (to)* tr. 11
déclamer *declaim* tr. 11
déclarer *declare* tr. 11
déclencher *trigger off* tr. 11
décliner *decline* tr. 11
déclôturer *throw open* tr. 11
décoder *decode* tr. 11
décoiffer (qn.) *ruffle (sb.'s) hair* tr. 11
décoller *take off (plane)* intr. 11
décommander *cancel* tr. 11
décomposer *decompose* tr. 11
décompter (de) *deduct (from)* tr. 11
déconcerter *disconcert* tr. 11
décongeler *defrost* tr. 5
décongestionner *relieve congestion* tr. 11
déconseiller (à qn.) *advise (sb.) against* tr. 11
décontracter *relax* tr. 11
décorer (de) *decorate (with)* tr. 11
découdre *unpick* tr. 56
découper *cut up* tr. 11
décourager (de) *discourage (from)* tr. 120
découvrir *take off, discover* tr. 70
décréter *decree* tr. 160
décrier *decry* tr. 180
décrire *describe* tr. 87
décrocher (de) *unhook (from)* tr. 11
(*)décroître *decrease* intr. 3
dédaigner *disdain* tr. 11
dédicacer (à) *dedicate (book) to* tr. 44
dédier (à) *consecrate, dedicate (to)* tr. 180
dédire *deny* tr. 81
dédommager (qn. de) *compensate (sb. for)* tr. 120
dédouaner (qch.) *clear (sth.) through customs* tr. 11
dédoubler *unfold* tr. 11
déduire (de) *deduce, deduct (from)* tr. 48
défaillir *become feeble* intr. 63
défaire *undo* tr. 97
défavoriser *handicap* tr. 11
défendre (à qn. de + inf.) *forbid (sb. to), defend* tr. 71
défier (qn. à) *challenge (sb. to)* tr. 180
*se défier (de qn./qch.) *distrust (sb./sth.)* refl. 180
défigurer *deface* tr. 11
défiler *march past* intr. 11
définir *define* tr. 100
défoncer *stave in* tr. 44
déformer *deform* tr. 11
*se défraîchir *fade* refl. 100
défricher *break in (new ground)* tr. 11
dégager (de) *release (from)* tr. 120
dégarnir *dismantle* tr. 100
dégeler *thaw* intr./tr. 5
dégénérer (de) *degenerate (from)* intr. 160
dégivrer *de-ice* tr. 11
dégonfler *deflate* tr. 11
dégourdir (qch.) *remove numbness from (sth.)* tr. 100
dégoûter *disgust* tr. 11
*se dégoûter de *grow disgusted (with)* refl. 11
dégoutter *drip* 11
dégrader *degrade* tr. 11
dégrafer *unfasten* tr. 11
dégraisser *take the fat from* tr. 11
dégringoler *tumble down* intr. 11
dégriser *sober up* tr. 11
dégrossir *rough out* tr. 100
déguiser (en) *disguise (as)* tr. 11
déguster *sample* tr. 11
déjeuner *have lunch/breakfast* intr. 72
déjouer *foil* tr. 11
délabrer *ruin* tr. 11
délacer *unlace* tr. 44
délaisser *abandon* tr. 11
délasser *refresh* tr. 11
*se délasser (à) *relax (by)* refl. 11
délaver *water down* tr. 11
*se délecter (à + inf.) *take delight in (doing)* refl. 11
déléguer (à) *delegate (to)* tr. 160
délester (qn. de) *lighten (sb. of)* tr. 11

délibérer *deliberate* intr./tr. 160
délier *untie* tr. 180
délimiter *demarcate* tr. 11
délirer *rave* intr. 11
délivrer de *deliver, liberate* tr. 73
demander (qn./qch.) *ask for (sb./sth.)* tr. 74
*se démaquiller *remove one's make-up* refl. 11
démarrer *move off, start (engine)* intr. 11
démêler *disentangle* tr. 11
déménager *move house* intr. 120
démentir *deny* tr. 147
démettre *dislocate* tr. 128
demeurer *remain* intr. 11
démissionner (de) *resign (from)* intr. 11
démolir *demolish* tr. 100
démonter *dismantle* tr. 11
démontrer *demonstrate* tr. 11
démoraliser *demoralize* tr. 11
démunir *strip* tr. 100
dénaturer *distort* tr. 11
dénicher *unearth* tr. 11
dénier *disclaim* tr. 180
dénigrer *disparage* tr. 11
dénombrer *enumerate* tr. 11
dénoncer *denounce* tr. 44
dénouer *untie* tr. 11
dénuder *denude* tr. 11
dépanner *repair (breakdown)* tr. 11
dépaqueter *unpack* tr. 113
dépareiller *break up (a set)* 11
déparer *mar* tr. 11
départir *distribute, assign (tasks)* tr. 147
dépasser *go beyond* tr. 11
dépayser *bewilder* tr. 11
dépêcher *dispatch* tr. 75
*se dépêcher (de + inf.) *hurry (to)* refl. 75
dépendre (de) *depend on* tr. 182
dépenser *spend* tr. 11
dépérir *waste away* intr. 100
dépêtrer (de) *extricate (from)* tr. 11
dépeupler *depopulate* tr. 11
dépister *track down* tr. 11
déplacer *move* tr. 44
déplier *open out* tr. 180
déplorer *deplore* tr. 11
déployer *spread out* tr. 22
déporter *deport* tr. 11
déposer *deposit* tr. 11
dépourvoir (de) *deprive (of)* tr. 199
dépoussiérer *remove dust from* tr. 160

dépraver *deprave* tr. 11
déprécier *depreciate* tr. 180
*se déprendre *melt, run* refl. 161
déprimer *depress* tr. 11
déraciner (de) *uproot (from)* tr. 11
dérailler *be derailed* intr. 11
déraisonner *talk nonsense* intr. 11
déranger *disturb* tr. 120
déraper *skid* intr. 11
dérégler *upset* tr. 160
dériver (de) *divert, derive (from)* tr. 11
dérober (à) *steal (from)* tr. 11
déroger (à) *derogate (from), not conform (to)* intr. 120
dérouler *unroll* intr. 11
dérouter *baffle* tr. 11
désabuser *disillusion* tr. 11
désaffecter *cease to use* tr. 11
désaltérer (qn.) *quench (sb.'s) thirst* tr. 160
désamorcer *defuse* tr. 44
désapprouver *disapprove of* tr. 11
désarmer *disarm* tr. 11
désavouer *disclaim* tr. 11
*descendre *go/get down* intr./tr. 76
désemparer *make a break* intr. 11
déséquilibrer *throw off balance* tr. 11
déserter *abandon* tr. 11
désespérer *despair* intr. 160
déshabiller *undress* tr. 11
déshériter *disinherit* tr. 11
déshonorer *dishonour* tr. 11
déshydrater *dehydrate* tr. 11
désigner *point out* tr. 11
désinfecter *disinfect* tr. 11
*se désintéresser (de) *lose interest (in)* refl. 11
désintoxiquer *treat an addiction* tr. 11
désirer (+ inf.) *want (to)* tr. 11
*se désister (en faveur de) *stand down (for)* refl. 11
désobéir (à qn.) *disobey (sb.)* tr. 100
désobliger *offend* tr. 120
désodoriser *deodorize* tr. 11
désoler *afflict* tr. 11
désorganiser *disorganise* tr. 11
désorienter *disorientate* tr. 11
dessécher *dry up* tr. 160
desserrer *loosen* tr. 11
desservir *serve, provide a service to* tr. 193
dessiner *draw* tr. 11
destiner (à) *destine (to)* tr. 11
désunir *disunite* tr. 100

détacher (de) *detach (from)* 11
détailler *itemize* tr. 11
détecter *detect* tr. 11
détendre *slacken* tr. 182
détenir *detain* tr. 195
*se détériorer *deteriorate* refl. 11
déterminer *determine* tr. 11
déterminer (qn. à + inf.) *induce sb. to* 11
détester (+ inf.) *hate (to), detest* tr. 11
détoner *detonate* tr. 11
détordre *untwist* tr. 182
détourner (de) *divert (from)* tr. 11
détraquer *put out of order* tr. 11
détruire *destroy* tr. 48
dévaler *rush down* tr. 11
dévaliser *rob* tr. 11
dévaloriser *devalue* tr. 11
devancer *precede, anticipate* tr. 44
dévaster *devastate* tr. 11
développer *develop* tr. 11
*devenir *become* intr. 77
déverrouiller *unbolt* tr. 11
déverser *incline, pour* tr. 11
deviner *guess* tr. 11
dévisager *stare at* tr. 120
dévisser *unscrew* tr. 11
dévoiler *unveil* tr. 11
devoir (+ inf.) *owe, have to* tr./aux. 78
dévorer *devour* tr. 11
dévouer (à) *devote (to)* tr. 11
dialoguer (avec) *converse (with)* tr. 11
dicter (à) *dictate (to)* tr. 11
diffamer *defame* tr. 11
différencier (de/d'avec) *differentiate (from)* tr. 180
différer *postpone* tr. 160
diffuser *diffuse* tr. 11
digérer *digest* tr. 160
dilater *dilate* tr. 11
diluer (de) *dilute (with)* 11
diminuer *reduce, lessen* intr./tr. 79
dîner *dine, have dinner* intr. 80
dire à qn. de + inf. *say, tell (sb.) to* tr. 81
dire qch. à qn. *tell sb. sth.* tr. 81
diriger *direct* tr. 120
*se diriger (vers) *make for* refl. 120
discerner *discern* tr. 11
discipliner *discipline* tr. 11
discourir (sur) *expatiate (on)* intr. 58
discréditer *disparage* tr. 11
discuter (de) (qch.) *discuss (sth.)* tr. 11
*se disgracier (auprès de) *fall out of favour (with)* refl. 180

disjoindre *separate* tr. 60
disloquer *dislocate* tr. 11
disparaître *disappear, vanish* intr. 82
dispenser de *exempt (from)* tr. 11
disperser *disperse* tr. 11
disposer (qch.) *arrange (sth.)* tr. 11
disputer (de) (qch.) *dispute (sth.)* tr. 11
disqualifier *disqualify* tr. 180
disséquer *dissect* tr. 160
disserter (sur) *expatiate (on)* intr. 11
dissimuler *dissemble* tr. 11
dissiper *disperse* tr. 11
dissocier *dissociate* tr. 180
dissoudre *dissolve* tr. 186
dissuader (de + inf.) *dissuade (from)* 11
distancer *outstrip* tr. 44
distiller *distil* tr. 11
distinguer (de/d'avec) *distinguish (from)* tr. 11
distribuer *distribute* tr. 11
diverger (de) *diverge (from)* intr. 120
diversifier *diversify* tr. 180
divertir (de) *divert (from)* tr. 100
diviser (en) *divide (into)* tr. 11
divorcer (d'avec qn.) *divorce (sb.)* tr. 44
divulguer *divulge* tr. 11
domestiquer *domesticate* tr. 11
dominer (sur) *rule (over)* tr. 11
dompter *tame* tr. 11
donner *give* intr./tr. 83
doper *dope* tr. 11
dorer *gild* tr. 11
dormir *sleep* intr. 84
doter (de) *equip (with)* tr. 11
doubler *double* tr. 11
*se doucher *take a shower* refl. 11
douer (de) *endow (with)* tr. 11
douter (de qch.) *doubt (sth.)* tr. 11
dresser *erect* tr. 11
*se droguer *take drugs* refl. 11
duper *dupe* tr. 11
durcir *harden* tr. 100
durer *last* intr. 11

ébahir *amaze* tr. 100
*s'ébattre *frolic* refl. 33
ébaubir *flabbergast* tr. 100
ébaucher *sketch (out)* tr. 11
éberluer *astound* tr. 11
éblouir *dazzle* tr. 100
ébouillanter *scald* tr. 11
*s'ébouler *fall in* refl. 11
ébouriffer *tousle* tr. 11

ébranler *shake* tr. 11
ébrécher *chip, make a gap in* tr. 160
*s'ébruiter *become known* refl. 11
écaler *shell* tr. 11
écarquiller *open wide* tr. 11
écarter (**de**) *separate (from)* tr. 11
échafauder *build up* tr. 11
échanger (**contre/pour**) *exchange (for)* tr. 120
écharper *gash* tr. 11
échauffer *overheat* tr. 11
échouer (**à**) *fail (in)* intr. 11
éclabousser *spatter, splash* tr. 11
éclaircir *clear (up)* tr. 100
éclairer *light* tr. 85
éclater (**en**) *burst (into)* intr. 11
éclater de + inf. *burst with* intr. 11
éclipser *eclipse* tr. 11
écœurer *sicken* tr. 11
économiser (**sur**) *save (on)* tr. 11
écorcer *strip (bark off), peel* tr. 44
écorcher *flay, fleece* tr. 11
écosser *shell (peas, etc.)* tr. 11
*s'écouler (**de**) *flow (out of)* refl. 11
écourter *shorten* tr. 11
écouter *listen (to)* tr. 86
écraser *crush* tr. 11
écrémer *skim* tr. 160
*s'écrier (**de**) *exclaim, cry out (with)* rel. 180
écrire *write* tr. 87
*s'écrouler *collapse* refl. 11
écumer *skim* tr. 11
édifier *erect, edify* tr. 180
éditer *publish* tr. 11
éduquer *bring up* tr. 11
effacer (**de**) *efface (from)* tr. 44
effarer (**de**) *frighten (with)* tr. 11
effaroucher *startle* tr. 11
effectuer *effect* tr. 11
*s'effeuiller *lose leaves/petals* refl. 11
effleurer *graze* tr. 11
effondrer *break open* tr. 11
*s'efforcer (**de/à** + inf.) *make every effort (to)* refl. 44
effrayer (**par**) *frighten (with)* tr. 94
*s'effriter *crumble* refl. 11
égaler *equal* tr. 11
égaliser *equalize* tr. 11
égarer *mislead* tr. 11
*s'égarer *get lost* refl. 11
égayer par *enliven (with)* tr. 94
égorger *butcher* tr. 120
égoutter *drain* tr. 11
égratigner *scratch* tr. 11
égrener *pick (off)* tr. 5

éjaculer *ejaculate* intr. 11
éjecter *eject* tr. 11
élaborer *draw up* tr. 11
élancer *throb* intr. 44
élargir *widen* tr. 100
électrifier *electrify* tr. 180
électrocuter *electrocute* tr. 11
élever *raise* tr. 5
éliminer *eliminate* tr. 11
élire *elect* tr. 118
éloigner (**qch.**) (**de**) *move (sth.) away (from)* tr. 11
élucider *elucidate* tr. 11
éluder *elude* tr. 11
émailler *enamel* tr. 11
émanciper (**de**) *emancipate (from)* tr. 11
émaner (**de**) *emanate (from)* tr. 11
émasculer *emasculate* tr. 11
emballer *pack (up)* tr. 11
embarquer (**sur/dans**) *embark (on), get in* intr./tr. 11
embarrasser *embarrass* tr. 11
embaucher *take on* tr. 11
embaumer *make fragrant, embalm* tr. 11
embellir (**de**) *embellish (with)* tr. 100
embêter *annoy* tr. 11
emboîter *can, fit together* tr. 11
embourber (**dans**) *bog down (in)* tr. 11
*s'embourgeoiser *become respectable* refl. 11
embouteiller *bottle* tr. 11
embraser *scorch* tr. 11
embrasser *kiss* tr. 88
embrouiller *muddle up* tr. 11
*s'embrumer *become misty* refl. 11
émerger (**de**) *emerge (from)* intr. 120
émerveiller *amaze* tr. 11
émettre *emit* tr. 128
émeuter *rouse up* tr. 11
émietter *crumble* tr. 11
émincer *shred, slice thinly* tr. 44
emmailloter (**de**) *swathe (in)* tr. 11
emmêler *mix up* tr. 11
emménager *install* intr. 120
emmener (**de**) *take (away) (from)* tr. 89
emmitoufler (**de/dans**) *muffle up (in)* tr. 11
emmurer (**dans**) *immure (in)* tr. 11
émonder *prune* tr. 11
émotionner *thrill* tr. 11
*s'empaler (**sur**) *impale oneself (on)* refl. 11

empaqueter *parcel up* tr. 113
*s'emparer de (qch.) *grab (sth.)* refl. 11
empêcher (de + inf.) *prevent (from), stop* tr. 90
empiéter (sur) *encroach (on)* intr. 160
empiler *pile up* tr. 11
empirer *worsen* intr./tr. 11
emplir (de) *fill (up) (with)* tr. 100
employer (qch. à) *use (sth. for/to)* tr. 135
empocher *pocket* tr. 11
empoigner *grasp* tr. 11
empoisonner *poison* tr. 11
emporter *carry away* tr. 11
*s'emporter (contre) *lose one's temper (with)* refl. 11
*s'empresser (de + inf.) *make haste (to)* refl. 11
emprisonner *imprison* tr. 11
emprunter (à qn.) *borrow (from sb.)* tr. 11
encadrer (de) *frame (with)* tr. 11
encaisser *collect* tr. 11
encercler *encircle* tr. 11
enchaîner *chain up* tr. 1
enchanter *enchant* tr. 11
enchérir *raise the price of* tr. 100
enchevêtrer (dans) *entangle (in)* tr. 11
enclaver *hem in* tr. 11
encombrer (de) *encumber (with)* tr. 11
encourager (à + inf.) *encourage (to)* tr. 120
encourir *incur* tr. 58
*s'encroûter (de) *become encrusted (with)* refl. 11
*s'endetter *run into debt* refl. 11
endoctriner *indoctrinate* tr. 11
endommager *damage* tr. 120
endormir *put to sleep* tr. 84
*s'endormir *fall asleep* refl. 84
endosser *don* tr. 11
enduire (de) *coat (with)* tr. 48
endurcir *harden* tr. 100
endurer *endure* tr. 11
énerver qn. *get on sb.'s nerves* tr. 11
enfermer (dans) *shut up (in)* tr. 99
enfiler *thread* tr. 11
enflammer (de) *inflame (with)* tr. 11
enfler *swell* intr./tr. 11
enfoncer *drive in* tr. 44
enfouir *bury* tr. 100
enfreindre *transgress* tr. 60
enfumer *fill with smoke* tr. 11
engager *engage* tr. 120

engendrer *breed* tr. 11
englober *take in* tr. 11
engloutir *swallow (up)* tr. 100
engorger (de) *obstruct, block (with)* tr. 120
*s'engouer de *go crazy over* refl. 11
engouffrer *engulf* tr. 11
*s'engourdir *grow numb* refl. 100
engraisser *fatten* tr. 11
engranger *get in (corn, etc.)* tr. 120
engrener *set in motion, engage* tr. 5
*s'engueuler (avec) *have a row (with)* refl. 11
enhardir (qn. + inf.) *embolden (sb. to)* tr. 100
enivrer (de) *make drunk (with)* tr. 11
enjamber *stride over* tr. 11
enjoindre à qn. de + inf. *enjoin sb. to* tr. 60
enlacer *entwine* tr. 44
enlaidir *make/grow ugly* intr./tr. 100
enlever (à) *take away (from)* tr. 5
ennuyer *annoy, bore* tr. 20
énoncer *state* tr. 44
*s'enquérir (de) *inquire (about)* refl. 6
enquêter sur *inquire (into)* intr. 11
*s'enraciner dans *take root (in)* refl. 11
enrager *enrage* tr. 120
enrayer *arrest, check* tr. 94
enregistrer *register, record* tr. 11
*s'enrhumer *catch a cold* refl. 11
enrichir *enrich* tr. 100
enrober (de) *coat (with)* tr. 11
enrôler (dans) *enrol (in)* tr. 11
*s'enrouer *get hoarse* refl. 11
enrouler *roll up* tr. 11
ensabler *silt up* tr. 11
ensanglanter *stain with blood* tr. 11
enseigner (qch. à qn.) *teach (sb. sth.)* tr. 11
ensemencer *sow* tr. 44
ensevelir *bury* tr. 100
ensoleiller *brighten (up)* tr. 11
*s'ensuivre (de) *ensue (from)* refl. (il/ils forms only) 194
entamer (qch.) *cut into (sth.)* tr. 11
entasser *pile up* tr. 11
entendre (qn. + inf.) *hear (sb. doing)* 91
enterrer *bury* tr. 11
enthousiasmer de *fill with enthusiasm (about)* tr. 11
entonner *intone, start singing* tr. 11
entortiller (autour de) *wind around* tr. 11

entourer (de) *surround (with)* tr. 11
*s'entraider (à + inf.) *help one another (to)* refl. 11
entraîner *carry away* tr. 11
entraver *shackle, hamper* tr. 11
entrecouper *intersperse, interrupt* tr. 11
entrecroiser *cross* tr. 11
entrelacer *interweave* tr. 44
entremêler *blend* tr. 11
entreprendre (de + inf.) *undertake (to)* tr. 161
*entrer (dans) *enter, come in* intr./tr. 92
*entrer + inf. *go/come in and* intr. 92
entretenir *maintain* tr. 195
entrevoir *catch sight of* tr. 199
etrouvrir *half open* tr. 143
énumérer *enumerate* tr. 160
enhavir *invade* tr. 100
envelopper (de/dans) *envelop (in)* tr. 11
envier (qch. à qn.) *envy sb. sth.* tr. 180
environner (de) *surround (with)* tr. 11
envisager (de + inf.) *envisage, intend (to)* tr. 120
*s'envoler *fly away* refl. 11
envoyer (qn. + inf.) *send (sb. to)* tr. 135
envoyer chercher *send for* tr. 135
épaissir *thicken* tr. 100
épandre *spread* tr. 182
*s'épanouir *blossom (out)* refl. 100
épargner *save (up)* tr. 83
éparpiller *scatter* tr. 11
épeler *spell* tr. 16
épicer *spice* tr. 44
épier *spy on* tr. 180
épingler *pin* tr. 11
éplucher *peel* tr. 11
éponger *sponge (up)* tr. 120
épouser *marry* tr. 11
épousseter *dust* tr. 113
époustoufler *astound* tr. 11
épouvanter *terrify* tr. 11
*s'éprendre (de) *fall in love (with)* refl. 161
éprouver *test* tr. 11
épuiser *exhaust* tr. 11
épurer (de) *purify (of)* tr. 11
équilibrer *balance* tr. 11
équiper (de) *equip (with)* tr. 11
érafler *scuff* tr. 11
éreinter *exhaust* tr. 11
ériger *erect* tr. 120

éroder *erode* tr. 11
errer *wander* intr. 11
escalader *scale* tr. 11
escamoter *dodge, conceal* tr. 11
escompter *discount, bank on* tr. 11
escorter *escort* tr. 11
escroquer (qn.) *cheat (sb.)* tr. 11
espacer *space (out)* tr. 44
espérer (+ inf.) *hope* intr./tr. 93
espionner *spy on* tr. 83
esquisser *sketch* tr. 11
essayer (de + inf.) *try (to), test* tr. 94
essorer *spin-dry* tr. 11
*s'essouffler (à + inf.) *get out of breath (doing)* refl. 11
essuyer *wipe* tr. 22
estimer (à) *estimate (at)* tr. 11
estomper *blur* tr. 11
estropier *cripple* tr. 180
établir *establish* tr. 100
étaler *spread out* tr. 11
étancher *staunch* tr. 11
étayer *prop* tr. 94
éteindre *put out, turn off* tr. 60
étendre *spread* tr. 182
éterniser *perpetuate* tr. 11
éternuer *sneeze* intr. 11
étinceler (de) *sparkle (with)* intr. 16
étiqueter *label* tr. 5
étonner *astonish* tr. 11
étouffer (de) *suffocate (with)* tr. 11
étourdir *stun* tr. 100
étrangler *strangle* tr. 11
être *be* (aux.) 95
étreindre *embrace* tr. 60
étudier *study* tr. 180
étuver *braise* tr. 11
évacuer *evacuate* tr. 11
*s'évader (de) *escape (from)* refl. 83
evaluer *assess* tr. 11
*s'évanouir *faint, vanish* refl. 100
*s'évaporer *evaporate* refl. 11
éveiller *awaken* tr. 11
éventer *air* tr. 11
éventrer *disembowel* tr. 11
éviter (de + inf.) *avoid (doing)* tr. 11
évoluer *evolve* intr. 11
évoquer *evoke* tr. 11
exagérer *exaggerate* tr. 160
exalter *exalt* tr. 11
examiner *examine* tr. 11
exaspérer *exasperate* tr. 160
*s'exaspérer de *lose patience (with)* refl. 160
exaucer *fulfil* tr. 44
excaver *excavate* tr. 11

excéder *exceed* tr. 160
exceller (dans) *excel (in)* intr. 11
excepter (de) *exclude (from)* tr. 11
exciter *excite* tr. 11
*s'exclamer (de) *exclaim, shout with* refl. 11
exclure (de) *exclude (from)* tr. 47
excommunier (de) *excommunicate (from)* tr. 180
excréter *excrete* tr. 160
*s'excuser *apologize* refl. 11
exécrer *execrate* tr. 160
exécuter *execute* tr. 11
exemplifier *exemplify* tr. 180
exempter de *exempt from* tr. 11
exercer *exercise* tr. 44
exhaler *breathe (out)* tr. 11
exhiber *show (off)* tr. 11
exhorter (à) *exhort (to)* tr. 11
exhumer *exhume* tr. 11
exiger *demand* tr. 120
exiler (de) *exile (from)* tr. 11
exister *exist* intr. 11
exonérer (de) *exonerate (from)* tr. 160
exorciser *exorcize* tr. 11
*s'expatrier *settle abroad* refl. 180
expédier *dispatch* tr. 180
expérimenter *test* tr. 11
expier *atone for* tr. 180
expirer *expire* intr./tr. 11
expliquer *explain* tr. 11
exploiter *operate, exploit* tr. 11
explorer *explore* tr. 11
exploser *explode* intr. 11
exporter *export* tr. 158
exposer (à) *expose (to), exhibit* tr. 11
exprimer *express* tr. 11
expulser (de) *expel (from)* tr. 11
*s'extasier (sur) *go into raptures (over)* refl. 180
exténuer *exhaust* tr. 11
extérioriser *exteriorize* tr. 11
exterminer *exterminate* tr. 11
extirper (de) *root out (from)* tr. 11
exulter *exult* intr. 11

fabriquer *manufacture* tr. 11
fâcher *annoy* tr. 11
*se fâcher (de) *be annoyed (about)* refl. 11
faciliter *facilitate* tr. 11
faibler *weaken* intr. 100
faillir (à) *fail in* intr. 96
faillir + inf. *fail, almost do* intr. 96
faire (+ inf.) *do, make* tr. 97

falloir + inf. (il faut, etc.) *need to, must* imp. 98
falsifier *falsify* tr. 180
familiariser (à/avec) *familiarize (with)* tr. 11
farcir (de) *stuff (with)* tr. 100
farvouiller (dans) *rummage (in)* intr. 11
fasciner *fascinate* tr. 11
fatiguer *tire* tr. 11
faucher *mow (down)* r. 11
*se faufiler (dans) *slip, dodge (through)* refl. 11
fausser *falsify* tr. 11
favoriser *favour* tr. 11
feindre (de + inf.) *pretend (to)* tr. 60
fêler *crack* tr. 11
féliciter de *congratulate (on)* tr. 11
fendre *split* tr. 182
fermenter *ferment* tr. 11
fermer *close* intr./tr. 99
fertiliser *fertilize* tr. 11
fêter *celebrate* tr. 11
feuilleter *leaf through* tr. 5
*se fiancer *get engaged* refl. 44
ficeler *tie up* tr. 16
*se fier à (qn.) *trust (sb.)* refl. 180
figer *solidify* intr./tr. 120
figurer *represent* tr. 11
*se figurer *imagine* refl. 11
filer *spin, slip past* tr. 11
filtrer *filter* tr. 11
financer *finance* tr. 44
finir *finish* intr./tr. 100
fixer *fix* tr. 11
flairer *scent* tr. 11
flamber *flame* intr./tr. 11
flamboyer *blaze* intr. 135
flancher *flinch* intr. 11
flâner *stroll* intr. 11
flanquer *fling* tr. 11
flatter *flatter* 11
fléchir *bend* intr./tr. 100
flétrer *blight, condemn* tr. 100
*se flétrir *fade, wither* refl. 100
fleurir *flower* intr. 100
flirter *flirt* intr. 11
flotter *float* intr. 11
fluctuer *fluctuate* intr. 11
foisonner (de/en) *abound (with)* intr. 11
fomenter *stir up* tr. 11
foncer (sur) *charge (at)* intr. 44
fonctionner *function* intr. 11
fonder *found* tr. 11
fondre *melt* intr./tr. 182

forcer (à + inf.) *force (to)* tr. 44
forer *drill* tr. 11
forfaire (à) *fail (in)* intr. 97
forger *forge* tr. 120
former *form* tr. 11
formuler *formulate* tr. 11
fortifier *fortify* tr. 180
foudroyer *blast* tr. 135
fouetter *whip* tr. 11
fouiller *excavate, ransack* intr./tr. 11
fouler *press, wrench* tr. 11
fourcher *fork* tr. 11
fournir (qch. à qn./qn. de qch.) *supply, furnish (sb. with sth.)* tr. 101
fourrer (de) *stuff (with)* tr. 11
fourvoyer *mislead* tr. 135
fracasser *smash* tr. 11
fractionner *split (up)* tr. 11
fragmenter *split up* tr. 11
fraîchir *grow cooler* intr. 100
franchir *clear, cross* tr. 100
frapper *hit* tr. 11
fraterniser (avec) *fraternize (with)* intr. 11
frauder (qn.) *cheat (sb.)* tr. 11
frayer *clear* tr. 94
fredonner *hum* tr. 11
freiner *brake* intr./tr. 11
frémir *quiver* intr. 100
fréquenter *frequent* tr. 11
frictionner *rub* tr. 11
frigorifier *refrigerate* tr. 180
frire *fry* tr. 191
friser *curl* tr. 11
frissoner (de) *shiver (with)* intr. 11
froisser *crumple, offend* tr. 11
*se froisser (de) *take offence (at)* refl. 11
frôler *brush (against)* tr. 11
froncer *wrinkle* tr. 44
frotter (contre) *rub (against)* tr. 11
fructifier *bear fruit* intr. 180
frustrer *frustrate* tr. 11
fumer *smoke* intr./tr. 11
fuser *melt, burst forth* intr. 11
fusiller *shoot* tr. 11
fusionner *combine* tr. 11

gâcher *spoil* tr. 11
gagner *earn, win* tr. 102
gainer *sheathe* tr. 11
galoper *gallop* intr. 11
galvaniser *galvanize* tr. 11
garantir *guarantee* tr. 100
garder *keep, look after* tr. 103

garer *park* tr. 11
*se gargariser *gargle* refl. 11
gargouiller *gurgle* intr. 11
garnir (de) *provide (with)* tr. 100
garrotter *tie down* tr. 11
gaspiller *waste* tr. 11
gâter *ruin, spoil* tr. 104
gazouiller *twitter* intr. 11
geindre *whine* intr. 60
geler *freeze* intr. 55
gémir (de) *groan (with)* intr. 100
gêner (de + inf.) *hinder, hamper (from)* tr. 11
généraliser *generalize* tr. 11
générer *generate* tr. 160
gercer *crack* intr./tr. 44
gérer *manage* tr. 160
germer *germinate* intr. 11
gésir *lie* intr. 118
gesticuler *gesticulate* intr. 11
gicler *squirt* intr. 11
gifler *slap sb.'s face* tr. 11
givrer *ice up* tr. 11
glacer *freeze* tr. 44
glaner *glean* tr. 11
glisser *slip* intr./tr. 11
glousser *chuckle* intr. 11
gommer *gum, erase* tr. 11
gondoler *buckle* intr. 11
gonfler *inflate* tr. 11
gorger (de) *gorge (with)* tr. 120
goudronner *tar* tr. 11
goûter *taste* tr. 105
goutter *drip* intr. 11
gouverner *govern, steer* tr. 11
gracier *reprieve* tr. 180
graisser *grease* tr. 11
grandir *grow, increase* intr./tr. 106
gratifier (de) *present, favour (with)* tr. 180
gratter *scratch* intr./tr. 11
graver *engrave* tr. 11
gravir (sur) *climb (on)* tr. 100
graviter vers / autour de *gravitate towards, revolve around* 11
greffer (sur) *graft (on to)* tr. 11
grêler *hail* imp. 11
grelotter (de) *shiver (with)* intr. 11
grésiller *sleet, sizzle* imp. intr. 11
gribouiller *scribble* intr./tr. 11
griffer *scratch* tr. 11
griffonner *scrawl* intr./tr. 11
grignoter *nibble* intr./tr. 11
griller *grill* tr. 11
grimacer *grimace* intr./tr. 44
*se grimer *put on make-up* refl. 11

grimper (à) *climb (up)* intr./tr. 11
grincer *grind, creak* intr. 44
griser *make tipsy* tr. 11
grisonner *grow grey (hair)* intr. 11
grogner *grouse* intr./tr. 11
gronder *scold* tr. 11
grossir *enlarge, get fatter* intr./tr. 100
grouiller (de) *swarm (with)* intr. 11
grouper *group* tr. 11
guérir (de) *heal, cure (of)* intr./tr. 107
guetter *lie in wait for* tr. 11
gueuler *bawl* intr./tr. 11
guider *guide* tr. 11
guillotiner *guillotine* tr. 11

habiller *dress* tr. 11
*s'habiller (de) *dress oneself (in)* refl. 11
habiter *live* intr./tr. 108
habituer (qn.) à *get (sb.) used to* tr. 11
*s'habituer à *get used to* refl. 11
hacher *chop up* tr. 11
haïr *hate* tr. 109
haler *haul* tr. 11
hâler *tan* tr. 11
haleter *pant* intr. 5
handicaper *handicap* tr. 11
hanter *haunt* tr. 11
happer *snatch (up)* tr. 11
harceler *harass* tr. 18
harmoniser *harmonize* tr. 11
harnacher *harness* tr. 11
harponner *harpoon* tr. 11
hasarder *risk* tr. 11
hâter *hasten* tr. 11
hausser *raise* tr. 11
héberger *lodge* tr. 120
hébéter *daze* tr. 160
héler *hail, call* tr. 160
hennir *neigh* intr. 100
hérisser *bristle (up)* tr. 11
hériter de *inherit* intr. 11
hésiter (à + inf.) *hesitate (to)* intr. 11
heurter *knock against* tr. 11
hiberner *hibernate* intr. 11
hisser *hoist* tr. 11
hocher *shake (head), nod* tr. 11
honorer (de) *honour (with)* tr. 11
horrifier *horrify* tr. 180
hospitaliser *hospitalize* tr. 11
huer *hoot, boo* intr./tr. 11
huiler *oil* tr. 11
humaniser *humanize* tr. 11
humecter *moisten* tr. 11
humer *inhale* tr. 11
humidifier *humidify* tr. 180

humilier *humiliate* tr. 180
hurler (de) *howl (with)* intr./tr. 11
hypothéquer *mortgage* tr. 160

idéaliser *idealize* tr. 11
identifier *identify* tr. 180
idolâtrer *idolize* tr. 11
ignorer *not know* tr. 11
illuminer (de) *illuminate (with)* tr. 11
illustrer *illustrate* tr. 11
imaginer *imagine* tr. 11
imbiber (de) *soak (in)* tr. 11
imiter *imitate* tr. 11
immatriculer *register* tr. 11
immerger *immerse* tr. 120
immigrer *immigrate* intr. 11
immobiliser *immobilize* tr. 11
immoler *immolate* tr. 11
immortaliser *immortalize* tr. 11
immuniser *immunize* tr. 11
impatienter *provoke, annoy* tr. 11
*s'impatienter (de qn./à + inf.) *be impatient (with sb./to)* 11
implanter *implant* tr. 11
impliquer *imply, implicate* tr. 11
implorer *implore* tr. 11
imploser *implode* tr. 11
importer *import* tr. 11
importer de + inf. (il form only) *be important to* imp. 11
importuner *pester* tr. 11
imposer (à) *impose (on)* tr. 11
imprégner (de) *impregnate (with)* tr. 160
impressionner (de) *impress (with)* tr. 11
imprimer *print* tr. 11
improviser *improvise* tr. 11
imputer (à) *impute (to)* tr. 11
inaugurer *inaugurate* tr. 11
incarcérer *imprison* tr. 160
incarner *embody* tr. 11
incendire *set fire to* tr. 180
incinérer *incinerate* tr. 160
inciser *incise* tr. 11
inciter (à) *urge on (to)* tr. 11
incliner *incline* intr./tr. 11
incliner à + inf. *persuade to* tr. 11
inclure *include, enclose* tr. 110
incomber à (de + inf.) (only il/ils forms) *be incumbent on (to)* tr. 11
incommoder *inconvenience* tr. 11
incorporer (à) *incorporate (in)* tr. 11
incruster (de) *encrust (with)* tr. 11
incuber *incubate* tr. 11

inculper (de) *charge (with)* tr. 11
inculquer (à) *instil (into)* tr. 11
indemniser (de) *indemnify (for)* tr. 11
indexer *index* tr. 11
*s'indigner (de) *be indignant (at)* refl. 11
indiquer *indicate* tr. 11
indisposer *upset* tr. 11
induire (à + inf.) *induce to* tr. 48
infecter (de) *infect (with)* tr. 11
inférer (de) *infer (from)* tr. 160
infester (de) *infest (with)* tr. 11
*s'infiltrer (dans) *infiltrate (into)* refl. 11
infliger (à) *inflict (on)* tr. 120
influencer *influence* tr. 44
influer sur *influence* intr. 11
informatiser *computerize* tr. 11
informer (de) *inform (of)* tr. 11
*s'informer (de) *enquire (about)* refl. 11
infuser *infuse* tr. 11
*s'ingénier à + inf. *strive to* refl. 180
*s'ingérer dans *interfere in* refl. 160
ingurgiter *gulp down* tr. 11
inhaler *inhale* tr. 11
inhumer *bury* tr. 11
initier (à) *initiate (into)* tr. 180
injecter *inject* tr. 11
injurier *abuse* tr. 180
innover *innovate* tr. 11
inoculer (à qn.) *inoculate (sb.)* tr. 11
inonder *flood* tr. 11
*s'inquiéter *worry* refl. 111
inscrire *inscribe* tr. 87
inséminer *inseminate* tr. 11
insérer (dans) *insert (into)* tr. 160
insinuer *insinuate* tr. 11
insister (sur) *insist (on)* intr. 11
insonoriser *soundproof* tr. 11
inspecter *inspect* tr. 11
inspirer (à qn.) *inspire (sb.)* tr. 11
installer *install* tr. 11
instaurer *found* tr. 11
instiller *instil* tr. 11
instituer *institute* tr. 11
instruire (à + inf.) *instruct, inform (how to)* tr. 48
insulter *insult* tr. 11
*s'insurger (contre) *revolt (against)* refl. 120
intégrer (à/dans) *integrate (into)* tr. 160
intensifier *intensify* tr. 180
intercaler (dans) *interpolate (into)* tr. 11

intercéder (auprès de) *intercede (with)* intr. 160
intercepter *intercept* tr. 11
interdire qch. à qn. *forbid sb. sth.* tr. 112
interdire à qn. de + inf. *forbid sb. to* tr. 112
intéresser (à) *interest (in)* tr. 11
intérioriser *interiorize* tr. 11
interloquer *nonplus* tr. 11
interner *intern* tr. 11
interpeller *accost* tr. 11
*s'interpénétrer *interpenetrate* refl. 160
interposer (entre) *interpose (between)* tr. 11
interpréter *interpret* tr. 160
interroger *interrogate* tr. 120
intersecter *intersect* tr. 11
*s'intervenir (dans) *intervene (in)* intr. 195
interviewer *interview* tr. 11
intimider (par) *intimidate (by)* tr. 11
intituler *entitle* tr. 11
intoxiquer *poison* tr. 11
intriguer *intrigue* tr. 11
introduire (dans) *introduce (into)* tr. 48
inventer *invent* tr. 11
inverse *invert, reverse* tr. 11
invertir *invert* tr. 100
investir *invest* tr. 100
inviter (à + inf.) *invite (to)* tr. 11
invoquer *invoke* tr. 11
irriguer *irrigate* tr. 11
irriter *irritate* tr. 11
isoler (de) *isolate (from)* tr. 11

jaillir *spurt* intr. 100
japper *yap* intr. 11
jardiner *garden* intr. 11
jaunir *turn yellow* intr./tr. 100
jeter *throw* tr. 113
jeûner *fast* intr. 11
joindre *join* tr. 60
joncher *strew* tr. 11
jongler *juggle* intr. 11
jouer (à) *play (a game)* intr./tr. 114
jouer (de) *play (instrument)* intr. 114
jouir (de) *enjoy (sth.)* intr. 100
jucher (sur) *perch (on)* tr. 11
juger (sur) *judge (by)* tr. 120
jumeler (avec) *twin (with)* tr. 18
jurer (de + inf.) *swear (to)* tr. 11
justifier *justify* tr. 180
juxtaposer *juxtapose* tr. 11

kidnapper *kidnap* tr. 11
klaxonner *hoot, sound horn* tr. 11

labourer *till, plough* tr. 11
lacer *lace (up)* tr. 44
lacérer *lacerate* tr. 160
lâcher *release* tr. 11
laisser (+ inf.) *leave, let (do)* tr. 115
laisser qch. à qn. *leave sb. sth.* tr. 115
*se lamenter (de/sur qch.) *regret (sth.)* refl. 11
lancer *throw* tr. 44
lanciner *throb* intr. 11
languir *languish* intr. 100
laper *lap (up)* tr. 11
laquer *lacquer* tr. 11
larguer *cast off* tr. 11
lasser *tire* tr. 11
laver *wash* tr. 116
lécher *lick* tr. 160
légaliser *legalize* tr. 11
légitimer *legitimate* tr. 11
léguer *bequeath* tr. 160
léser *wrong* tr. 160
lésiner (sur) *haggle (over), skimp (on)* intr. 11
lever *lift, raise* tr. 117
*se lever *get up* refl. 117
libéraliser *liberalize* tr. 11
libérer (de) *free (from)* tr. 160
licencier *dismiss* tr. 180
lier *tie (up)* tr. 180
ligoter *lash (together)* tr. 11
limer *file* tr. 11
limiter (à) *limit (to)* tr. 11
liquider *liquidate* tr. 11
lire *read* tr. 118
lisser *smooth* tr. 11
livrer (à) *deliver (to)* tr. 11
localiser *localize* tr. 11
loger *house* tr. 120
longer *border, go along* tr. 120
lorgner *ogle* tr. 11
lotir (qn. de qch.) *allot (sth. to sb.)* tr. 100
loucher *squint* intr. 11
louer *hire (out), rent, praise* tr. 119
louper *miss, bungle* tr. 11
lubrifier *lubricate* tr. 180
luire *shine* intr. 48
lutter (contre) *struggle (against)* intr. 11

mâcher *chew* tr. 11
machiner *contrive* tr. 11

mâchonner *munch* tr. 11
maçonner *build* tr. 11
magnifier *magnify* tr. 180
maigrir *grow thin* intr./tr. 100
maintenir *maintain* tr. 195
maîtriser *master* tr. 11
malmener *ill-treat* tr. 5
maltraiter *ill-treat* tr. 11
manger *eat* tr. **120**
manier *handle* tr. 180
manifester *reveal* tr. 11
manigancer *plot* tr. 44
manipuler *manipulate* tr. 11
manœuvrer *operate* tr. 11
manquer *miss* tr. 11
manufacturer *manufacture* tr. 11
*se maquiller *put on make-up* refl. 11
marchander *haggle over* tr. 11
marcher *walk* intr. **121**
marier *marry (as priest)* tr. 180
marmonner *mutter* tr. 11
marmotter *mumble* tr. 11
marquer (de) *mark (with), note* intr./tr. 11
*se marrer *have a good time* refl. 11
marteler *hammer* tr. 5
martyriser *make a martyr of* tr. 11
masquer (à) *mask, conceal (from)* tr. 11
massacrer *massacre* tr. 11
masser *mass, massage* tr. 11
mastiquer *chew* tr. 11
matelasser *pad* tr. 11
mater *tame, checkmate* tr. 11
matérialiser *bring into being* tr. 11
matraquer *bludgeon* tr. 11
maudire *curse* tr. 81
maugréer (contre) *grouse (about/at)* intr. 61
maximiser *maximize* tr. 11
mécaniser *mechanize* tr. 11
méconnaître *fail to recognize* tr. 49
mécontenter *dissatisfy* tr. 11
médire de *speak ill of* tr. 81
méditer *meditate* intr./tr. 11
méduser *petrify* tr. 11
*se méfier de *mistrust* refl. 123
méjuger *misjudge* tr. 120
mélanger *mix* tr. 124
mêler (à/avec) *mix (with)* tr. 11
mémoriser *memorize* tr. 11
menacer (de + inf.) *threaten (with/to)* tr. **125**
ménager *be sparing with, contrive* tr. 120

mendier *beg* intr./tr. 180
mener *lead* tr. 5
menotter (à/avec) *handcuff (to)* tr. 11
mentionner *mention* tr. 11
mentir *lie* intr. 126
*se méprendre (sur) *be mistaken (about)* refl. 161
mépriser *despise* tr. 11
mériter (de + inf.) *deserve (to)* tr. 127
mésinterpréter *misinterpret* tr. 160
mesurer *measure* tr. 11
*se mesurer (avec) *pit oneself (against)* refl. 11
métamorphoser *transform* tr. 11
métrer *measure up* tr. 160
mettre *put* tr. 128
mettre qch. *put (sth.) on* tr. 128
*se mettre à + inf. *begin to* refl. 128
meubler (de) *furnish (with)* tr. 11
meurtrir *bruise* tr. 100
miauler *mew* intr. 11
mijoter *simmer* intr./tr. 11
militer (pour/contre) *militate (for/against)* 11
mimer *mime* tr. 11
minauder *simper* intr. 11
mincir *slim* intr. 100
miner *undermine* tr. 11
miniaturiser *miniaturize* tr. 11
minimiser *minimize* tr. 11
minuter *time* tr. 11
miser (sur) *bet (on)* tr. 11
mitiger *mitigate* tr. 120
mitrailler *machine-gun* tr. 11
mobiliser *mobilize* tr. 11
modeler (sur) *model (on)* tr. 5
modérer *moderate* tr. 160
moderniser *modernize* tr. 11
modifier *modify* tr. 180
moduler *modulate* tr. 11
moisir *go mouldy* intr. 100
moissonner *harvest* tr. 11
molester *molest* tr. 11
mollifier *mollify* tr. 180
mollir *soften* tr. 100
momifier *mummify* tr. 180
monnayer *coin* tr. 94
monologuer *talk to oneself* intr. 11
(*)monter *go up, take up* intr./tr. 129
(*)monter + inf. *go up(stairs) and* intr. 129
(*)monter dans *get into / on to* intr. 129
(*)monter à *ride* intr. 129

*se monter à *amount to* refl. 129
montrer *show* tr. 130
*se moquer de *make fun of* ref. 131
mordiller *nibble* tr. 11
mordre *bite* tr. 182
*se morfondre à + inf. *be bored to death (doing)* refl. 182
morigéner (qn. de) *take (sb.) to task (for)* tr. 160
mortifier *mortify* tr. 180
motiver *motivate* tr. 11
motoriser *motorize* tr. 11
moucher *snuff out* tr. 11
*se moucher *blow one's nose* refl. 11
mouiller (de/avec) *wet (with)* tr. 11
mouler *mould* tr. 11
*mourir (de) *die (of)* intr. 132
mousser *foam* intr. 11
moutonner *become fleecy, foamy* intr. 11
mouvementer *enliven* tr. 11
muer *moult* intr. 11
mugir *low, bellow* intr. 100
multiplier (par) *multiply (by)* tr. 180
munir (de) *furnish (with)* tr. 100
murer *wall up* tr. 11
mûrir *ripen* intr./tr. 100
murmurer *murmur* intr. 11
mutiler *mutilate* tr. 11
*se mutiner *mutiny* refl. 11
mystifier *mystify* tr. 180

nager *swim* intr. 133
*naître *be born* intr. 134
nantir (de) *provide (with)* tr. 100
napper *coat* tr. 11
narguer *defy, deride* tr. 11
narrer *narrate* tr. 11
nationaliser *nationalize* tr. 11
naturaliser *naturalize* tr. 11
naufrager *be shipwrecked* intr. 120
naviguer *sail* intr. 11
navrer (qn.) *break (sb.'s) heart* tr. 11
nécessiter *necessitate* tr. 11
négliger (de + inf.) *neglect (to)* tr. 120
négocier *negotiate* intr./tr. 180
neiger *snow* imp. 120
nettoyer *clean* tr. 135
neutraliser *neutralize* tr. 11
nier (+ perfect inf.) *deny (having)* tr. 180
niveler *level* tr. 16
noircir *darken* intr./tr. 100
nommer *appoint, call* tr. 136
normaliser *normalize* tr. 11
noter *note* tr. 11

notifier (qch. à qn.) *notify (sb. of sth.)* tr. 180
nouer *tie (up)* tr. 11
*se nouer (à) *cling (to)* refl. 11
nourir (de) *feed (on)* tr. 100
noyer *drown, flood* tr. 135
*se noyer *drown* refl 135
nuancer (de) *vary, shade with* tr. 44
nuire à *harm* tr. 48
numéroter *number* tr. 11
obéir à *obey* tr. 137
objecter (qch. à qn.) *raise (sth.) as an objection (about sb.)* tr. 11
obliger (à/de + inf.) *force to* tr. 120
obliquer *turn off* intr. 11
oblitérer *obliterate* tr. 160
obscurcir *darken, dim* tr. 100
obséder *obsess* tr. 160
observer *observe* tr. 11
*s'obstiner (à + inf.) *persist in* refl. 11
obstruer *obstruct* tr. 11
obtempérer (à) *comply (with)* tr. 160
obtenir (de) *obtain (from)* tr. 195
occasionner *give rise to, cause* tr. 11
occuper *occupy, live in* tr. 138
*s'occuper (à + inf.) *be busy (doing)* refl. 138
octroyer à *grant (to)* tr. 135
offenser *offend* tr. 11
officier (à) *officiate (at)* intr. 180
offrir (de + inf.) *offer (to)* tr. 139
*s'offusquer (de) *take offence (at)* refl. 11
oindre *anoint* tr. 60
ombrager *shade* tr. 120
omettre (de + inf.) *omit (to)* tr. 128
ondoyer *billow* intr. 135
onduler *undulate* intr. 11
opérer (qch./qn.) *effect (sth.); operate on (sb.)* tr. 160
opposer à *oppose to* tr. 11
oppresser *weigh down* tr. 11
opprimer *oppress* tr. 11
opter (pour) *opt (for)* intr. 11
orchestrer *orchestrate* tr. 11
ordonner (à qn. de + inf.) *order (sb. to)* tr. 140
organiser *organize* tr. 141
orienter (vers) *direct (towards)* tr. 11
orner (de) *decorate (with)* tr. 11
osciller *oscillate, waver* intr. 11
oser (+ inf.) *dare (to)* tr. 11
ossifier *ossify* tr. 180
ôter (de) *take off, take away (from)* tr. 11

oublier (de + inf.) *forget (to)* tr. 142
outiller *equip* tr. 1
outrepasser *exceed* tr. 11
ouvrir *open* tr. 143

pacifier *pacify* tr. 180
pactiser (avec) *treat (with)* tr. 11
pailleter *spangle* tr. 113
paître *graze* intr./tr. 49
pâlir (de) *grow pale (with)* intr. 100
pallier à *mitigate* tr. 180
palper *feel, examine by feeling* tr. 11
palpiter *palpitate* intr. 11
*se pâmer (de) (+ inf.) *be overcome with* refl. 11
paniquer *panic* intr. 11
panser *bandage* tr. 11
papillonner *flit about* intr. 11
paqueter *parcel up* 113
parachuter *parachute* tr. 11
parafer/parapher *initial* tr. 11
paraître (+ inf.) *appear (to)* intr. 144
paralyser *paralyse* tr. 11
paraphraser *paraphrase* tr. 11
parceller *divide out* tr. 11
parcourir *travel through* tr. 58
pardonner (qch. à qn.) *forgive (sb. for sth.)* tr. 145
parer (de) *adorn (with)* tr. 11
parer à *guard against* tr. 11
paresser *idle (about)* intr. 11
parfaire *perfect* tr. 97
parfumer *perfume* tr. 11
parier (sur) *bet (on)* tr. 180
*se parjurer *perjure oneself* refl. 11
parlementer *parley* intr. 11
parler *speak, talk* intr./tr. 146
parodier *parody* tr. 11
parrainer *sponsor* tr. 11
parsemer (de) *strew (with)* tr. 5
partager (avec) *share (with)* tr. 120
participer (à) *participate (in)* tr. 11
particulariser *give particulars of* tr. 11
*partir (+ inf.) *leave, go off (and/to)* intr. 147
*parvenir à (+ inf.) *get to, reach, manage (to)* 148
(*)passer *pass, spend* tr. 149
passer du temps (à + inf.) *spend time (doing)* tr. 149
*se passer de *do without* refl. 149
passionner *interest extremely* tr. 11
pasteuriser *pasteurize* tr. 11
patauger *paddle* intr. 120
patenter *patent* tr. 11
patienter *wait, be patient* intr. 150

patiner *skate* intr. 11
patronner *sponsor* tr. 11
patrouiller *patrol* tr. 11
pâturer *graze* intr. 11
paver (de) *pave (with)* tr. 11
pavoiser (de) *beflag (with)* tr. 11
payer (à qn. de) *pay (sb. with)* tr. 151
pécher (contre) *sin (against)* intr. 160
pêcher *fish (for)* tr. 11
pédaler *pedal* intr. 11
peigner *comb* tr. 11
peindre *paint* tr. 60
peiner *work hard, grieve* intr./tr. 11
peler *peel* tr. 5
*se pelotonner *curl up* refl. 11
pénaliser (de) *penalize (by)* tr. 11
pencher (sur) *bend (over)* intr. 11
pendre (à) *hang (on)* intr./tr. 182
pénétrer (dans) *penetrate* tr. 160
penser (à) *think (about)* intr. 152
percer *pierce* tr. 44
percevoir *perceive* tr. 173
percher *prch* intr. 11
percuter *smash (into)* tr. 11
perdre *lose* tr. 153
perfectionner *perfect* tr. 11
perforer *perforate* tr. 11
périr *perish* intr. 100
perler *pearl* intr. 11
permettre (à qn. de + inf.) *permit, allow (sb. to)* tr. 154
perpétrer *perpetrate* tr. 160
perpétuer *perpetuate* tr. 11
perquisitionner *make a search* intr./tr. 11
persécuter *persecute* tr. 11
persévérer (dans) *persevere (in)* intr. 160
persister (dans) *persist (in)* intr. 11
personnaliser *personalize* tr. 11
personnifier *personify* tr. 180
persuader (qn. de qch.) *persuade (sb. of sth.)* tr. 11
perturber *disturb* tr. 11
pervertir *pervert* tr. 100
peser *weigh* intr./tr. 155
pester (contre) *curse (at)* intr. 11
péter *break wind* intr. 160
pétiller *crackle, sparkle* intr. 11
pétrifier (de) *petrify (with)* tr. 180
pétrir *knead* tr. 100
peupler (de) *people (with)* tr. 11
photocopier *photocopy* tr. 180
photographier *photograph* tr. 180
piailler *squeal* intr. 11

picoter *peck at* tr. 11
piéger *trap* tr. 160
piétiner *stamp, trample on* intr./tr. 11
piger *catch on* intr. 120
piller *plunder* tr. 11
piloter *pilot* tr. 11
pincer *pinch* tr. 44
piocher (dans) *dig (into)* intr./tr. 11
piquer *prick, sting* tr. 11
piqueter *picket* tr. 113
pirouetter *pirouette* intr. 11
pivoter sur *pivot (on)* intr. 11
placarder *stick up (notice)* tr. 11
placer *place* tr. 44
plaider *pleade* intr./tr. 11
plaindre *pity* tr. 156
*se plaindre *to complain* refl. 156
plaisanter (sur) *joke (about)* intr./tr. 11
planer (sur) *hover (over)* intr. 11
planifier *plan* tr. 180
planter *plant* tr. 11
plaquer (de) *veneer (with), cake (with)* tr. 11
plâtrer *plaster* tr. 11
pleurer *weep (for)* intr./tr. 11
pleurnicher *snivel* intr. 11
pleuvoir *rain* imp. 157
plier (en) *fold (into)* tr. 180
plisser *pleat* tr. 11
plomber *fill (tooth)* tr. 11
plonger (dans) *dive (into), plunge* intr./tr. 120
ployer *bend* intr./tr. 135
plumer *pluck* tr. 11
pocher *poach (egg, etc.)* tr. 11
poinçonner *clip, punch* tr. 11
poindre *appear, break (dawn)* intr. 60
pointer (sur) *aim (at)* tr. 11
poivrer *pepper* tr. 11
polariser *polarize* tr. 11
polir *polish* tr. 100
politiser *politicize* tr. 11
polluer (de) *pollute (with)* tr. 11
pomper *pump* tr. 11
poncer *sand (paper)* tr. 44
ponctuer (de) *punctuate (with)* tr. 11
pondérer *balance* tr. 160
pondre *lay (eggs)* intr./tr. 182
pontifier *pontificate* intr. 180
populariser *popularize* tr. 11
porter *wear, carry* tr. 158
poser *put* tr. 11
posséder *own* tr. 160
poster *post* tr. 11

poudrer (de) *powder (with)* tr. 11
poudroyer *rise in clouds (of dust, etc.)* intr. 135
pouffer (de + rire) *burst out (laughing)* intr. 11
pourrir *rot* intr./tr. 100
poursuivre *pursue* tr. 194
pourvoir (à) *provide (for)* tr. 199
pousser *push* tr. 11
pousser à + inf. *urge to* tr. 11
pouvoir (+ inf.) *be able (to), can* tr. aux. 159
pratiquer *practise* tr. 11
précéder *precede* intr./tr. 160
prêcher *preach* intr./tr. 11
précipiter *precipitate* tr. 11
préciser *specify* tr. 11
préconiser *recommend* tr. 11
prédestiner *predestine* tr. 11
prédire *predict* tr. 81
prédisposer (à) *predispose (to)* tr. 11
prédominer (sur) *prevail (over)* intr. 11
préfabriquer *prefabricate* tr. 11
préférer (à) *prefer (to)* tr. 160
préjudicier à *be prejudicial (to)* intr. 180
préjuger *prejudge* tr. 120
prélever *levy* tr. 5
préméditer (de + inf.) *premeditate (doing)* tr. 11
*se prémunir (contre) *be on one's guard (against)* refl. 100
prendre (à qn.) *take (from sb.)* tr. 161
préoccuper *preoccupy* tr. 11
préordonner *predetermine* tr. 11
préparer (à + inf.) *prepare (for/to)* tr. 11
préposer (à) *appoint (to)* tr. 11
prescrire *prescribe* tr. 87
présenter *present, introduce* tr. 11
préserver (de) *preserve (from)* tr. 11
présider *preside over* tr. 11
pressentir *have a presentiment about* tr. 147
presser *press* tr. 11
présumer *presume* tr. 11
présupposer *imply* tr. 11
prétendre (+ inf.) *claim (to)* tr. 182
prêter *lend* tr. 11
prétexter *plead, give as excuse* tr. 11
prévaloir (sur) *prevail (over)* intr. 197
prévenir (de) *warn (of)* tr. 195
prévoir *foresee* tr. 162

prier (de + inf.) *ask (to)* tr. 180
priser *sniff (drug, etc.)* tr. 11
priver (de) *deprive (of)* tr. 11
procéder (de) *proceed, arise (from)* intr./tr. 160
proclamer *proclaim* tr. 11
procréer *procreate* tr. 61
procurer (à qn.) *get (for sb.)* tr. 11
prodiguer (à) *lavish (on)* tr. 11
produire *produce* tr. 163
profaner *desecrate* tr. 11
proférer *utter* tr. 160
professer *profess* tr. 11
*se profiler (à/sur/contre) *be silhouetted (against)* refl. 11
profiter (de) *profit (from)* tr. 11
programmer *programme* tr. 11
progresser *progress* intr. 11
prohiber (à qn. de + inf.) *forbid (sb. to)* tr. 11
projeter (sur) *project (on to)* tr. 113
proliférer *proliferate* intr. 160
prolonger (de) *prolong (by)* tr. 120
promener *take for a walk* tr. 164
promettre (à qn. de + inf.) *promise (sb. to)* tr. 165
promulguer *promulgate* tr. 11
prôner *recommend* tr. 11
prononcer *pronounce* tr. 44
pronostiquer *forecast* tr. 11
propager *propagate* tr. 120
prophétiser *prophesy* tr. 11
proportionner (à) *adapt (to)* tr. 11
proposer (de + inf.) *propose, suggest (doing)* tr. 166
propulser *propel* tr. 11
proscrire *outlaw* tr. 87
prospecter *prospect* tr. 11
prospérer *prosper* intr. 160
*se prosterner *prostrate oneself* refl. 11
*se prostituer *prostitute oneself* refl. 11
protester (contre) *protest (against)* intr./tr. 11
prouver *prove* tr. 11
*provenir (de) *result (from)* tr. 195
provoquer (qn. à) *provoke (sb. to)* tr. 11
psychanalyser *psychoanalyse* tr. 11
publier *publish* tr. 180
puiser (à) *draw (water, etc.) (from)* tr. 11
pulluler *swarm* intr. 11
pulvériser *pulverize* tr. 11
punir (de) *punish (for)* tr. 100

purger (de) *purge (of)* tr. 120
purifier *purify* tr. 180
putréfier *rot* tr. 180

quadrupler *quadruple* intr. 11
qualifier (qn./qch. de qch.) *call (sb./sth. sth.)* tr. 180
quereller *nag* tr. 11
questionner *question* tr. 11
quêter *collect, seek* intr./tr. 11
quintupler *quintuple* intr. 11
quitter *leave* tr. 167

rabâcher *continually repeat* intr./tr. 11
rabaisser (à) *reduce (to)* tr. 11
rabattre *bring down* tr. 33
raboter *plane* tr. 11
raccommoder *mend* tr. 11
raccompagner *see back (home)* tr. 11
raccorder (à) *connect (with)* tr. 11
raccourcir *shorten* tr. 168
raccrocher *hang up* intr. 11
racheter *buy back* tr. 5
racler *scrape* tr. 11
raconter (à qn.) *tell (sb.), relate* tr. 169
radier *erase* tr. 180
radoucir *soften* tr. 100
raffermir *reinforce* tr. 100
raffiner *refine* tr. 11
raffoler de *be mad about* tr. 11
rafistoler *patch up* tr. 11
rafler *swipe* tr. 11
rafraîchir *refresh, cool* tr. 170
rager *rage* intr. 120
raidir *stiffen* tr. 100
railler *jest, jeer at* intr./tr. 11
raisonner (sur) *argue (about), reason* intr./tr. 11
rajeunir *rejuvenate* tr. 100
rajouter *add* tr. 11
rajuster *straighten* tr. 11
ralentir *slow down* intr./tr. 100
râler *rattle (in throat), grouse* intr. 11
rallier *rally, rejoin* intr. 180
rallonger *lengthen* tr. 120
rallumer *relight, revive* tr. 11
ramasser *gather, pick up* tr. 11
ramener *bring back* tr. 5
ramer *row* intr. 11
ramollir *soften* tr. 100
ramoner *sweep (chimney)* tr. 11
ramper *crawl* intr. 11
rançonner *hold to ransom, fleece* tr. 11

ranger *tidy* tr. 171
ranimer *revive* tr. 11
rapatrier *repatriate* tr. 180
râper *grate* tr. 11
rapetisser *reduce, shrink* tr. 11
rappeler *call back, remind* tr. 172
rapporter *bring back* tr. 11
rapprendre *learn again* tr. 20
rapprocher (de) *bring closer (to)* tr. 11
*se raréfier *grow scarce* refl. 180
raser *shave* tr. 11
rassasier *satisfy* tr. 180
rassembler *assemble* tr. 11
rasseoir *reseat* tr. 26
rasséréner *calm* tr. 160
rassurer *reassure* tr. 11
rater *miss, fail* intr./tr. 11
ratifier *confirm* tr. 180
rationaliser *rationalize* tr. 11
rationner *ration* tr. 11
ratisser *rake up* tr. 11
rattacher *attach, tie up (again)* tr. 11
rattraper *catch (up with)* tr. 11
ravager *ravage* tr. 120
ravaler (à) *choke, bring down (to)* tr. 11
ravir *delight* tr. 100
*se raviser *change one's mind* refl. 11
ravitailler (en) *replenish (with)* tr. 11
ravoir *get back* tr. 31
rayer *cross out* tr. 94
rayonner (de) *radiate, be radiant (with)* intr. 11
réactiver *revive* tr. 11
*se réadapter *readjust* refl. 11
réaffecter (à) *reinstate (in)* tr. 11
réaffirmer *reaffirm* tr. 11
réagir à *react to* intr. 100
réajuster *straighten* tr. 11
réaliser *carry out, realize* tr. 11
réanimer *revive* tr. 11
réapparaître *reappear* intr. 144
rebaisser *go / bring down again* intr./tr. 11
rebaptiser *rename* tr. 11
rebâtir *rebuild* tr. 100
*se rebeller (contre) *rebel (against)* refl. 11
rebondir *bounce* intr. 100
reboucher *recork* tr. 11
rebrousser (chemin) *turn back* intr. 11
rebuter *reject, disgust* tr. 11
récapituler *recapitulate* tr. 11
receler *conceal* tr. 18

recenser *register, take a census of* tr. 11

recevoir *receive, get* tr. **173**

réchapper (de) *escape (from)* intr. 11

réchauffer *warm up* tr. 11

rechercher *search for* tr. 11

réciter *recite* tr. 11

réclamer (contre) *ask for, reclaim* intr./tr. **174**

*se recoiffer *(re)do one's hair* refl. 11

récolter *harvest* tr. 11

recommander (à qn.) *recommend (to sb.)* tr. 11

recommencer (à/de + inf.) *begin again (to)* tr. 44

récompenser (de) *reward (for)* tr. 11

réconcilier (avec) *reconcile (to/with)* tr. 180

reconduire *take back* tr. 48

réconforter *fortify, comfort* tr. 11

reconnaître (à) *recognize (by)* tr. **175**

reconquérir *regain* tr. 6

reconsidérer *reconsider* tr. 160

reconstituer *reconstitute* tr. 11

reconstruire *reconstruct* tr. 48

recopier *copy out* tr. 180

recouper *recut, confirm* tr. 11

recouvrir (de) *(re-)cover with* tr. 59

*se récrier (de/contre) *cry out (at/against)* refl. 180

récrire *write again* tr. 87

recroître *grow again* intr. 3

recruter *recruit* tr. 11

rectifier *amend* tr. 180

recueillir *gather up* tr. 4

reculer (devant) *step (push) back* intr./tr. **176**

récupérer *recover* tr. 160

récuser *reject* tr. 11

recycler *recycle* tr. 11

redécouvrir *rediscover* tr. 59

redemander *ask for more of* tr. 11

*redescendre *come down / get down again* intr./tr. 76

*redevenir *become again* intr. 195

redevoir *still owe* tr. 78

rédiger *edit* tr. 120

redire *repeat* tr. 81

redistribuer *redistribute* tr. 11

redonner (dans) *fall back (into), restore* intr./tr. 11

redoubler *redouble* tr. 11

redouter (de + inf.) *dread (to)* tr. 11

redresser *redress* tr. 11

réduire (à/en) *reduce (to), decrease* tr. **177**

rééduquer *rehabilitate* tr. 11

réévaluer *revalue* tr. 11

réexaminer *re-examine* tr. 11

refaire *remake* tr. 97

*se référer (à) *refer (to)* refl. 160

refermer *close again* tr. 11

réfléchir (à/sur) *think (about), reflect* intr./tr. **178**

refléter *reflect* tr. 160

refondre *recast* tr. 182

reformer *form again* tr. 11

réformer *reform* tr. 11

refouler *drive back, repress* tr. 11

refréner *restrain* tr. 160

réfrigérer *refrigerate* tr. 160

refroidir *cool* intr./tr. 100

*se réfugier (chez/dans) *take refuge (with/in)* refl. 180

refuser (de + inf.) *refuse (to)* tr. 11

*se refuser (à) *object (to)* refl. 11

réfuter *refute* tr. 11

regagner *get back (to)* tr. 11

regarder *look (at), watch* tr. **179**

régir *govern* tr. 100

réglementer *regulate* tr. 11

régler *settle, regulate* tr. 160

régner (sur) *rule over* intr. 160

regorger (de) *abound (in)* intr. 120

régresser *regress* intr. 11

regretter (de + inf.) *be sorry (to)* 11

regrouper *regroup* tr. 11

régulariser *regularize* tr. 11

réhabiliter *rehabilitate* tr. 11

rehausser (de) *raise (by)* tr. 11

réintégrer *reinstate* tr. 160

réintroduire *reintroduce* tr. 48

rejaillir (sur) *reflect (badly) on* intr. 100

rejeter *reject* tr. 113

rejoindre *rejoin* tr. 60

rejouer *replay* intr./tr. 114

réjouir *delight* tr. 100

relâcher *loosen* tr. 11

relancer *throw back* tr. 44

relaxer *relax* tr. 11

relayer *relieve, take over from* tr. 94

reléguer *relegate* tr. 160

relever *raise up again* tr. 5

relier (à) *connect (to)* tr. 180

relire *reread* tr. 118

reloger *rehouse* tr. 120

reluire *gleam* intr. 48

remâcher *ruminate on* tr. 11

remanier *reshape* tr. 180

*se remarier *remarry* refl. 180

remarquer *notice* tr. 11

ressentir *feel, resent* tr. 193
resserrer *draw tighter* tr. 11
(*)ressortir (de) *stand out (from);
come/get out again* intr./tr. 147
(*)ressusciter *revive* intr./tr. 11
restaurer *restore* tr. 11
*rester (à + inf.) *stay (doing), remain
(to)* intr. 188
restituer (à) *hand back (to)* tr. 11
restreindre *cut back, restrict* tr. 60
restructurer *restructure* tr. 11
résulter (de) *(il/ils forms only) result
(from)* intr. 11
résumer *summarize* tr. 11
resurgir *come up again* intr. 100
rétablir *re-establish* tr. 100
retaper *do up* tr. 11
retarder *delay* tr. 11
retenir *detain* tr. 195
retentir (de) *ring out (with)* intr. 100
retirer (de) *take off, out (from)* tr. 11
*retomber *fall again, land* intr. 11
retoucher *retouch* tr. 11
*retourner *return* intr. 11
*se retourner (sur/vers) *turn round
(to/towards)* refl. 11
retracer *retrace* tr. 44
rétracter *retract* tr. 11
retrancher (de) *cut off (from)* tr. 11
retransmettre *broadcast* tr. 128
retraverser *cross again* tr. 11
rétrécir *narrow* tr. 100
retrograder *go backwards* intr. 11
retrousser *turn up* tr. 11
retrouver *find (again)* tr. 11
réunifier *reunify* tr. 180
réunir (à) *reunite (with)* tr. 100
réussir (à + inf.) *succeed (in)* intr./tr.
189
revaloir *pay back, get even* tr. 197
rêvasser *daydream* intr. 11
réveiller *wake up* tr. 190
révéler *reveal* tr. 160
revendiquer *claim* tr. 11
revendre *resell* tr. 182
*revenir (de) *come back (from)* intr.
195
rêver (à/de/sur) *dream (about), muse
(on)* intr./tr. 11
réverbérer *reverberate* tr. 160
révérer *revere* tr. 160
réviser *revise* tr. 11
revoir *see again* tr. 199
révolter *disgust* tr. 11
*se révolter (contre) *revolt (against)*
refl. 11

révolutionner *revolutionize* tr. 11
révoquer *revoke* 11
rhabiller *dress again* tr. 11
ricaner *snigger* intr. 11
ridiculiser *ridicule* tr. 11
rigoler *laugh* intr. 11
rimer (avec) *rhyme (with), go (with)*
intr. 11
rincer *rinse* tr. 44
riposter *retort* intr./tr. 11
rire (de) *laugh (at)* intr. 191
risquer (de + inf.) *risk (doing)* tr. 11
rivaliser (avec) *vie (with)* tr. 11
roder *run in* tr. 11
rôder *prowl* intr. 11
romantiser *romanticize* tr. 11
ronfler *snore* intr. 11
ronger *gnaw* tr. 120
ronronner *purr* intr. 11
rosir *turn pink* intr./tr. 100
rôtir *roast* tr. 100
rougir *redden, blush* intr./tr. 100
*se rouiller *rust* refl. 11
rouler *roll, travel* intr./tr. 11
rouspéter *grumble* intr. 160
roussir *turn brown* intr./tr. 100
rouvrir *reopen* tr. 59
ruer *lash out* intr. 11
rugir *roar* intr. 100
ruiner *ruin* tr. 11
ruisseler (de) *run (with)* intr. 18
ruminer *ruminate on* tr. 11

sabler *sand* tr. 11
saboter *sabotage* tr. 11
saccager *pillage* tr. 120
sacrer *crown, consecrate* tr. 11
sacrifier (à) *sacrifice to* tr. 180
saigner *bleed* intr./tr. 11
saisir (par) *sieze (by)* tr. 100
saler *salt* tr. 11
salir *mess up, dirty* tr. 100
saliver *salivate* intr. 11
saluer (de) *salute, greet* tr. 11
sanctifier *sanctify* tr. 180
sanctionner *sanction* tr. 11
sangloter *sob* intr. 11
sarcler *weed* tr. 11
satiriser *satirize* tr. 11
satisfaire (de) *satisfy (with)* tr. 97
saturer (de) *saturate (with)* tr. 11
saupoudrer (de) *sprinkle (with)* tr. 11
sauter (de) *jump (with)* intr./tr. 11
sautiller *hop* intr. 11
sauvegarder *safeguard* tr. 11
sauver (de) *save (from)* tr. 11

savoir (+ inf.) *know (how to)* tr. (aux.) **192**
savonner *soap* tr. 11
savourer *relish* tr. 11
scandaliser *scandalize* tr. 11
sceller *seal* tr. 11
scier *saw* tr. 180
scinder *split* tr. 11
scintiller *sparkle* intr. 11
scruter *scan, scrutinize* tr. 11
sculpter *scupt* tr. 11
sécher *dry* intr./tr. 160
seconder *support* tr. 11
secouer *shake* tr. 11
secourir *aid* tr. 58
sécréter *secrete* tr. 160
sectionner *divide up, sever* tr. 11
séculariser *deconsecrate, secularize* tr. 11
séduire (par) *seduce (with)* tr. 48
séjourner *stay* intr. 11
sélectionner *select* tr. 11
seller *saddle* tr. 11
sembler (+ inf.) *seem (to)* intr. imp. 11
semer *sow* tr. 5
sensibiliser (à) *make aware (of)* tr. 11
sentir *smell, feel* tr. **193**
séparer (de) *separate (from)* tr. 11
séquestrer *isolate, impound* tr. 11
sérier *put into series* tr. 180
seriner (à) *drum (into)* tr. 11
sermonner *lecture* tr. 11
serpenter *wind* intr. 11
serrer *squeeze* tr. 11
sertir *set (jewels)* tr. 100
servir (à) *serve, be used (for)* tr. **193**
sévir *be rampant, use harsh measures* intr. 100
sevrer (de) *wean (from)* tr. 5
sidérer *dumbfound* tr. 160
siffler (qch./qn.) *whistle (for sth./sb.)* intr./tr. 11
signaler (qch. à qn.) *point (sth.) out to (sb.)* tr. 11
*se signaler (par) *distinguish oneself (by)* refl. 11
signer *sign* tr. 11
signifier *signify* tr. 180
silloner *furrow* tr. 11
simplifier *simplify* tr. 180
simuler *simulate* tr. 11
siroter *sip* tr. 11
situer *locate* tr. 11
skier *ski* intr. 180
soigner (qn.) *look after (sb.)* tr. 11

solder *settle, sell off* tr. 11
*se solidariser (avec) *show solidarity (with)* refl. 11
solidifier *solidify* tr. 180
solliciter (de) *beg (from)* tr. 11
sombrer *sink* intr. 11
sommeiller *doze* intr. 11
somnoler *drowse* intr. 11
sonder (qn. sur qch.) *sound (sb.) out (about sth.)* 11
songer (à) *think (about)* tr. 120
sonner *sound* intr./tr. 11
*sortir *go out, take out* intr./tr. 147
*sortir + inf. *go out and* intr. 147
*se soucier (de) *worry (about)* refl. 180
souder *weld* tr. 11
soudoyer *bribe* tr. 135
souffler *blow* intr./tr. 11
souffrir (de) *suffer (from)* intr. 59
souhaiter (de) + inf. *wish, want to* tr. 11
souiller (de) *dirty, stain (with)* tr. 11
soulager (de) *relieve (of)* tr. 120
souligner *underline* tr. 11
*se soûler *get drunk* refl. 11
soulever *raise* tr. 5
soumettre (à) *submit (to)* tr. 128
soupçonner (de) *suspect (of)* tr. 11
souper *have supper* intr. 11
soupirer *sigh* intr. 11
sourire (de) *smile (about)* intr. 191
souscrire (à) *subscribe (to)* tr. 87
sous-estimer *underestimate* tr. 11
sous-louer *sublet* tr. 11
soutenir *support* tr. 195
soutirer (à qn.) *extract (from sb.)* tr. 11
*se souvenir de *remember* refl. 195
*se spécialiser (dans) *specialize in* refl. 11
spécifier *specify* tr. 180
spéculer (sur) *speculate (on/in)* intr. 11
stabiliser *stabilize* tr. 11
stagner *stagnate* intr. 11
standardiser *standardize* tr. 11
stationner *park* tr. 11
stériliser *sterilize* tr. 11
stigmatiser (de) *stigmatize (with)* tr. 11
stimuler *stimulate* tr. 11
stipuler *stipulate* tr. 11
stocker *stock* tr. 11
structurer *structure* tr. 11
stupéfaire *astound* tr. 97
stupéfier *astound* tr. 180

subdiviser (en) *split up (into)* tr. 11

subir *undergo* tr. 100

subjuguer *subjugate* tr. 11

sublimer *sublimate* tr. 11

submerger (de) *submerge (in)* tr. 120

subsister (de) *live (on)* intr. 11

substituer (à) *substitute (for)* tr. 11

*subvenir (à) *come to the aid (of)* tr. 195

subventionner *subsidize* tr. 11

succéder à *succeed* tr. 160

succomber *succumb* intr. 11

sucer *suck* tr. 44

sucrer *sweeten* tr. 11

suer *sweat* intr./tr. 11

suffire (à + inf.) *be enough (to)* intr. 43

suffire à *cope with* intr. 43

suffoquer (de) *choke (with)* intr./tr. 11

suggérer (de + inf.) *suggest (doing)* tr. 160

*se suicider *commit suicide* refl. 11

suinter *seep* intr. 11

suivre (de) *follow (by/with)* tr. **194**

superposer (à) *superimpose (on)* tr. 11

superviser *supervise* tr. 11

suppléer (à) *deputize (for), make up (for)* tr. 61

supplémenter *supplement* tr. 11

supplier (de + inf.) *implore (to)* tr. 180

supporter *support* tr. 11

supposer *suppose* tr. 11

supprimer *suppress* tr. 11

supprimer qch. à qn. *deprive sb. of sth.* tr. 11

supputer *calculate* tr. 11

surcharger (de) *overload (with)* tr. 120

surchauffer *overheat* tr. 11

surélever *raise* tr. 117

surenchérir sur (qn.) *outbid (sb.)* intr. 100

surestimer *overrate* tr. 11

surexciter *overexcite* tr. 11

surfaire *overestimate* tr. 97

surgeler *(deep-)freeze* tr. 5

(*)surgir (de) *loom up (from)* intr. 100

surmener *overwork* tr. 5

surmonter *surmount* tr. 129

surnommer *nickname* tr. 136

surpasser (en/de) *surpass (in/by)* tr. 149

surplomber *overhang* tr. 11

surprendre (qn. à + inf.) *surprise (sb. doing)* tr. 161

sursauter *jump* intr. 11

surveiller *supervise* tr. 11

*survenir *occur* intr. 195

survoler *fly over* tr. 11

susciter *give rise to* tr. 11

suspecter (de) *suspect (of)* tr. 11

suspendre (à/par) *suspend (from/by)* tr. 182

symboliser *symbolize* tr. 11

sympathiser (avec) *get on well (with)* intr. 11

synchroniser *synchronize* tr. 11

systématiser *systematize* tr. 11

tacher (de) *stain (with)* tr. 11

tâcher (de) + inf. *try (to)* intr. 11

tailler *cut* tr. 11

tamiser *filter* tr. 11

tamponner *plug* tr. 11

tanguer *pitch* intr. 11

taper *slap, strike* intr./tr. 11

*se tapir *crouch, hide away* refl. 100

tapisser (de) *(wall)paper (in/with)* tr. 11

tapoter *pat, tap* tr. 11

taquiner *tease* tr. 11

tarder (à + inf.) *delay (doing)* intr. 11

tarir *dry up* intr./tr. 100

tartiner (de) *spread (with)* tr. 11

tasser *pack (down)* tr. 11

tâter *feel* tr. 11

tâtonner *grope* intr. 11

tatouer *tattoo* tr. 11

taxer (de) *tax, accuse (of)* tr. 11

teindre *dye* tr. 60

teinter (de) *tint (with)* tr. 11

télécopier *fax* tr. 180

télégraphier *telegraph* tr. 180

téléphoner à *telephone* tr. 11

téléviser *televise* tr. 11

témoigner (contre/en faveur de) *give evidence (for/against)* intr./tr. 11

témoigner (de) *bear witness (to)* tr. 11

tempérer *moderate* tr. 160

tempêter (contre) *rage (against)* intr. 11

tendre *stretch (out)* tr. 182

tenir *hold* intr./tr. 195

tenter *tempt* tr. 11

terminer (par) *end (with)* tr. 11

ternir *tarnish* tr. 100

terrasser *lay low* tr. 11

terrifier *terrify* tr. 180

terroriser *terrorise* tr. 11

tester *test* tr. 11
téter *suck* tr. 160
tiédir *become tepid* intr. 100
timbrer *stamp* tr. 11
tinter *ring* intr. 11
tirailler *pull about* tr. 11
tirer *pull (out)* tr. 11
tisonner *poke (fire)* tr. 11
tisser *weave* tr. 11
toiser *measure (up)* tr. 11
tolérer *tolerate* tr. 160
*tomber *fall* intr. 11
tondre *shear, mow* tr. 182
tonifier *tone up* tr. 180
tonner *thunder* intr. imp. 11
torcher *wipe* tr. 11
tordre *twist* tr. 182
torpiller *torpedo* tr. 11
tortiller *twist (up)* tr. 11
torturer *torture* tr. 11
totaliser *total* tr. 11
toucher *touch* tr. 11
tourbillonner *whirl around* intr. 11
tourmenter *torment* tr. 11
tourner *turn* intr./tr. 11
tournoyer *whirl* intr. 135
tousser *cough* intr. 11
tracasser *bother* tr. 11
tracer *trace* tr. 44
traduire (de/en) *translate (from/into)* tr. 48
trafiquer (de/en) *traffic (in)* intr. 11
trahir *betray* tr. 100
traîner *dawdle, drag* intr./tr. 11
traiter (en/comme) *treat (as)* tr. 11
trancher *slice* tr. 11
trancher sur *stand out against* intr. 11
tranquilliser (sur) *reassure (about)* tr. 11
transborder *tranship* tr. 11
transcender *transcend* tr. 11
transcrire *transcribe* tr. 87
transférer *transfer* tr. 160
transformer (en) *transform (into)* tr. 11
transfuser (à) *transfuse, instil (into)* tr. 11
transgresser *transgress* tr. 11
transiger (avec) *come to terms (with)* intr. 120
transir (de) *numb (with)* tr. 100
transmettre *transmit* tr. 128
transmuer (en) *transmute (into)* tr. 11
transparaître *show through* intr. 144
transpercer (de) *transfix (with)* tr. 44

(*)transpirer *perspire, transpire* intr. 11
transplanter *transplant* tr. 11
transporter *transport* tr. 11
traquer *track (down)* tr. 11
travailler *work* intr./tr. **196**
traverser *cross* tr. 11
trébucher (sur) *trip (over)* 11
trembler (de) *tremble (with)* intr. 11
trembloter (de) *quiver (with)* intr. 11
tremper (dans) *soak, dip (in)* tr. 11
trépigner (de) *trample, stamp (with)* intr. 11
tressaillir (de) *start, quiver (with)* intr. 4
tressauter *start* intr. 11
tresser *plait* tr. 11
tricher (sur) *cheat (about)* intr. 11
tricoter *knit* intr./tr. 11
trier *sort (out)* tr. 180
triller *trill* tr. 11
trinquer (à) *drink (to)* intr. 11
triompher (de/sur) *triumph (over)* intr./tr. 11
tripler *treble* tr. 11
tripoter (qch.) *fiddle with (sth.)* tr. 11
tromper (sur) *deceive (about)* tr. 11
*se tromper (de qch.) *mistake, be wrong about (sth.)* refl. 11
tronçonner *cut up* tr. 11
trôner *sit enthroned* intr. 11
trotter *trot* intr. 11
troubler *disturb* tr. 11
trouer *make a hole in* tr. 11
trousser *tuck up* tr. 11
trouver *find* tr. 11
truquer *fake* tr. 11
tuer (de) *kill (by/with)* tr. 11
tutoyer *say 'tu' to* tr. 135
tyranniser *tyrannize* tr. 11

ulcérer *ulcerate, embitter* tr. 160
unifier *unify* tr. 180
unir (à) *unite (to)* tr. 100
universaliser *make general* tr. 11
urbaniser *urbanize* tr. 11
uriner *urinate* intr. 11
user *use up, wear out* tr. 11
usurper (sur) *usurp (from/upon)* intr./tr. 11
utiliser *use* tr. 11

vacciner (contre) *vaccinate (against)* tr. 11
vaciller *be unsteady* intr. 11

vagabonder *wander* intr. 11
vaguer *roam* intr. 11
vaincre *conquer* tr. 54
valider *validate* tr. 11
valoir *be worth, deserve* intr./tr. 197
valoir la peine (de + inf.) *be worth (doing)* 197
valser *waltz* intr. 11
vanner *winnow, sift* tr. 11
vanter *praise* tr. 11
*se vanter (de) *boast (about)* refl. 11
vaporiser *spray* tr. 11
varier *vary* intr./tr. 180
*se vautrer (dans) *wallow (in)* refl. 11
végéter *vegetate* intr. 160
veiller *stay/sit up* intr. 11
vendanger *gather grapes* intr./tr. 120
vendre *sell* tr. 182
vénérer *venerate* tr. 160
venger (de) *avenge (for)* tr. 120
*venir + inf. *come and/to* intr. 195
verdir *turn green* intr./tr. 100
verdoyer *become green* intr. 135
vérifier *verify* tr. 180
vernir *varnish* tr. 100
verrouiller *bolt (door)* tr. 11
verrouiller (qn.) *bolt (sb.) in* tr. 11
verser *pour* tr. 11
versifier *versify* intr./tr. 180
vexer *annoy* tr. 11
*se vexer (de) *be upset (by)* refl. 11
vibrer *vibrate* intr./tr. 11
vicier *pollute* tr. 180
vidanger *drain* tr. 120
vider (de) *empty (of)* tr. 11
vieillir *age* intr./tr. 63
violenter *do violence to* tr. 11

violer *violate, rape* tr. 11
virer *turn* intr. 11
viser (à) *aim (at)* intr. 11
visiter *visit* tr. 11
visser *screw* tr. 11
vitrer *glaze* tr. 11
vitrifier *glaze* tr. 180
vivifier *invigorate* tr. 180
vivre *live* intr./tr. 198
vocaliser *vocalise* tr. 11
vociférer (contre) *vociferate (against)* intr./tr. 160
voguer *sail* intr. 11
voiler *veil* tr. 11
voir *see* tr. 199
voisiner (avec) *be placed next to* tr. 11
voiturer *convey* tr. 11
*se volatiliser *dissipate* refl. 11
voler (à) *fly, steal (from)* intr./tr. 11
voleter *flutter* intr. 113
voltiger *flutter* intr. 120
vomir *vomit* tr. 100
voter (pour/contre) *vote (for/against)* intr./tr. 11
vouer (à) *dedicate (to)* tr. 11
vouloir (+ inf.) *want (to)* tr. aux. 200
voûter *arch* tr. 11
vouvoyer *say 'vous' to* tr. 135
voyager *travel* intr. 120
vriller *whirl, spin* intr. 11
vrombir *hum* intr. 100
vulgariser *popularize, vulgarize* tr. 11

zébrer *streak* tr. 160
zézayer *lisp* intr. 32
zigzaguer *zigzag* intr. 11

English–French glossary

The following glossary will help you to find some of the most common French verbs, using English as your starting point. It is not intended to be a comprehensive list, so sometimes you will need to refer to a dictionary. If the number is in bold print the verb is one of the 200 modelled in full.

accept accepter tr. **2**
achieve accomplir tr. **100**, atteindre
   (an aim, a standard) tr. **60**
add additionner tr. 11, totaliser tr.
   11, ajouter à (to) tr. 11
advise conseiller tr. **50**
agree être d'accord **95**, accepter
   (consent to) tr. **2**
allow permettre tr. **154**
annoy agacer tr., embêter tr. 11
answer répondre intr./tr. **184**
apologize *s'excuser refl. 11
appear (*)apparaître intr. **49**
arrive *arriver intr. **25**
ask demander tr. **74**
avoid éviter tr. 11
bath prendre un bain (have a) tr. **161**,
   laver (wash) tr. **116**
be *être (aux.) **95**
become *devenir tr. **77**
begin commencer (à/de) intr./tr. **44**
believe croire (à/en) intr./tr. **62**
borrow emprunter tr. 11
break casser tr. **38**
bring apporter (things) tr. **19**, amener
   tr. (people) **15**
build construire tr. **51**
buy acheter tr. **5**
call appeler intr./tr. **18**, nommer (to
   name) tr. **136**
can pouvoir (aux.) **159**
carry porter tr. **158**

catch attraper tr. **29**
celebrate fêter tr. 11
change changer intr./tr. **40**, échanger
   (exchange) tr. **120**
check vérifier tr. **180**, contrôler tr. **53**
choose choisir tr. **43**
clean essuyer (wipe) tr. **22**, nettoyer
   tr. **135**
climb grimper intr./tr. 11
close fermer intr./tr. **99**
come *venir intr. **195**
complain *se plaindre refl. **156**
cook cuire tr. **48**, cuisiner tr. **64**
cost coûter tr. 11
count compter intr./tr. **46**
create créer tr. **61**
cry pleurer (weep) intr. 11, crier
   (shout) intr./tr. **180**
cut couper tr. **57**
dance danser intr./tr. **65**
decide décider (de) tr. 11
destroy détruire tr. **48**
die *mourir intr. **132**
direct diriger tr. **120**
disagree ne pas être d'accord intr. **95**
discover découvrir tr. **70**
discuss discuter (de) tr. 11
disturb déranger tr. **120**
do faire tr. **97**
draw tirer (pull) tr. 1; dessiner (a
   picture) tr. 11
dream rêver (à/de/sur) intr./tr. 11

phone téléphoner à tr. 11, appeler tr. 18

pick up ramasser tr. 11, aller chercher (collect) tr. 13

plan organiser tr. 141; préparer tr. 11

play jouer (à/de) tr. 11

practise *s'entrainer (sport) refl. 11, *s'exercer (music) refl. 44

prefer préférer tr. 160

pretend faire semblant de tr. 97, feindre tr. 60

prevent empêcher tr. 90

promise promettre tr. 165

pull tirer tr. 11

push pousser tr. 11

put mettre tr. 128

read lire 118

receive recevoir tr. 173

recognize reconnaître tr. 175

record enregistrer tr. 11

ride *monter à cheval (horse) tr. 130

remember *se souvenir de refl. 195, *se rappeler refl. 172

remind rappeler tr. 172

remove enlever tr. 117, écarter (obstacle) tr. 11

rent louer tr. 119

rest *se reposer refl. 185

return *retourner (go back) intr. 11, renvoyer (send back) tr. 135, rentrer (go home) intr. 11

rise *se lever refl. 117

run courir intr./tr. 58

save garder tr. 103 (keep), faire des économies intr. 97 (money), sauver tr. 11 (rescue)

say dire intr./tr. 81

see voir intr./tr. 199

seem sembler intr./imp. 11, avoir l'air de tr. 31

sell vendre tr. 182

send envoyer tr. 135

serve servir intr./tr. 100

share partager tr. 120

shout crier tr. 180

show montrer tr. 130

shower *se doucher refl. 11

sing chanter intr./tr. 11

sit down *s'asseoir refl. 26

sleep dormir intr. 84, *s'endormir (fall) ref. 84

smell sentir intr./tr. 193

smoke fumer intr./tr. 11

speak parler intr./tr. 146

spend dépenser (money) tr. 11, passer du temps (time) tr. 149

stand (up) *se lever refl. 117, être debout intr. 95

start commencer (à/de) intr./tr. 44

stay *rester intr. 188

stop arrêter tr. 24, empêcher (prevent) tr. 90

study étudier tr. 180

suggest suggérer tr. 160

suspect soupçonner tr. 11

swim nager intr. 133

take prendre tr. 161

talk parler intr./tr. 146

taste goûter (à) tr. 105

teach enseigner tr. 11

tell dire tr. 81, raconter (a story) tr. 169

thank remercier tr. 180

think penser intr./tr. 152, croire (believe) intr./tr. 62

throw jeter tr. 113; lancer tr. 44

touch toucher (à) tr. 11

travel voyager intr. 120

try essayer tr. 94

turn tourner intr./tr. 11

turn off fermer (tap, gas, electicity) tr. 99, éteindre (light, electricity) tr. 60

turn on ouvrir (tap) tr. 143, allumer (electricity, gas, light) tr. 11

understand comprendre intr./tr. 45

use *se servir de refl. 193, employer tr. 135

visit visiter (place) tr. 11, rendre visite à (people) tr. 182

wait attendre tr. 28; patienter intr. 150

wake up réveiller (someone) tr. 190, *se réveiller refl. 190

walk *se promener refl. 164, marcher intr. 121

want vouloir (aux.) 200, avoir envie de tr. 31

wash laver tr. 116

watch regarder tr. 179

wear porter tr. 158

win gagner intr./tr. 102

work travailler intr./tr. 196

worry *s'inquiéter refl. 111

write écrire tr. 87